大学院文化科学研究科

東アジア近世近代史研究

吉田光男

人文学プログラム

東アジア近世近代史研究（'17）

装丁・ブックデザイン：畑中　猛

s-3

はじめに

本書は、放送大学大学院科目「東アジア近世近代史研究」の教科書である。東アジアがどの範囲を指すのか、論者によってさまざまな違いがあるが、本書では、おおむね中国と朝鮮を地理的範囲としている。一方で、日本・ベトナム・モンゴルなどについては、中国・朝鮮との関係にしぼって考察することにした。また、時代的には、中国では宋代以降近代まで、朝鮮では朝鮮王朝以降近代までを範囲としたが、下限はおおよそ第二次世界大戦終了までとした。中国・朝鮮で時代区分が一致していないが、それは歴史の進み方また論者による歴史解釈の方法の違いに起因しており、地域・論者の個性を生かすため、あえて統一をおこなわなかった。

本書は、東アジア史を研究するために、歴史の見方、歴史の流れのとらえ方、分析の方法、叙述の仕方、史料の解読法など、さまざまな基礎となる方法論について各章ごとにテーマを立てて編纂した。第1章は全員が担当しておもに歴史研究の方法について論じている。第2～6章は夫馬進が担当し、中国近世史について、宋代から清代まで、主として歴史の流れやその意味のとらえ方について論じている。第7～9章は吉田光男が担当し、朝鮮近世史について、政治・社会経済を中心として、歴史学的分析法を具体例を通じて提示する。時期は朝鮮王朝（一三九二～一八九七年）の全時期と重なる。第10～13章は川島真が担当し、帝国主義の侵略にさらされはじめた時代から、第二次世界大戦後の共産党政権樹立までを、原史料の解読をもとにして記述している。第14・15章は三ツ井崇が担当し、文化と、朝鮮における「近代」とは何かという二つのトピックで主として植民地時代の朝鮮の状況を読み解いていく。

一目してわかるように、執筆者各人の研究者的個性を生かした構成としたため、必ずしも統一的な叙述にはなっていない。また、網羅的な叙述にもなっていない。歴史学研究において、歴史知識が必要なことは論を待たないが、しかしながら、知識をいくら集積しても研究にはならない。ただの歴史的物知りに過ぎない。研究者たちは、日々、史料を精緻に読みこなし、さまざまな方法論を駆使することで、先学が積み上げてきた基礎の上に新しい歴史像を描き出そうと日夜、苦闘している。その基礎は歴史学のみにとどまるものではなく、社会学・経済学・人類学あるいは生物学・地質学など近代科学のあらゆる分野に及んでいる。歴史学研究とは、そのような広範な基礎の上に構築される総合的なものである。

また、今日の歴史研究者は書斎や図書館・史料館の中にとどまっているのではない。歴史の現場を歩き、他分野の研究者と調査や討議をしながら、それを史料と付き合わせることで、斬新な研究を紡ぎ出している。本書を執筆した四人の記述の違いは研究者的個性の違いであるのと同時に、研究方法における違いでもある。しかし、その根底には、史料と現場という共通性が強く流れている。この点をくみ取って、本書が述べていることの真髄をつかんでいただきたい。

二〇一七年一月

執筆者を代表して
編者　吉田光男

目次

1　東アジア近世近代史を学ぶに当たって

夫馬　進・吉田光男・川島　真・三ツ井　崇

1．中国近世史を学ぶに当たって

〈夫馬　進〉

ここで中国近世史というのは、王朝名でいえば宋から清までである。宋の建国者太祖趙匡胤《ちょうきょういん》が皇帝位に即いたのは九六〇年、清の最後の皇帝宣統帝溥儀《せんとうていふぎ》が退位したのは一九一二年であるから、この間約一千年ということになる。統一王朝だけでいっても、宋・元・明・清の四代にわたり、この間さらに明末の反乱者李自成《りじせい》が建てた大順国、清末に洪秀全《こうしゅうぜん》が建てた太平天国などもある。これら比較的短命に終わった王朝を除いたとしても、遼と金という広い領土を持ち長く続いた二つの王朝を四つに必ず加えなければならない。わずかこのテキスト五章でこの間に起こった中国の歴史を時代順に、しかも政治、経済、社会、文化など幅広く記すのは不可能といってよい。また仮にそれを記すことができたとしても、現代に生きるわれわれがこれらを知ることにどれだけの意味があるのか、わからないのではないだろうか。

中国近世史を学ぶに当たってまず、ここで何を学ぶのかを考えてほしい。私のほうからは、このテキストがどのような立場で書かれているかをまず説明しておこう。

宋代以降を中国近世であるとする考えを「宋代以降中国近世説」と呼ぶ。この代表的な論者としては内藤湖南と宮崎市定がいること、第2章第1節「中国近世とは何か」で述べるであろう。彼らの場合、宋代以降を近世であるとしたのは、唐中期から宋初期にかけて大きな変化があったとし、この変化をヨーロッパ史における中世から近世への変化と似ていると考えたからであった。ヨーロッパ史を下敷きにして中国史を理解する傾向は、宮崎市定においてとくに顕著であり、彼の著作では両者がいかに似ているかが強調される。

しかしこのテキストでは、この立場はとらない。中国史で唐中期から宋初期が大きな変革の時代であったと考えるのは、内藤湖南、宮崎市定と同じである。しかしそれをヨーロッパ近世史であらわれた事象とよく似ているとはしない。むしろ「中国史として固有なもの」がこの変革期から清の滅亡に至るまでの間、その前後と違ってどのようなあらわれ方をするのかに焦点を当てる。ここがこのテキストの他とは相当に違うところだから、これをもとに学ぶ方はよくよく注意していただきたい。次の第2章で、「科挙」という世界史の中で中国オリジナルなもの、オリジナルであることが最もわかりやすいもの、中国独特の社会や人々を形づくったものをまず述べるのは、このためである。

第3章を「中国近世の官職授与制」と題する。ここではヨーロッパに見られた封建制と対比するなら、中国ではそれは官職授与制というべきものであったこと、これが秦漢以来、約二千年にわたって中国史固有の「型」というべきものをなしたことを述べる。簡単にいうなら、本テキストは中国の国家と社会の基本構造は二千年前の秦漢時代にすでに形成されていたとし、宋代以降もその「型」の延長であると考える。しかも同じ「型」のものが、唐中期から宋初期に大きく組み替えられて違ったあらわれ方をしたのだと考える。

中国史を多少なりとも学んだ者であれば、そこにあらわれる変化はヨーロッパ史や日本史にあらわれる変化がメリハリのついたもの、すなわち古代、中世、近世、近代という時代区分のしやすいものとはまったく違うことに気づくであろう。さらに日本近代史と中国近代史を多少とも学んだ者であれば、日本近代史が日本近世つまりおおよそは江戸時代にあらわれた諸事象を大きく継承しながら、逆説的ではあるが大きく継承したがゆえに近世とはヴィヴィッドに違う近代史を比較的容易に生み出したことにも気づくであろう。これに対して中国近代史は、中国近世にあらわれた諸事象を大きく継承したがゆえに、その近世史と近代史の違いもメリハリを欠いたものとならざるを得なかった。その影響は現代中国にまで大きく及んでいる。中国史を理解するに当たって、ヨーロッパ史や日本史を基軸にとってこれと似たものをそこから探し出して当てはめるのは、はなはだ無理がともなう。

無理がともなうだけではない。現在のわれわれにとっては、ヨーロッパ世界と東アジア世界に一方的に似たものを探すのにどれだけ意味があるのかはなはだ疑問である。われわれは世界の各地に住む人々、世界各国と各民族の文化を理解するに際して、共通するところと違うところ、すなわち固有なところとをそれぞれに即して同時に把握することが求められている。

近代化の根本は資本主義化である。この点、大局的に見るなら、世界中の近代史はよく似たものとならざるを得ないといってよいであろう。世界史を見てみると、アジア、アフリカ、アメリカを巻き込みつつ西ヨーロッパに生まれた近代資本主義を進んで受けいれようとする動きとともに、これを拒絶する大きな動きがあった。近代化の前提もそれぞれに異なった。しかし国家や民族として生き延びようとする限り、自らもいわゆる「先進国」に似せて近代化するほかない。世界中の近代史が多くはジグザグのコースをたどりながら、大局的に見るならば相似たものとならざるを得ないのは、このためである。

一方で十年、五十年という比較的に短いタイムスパンをとって世界の国や民族の動きを見るとき、いまいった近代化一つを取ってみてもなぜこんなにも大きな違いがあるのか、われわれは驚かざるを得ないのではないか。東アジア世界だけではない、たとえばイスラム世界も含めて見るなら、違いはさらに歴然としている。現在も近代化に邁進する諸国があるかと思うと、逆にこれを拒絶しようとする動きもある。しかも一方で近代化はすでに終えたのだが、さてその後の世界を見通せないという多くの「先進国」がある。われわれはそこに生まれる矛盾や軋轢《あつれき》に一喜一憂せざるを得ない。もちろんそのような違いは侵略するとか侵略されるなど、その時々の国際情勢にも大きく左右される。この立場で考えるのは国際政治学の立場である。歴史学はこの違いが生まれる原因を過去の違いに求めるものである。現代史でも近代史でもなく、これを生んだ前提としての近世史を学ぶ意味はまずここにある。

ところがヨーロッパ史や日本史と違って中国史はメリハリがつかないとし、近代の前提となった中国社会は秦漢時代のそれであるというなら、これまたはなはだ事実に反する。その最もよい例が宋代から後の科挙である。それがその後の政治の世界だけでなく、社会と人の生き方とをいかに大きく変えたか見るだけで十分であろう。そのような科挙は秦漢時代にはなかったものである。また朱子学は一名宋学と呼ばれるように、宋一代を通じて形づくられた。それ自身が近代に至るまで脈々として生き続けただけではない。明代に生まれた陽明学も清代に生まれた考証学も、この朱子学なくしては生まれるはずはなかった。これまた秦漢時代に生まれるはずはなかったのである。われわれに求められているのは、一方で中国に固有な「型」という大枠を見据えながら、一方でそれが唐中期から宋初期に大きく組み替えられることにも注意するという、複眼的な見方である。根底で続く秦漢時代からの「型」とともに、これら宋代に生まれた新しさをもはっきりさせることである。

中国史の場合ここでもよくよく注意する必要がある。王朝でいえば宋代から清代までが中国近世史であると初めにいった。ほぼ均質な時代であると考えるからである。ところが明代に洪武帝が政権をとると、政治も社会も文化も対外関係もすっかり変わる。時代の継続はここで断ち切られるのである。とすれば、宋代から清代までをほぼ同じ時代であるとは簡単にいえないのではないのか。

この大きな変化をもたらした原因が、モンゴル族が中国を支配したからだとなれば話は簡単である。異民族支配のせいで断絶したのだというなら話は簡単である。異民族による征服がそれまでの社会を根底から変えてしまうことは、世界史において珍しいことではないからである。ところが明初の断絶はそうではない。たとえば大土地所有の進展は宋から元に一貫して続いた。これを断ち切ったのは漢民族である洪武帝その人であった。モンゴル族による異民族支配によって断ち切られたのではない、漢民族国家が復活することにともなって断ち切られたのである。洪武帝は普通では考えられないような独創的で大胆な施策を次々と生み出し、これを実行に移した人物であった。その施策は一見すればすべて復古的であるかに見える。たとえば元代まで大きく進展した大土地所有制を自分の力で打ち壊し、自作農を国家の権力で多数生み出し直したことがそれである。また第５章「中国近世の対外関係」で述べるように、元代まで進展して来ていた商人による海外貿易を禁止し海禁政策をとったこともそれである。彼が死去するとしだいに大土地所有が復活しはじめ、海禁政策は約二百年後にほぼ解除されるのだから、それらはあたかも唐宋変革を繰り返しているかのように見える。宮崎市定が「明代の歴史は、繰り返しになる部分が多い」というのは、恐らくはこれをいうのであろう。

しかし明代が繰り返しの時代であるというなら、これまた話しは簡単である。洪武帝を単なる復古主義者であるというなら、これまた簡単である。というのは中国近代の前提となる時代はやはり宋代から始まるということになり、洪武帝は時代の攪乱者であると位置づければよいからである。洪武帝が次々と重臣をも含めた恐ろしいばかり多くの人々を殺したこと、しかも冷酷で残虐な殺し方をしたことは有名である。そのようなことをした原因は、妻である皇后をなくして精神錯乱を来したからであるかのように説明する研究がある。そこでも彼は精神に異常をきたしたのだから、時代の攪乱者ということになる。

本テキストでは洪武帝を時代の攪乱者であるとして切り捨てない。むしろ洪武帝の時代を中国近世史上の重要な画期点として位置づけるものである。というのはまず、宋代から始まるいわゆる君主独裁政治が自然に進展し、洪武帝がやったような皇帝専制政治に繋がったとは考えがたいからである。また時代を断ち切るということを一人物がやってのけたことを、重要なことだと考えるからであるし、彼がやったようなことが中国史ではあり得るということを、大切なことだと考えるからである。これはおもに第4章「中国近世の士大夫政治と皇帝専制政治」で述べるであろう。また洪武帝が定めた給与体系は大枠では清末まで続いたし、恐らくは近代中国や現代中国にまで大きく影響を与えている。さらには第6章「中国近世の訴訟と社会」で述べるように、女性なかでも寡婦（未亡人）の地位が洪武帝の時代に大きく変わり、これは清末まで続く。洪武帝を時代の攪乱者であるとして切り捨てるならば、中国史にとって重要である多くの事実を無視することになるであろう。

本テキストは以上のような基本的立場で書かれている。これをもとに学ばれる方は、ここに書かれているいくつかの事実を学ぶだけでなく、中国史のどのようなところが重要なところなのかを常に考えてほしい。

このテキストは先ほども述べたように、はなはだ限られたことしか書かれていない。では中国近世史をよりよく理解するため、どんな書物を読んだらいいのだろうか。

ここで何といっても薦めたいのは、宮崎市定が書いたものである。もちろんこのテキストの立場と違っている。このテキストで学ぶ者は、彼の見方との違いに注意しながら読んでほしい。日本人が書いた中国史あるいは東洋史の著作の中では、彼の書いたものは抜群に優れているし読みやすい。『宮崎市定全集』（岩波書店、一九九一～一九九三年）全二五巻がある。このうち概説としては、『東洋における素朴主義の民族と文明主義の社会』と『東洋的近世』（いずれも第二巻）、他に『科挙』（第一五巻）、『雍正帝』

（第一四巻）は必読書といってよい。これらは文庫本や新書本としても出版されている。もともと論文として書かれた「明代蘇松地方の士大夫と民衆」（第一三巻）、「部曲から佃戸へ」「宋元時代の法制と裁判機構」（ともに第一一巻）、「王安石の吏士合一策」（第一〇巻）などは、内容が深いだけではなく面白いから、ぜひとも読んでほしい。全集を手にしてその目次に目を通し、これはと思うものを読めばよいであろう。

あと一つ、このテキストは中国一国史という視点から書かれている。したがってヨーロッパ近代の生成を中心にして見た場合、中国近世はどこに位置づけられるのかを考えるため、ウォーラーステイン『近代世界システムⅠ——農業資本主義と「ヨーロッパ世界経済」の成立——』（川北稔訳、名古屋大学出版会、二〇一三年）以下、グローバルヒストリーに連なる視点から書かれたものを併読するのが望ましい。モンゴル族（元）と満州族（清）による中国支配が何をもたらしたのか、また二度にわたるウエスタン・インパクト、すなわち第一次の一六世紀から一七世紀にかけておもにイエズス会宣教師らが中国にもたらしたものと第二次の一九世紀アヘン戦争前後から近代資本主義がもたらしたものとの間に、どのような衝撃《インパクト》の違いがあるのかについても、本テキストではほとんど触れることができなかった。これらについてはおおよそどの概説書にも考えるヒントが記されているから、それらを参考にされたい。

〈吉田光男〉

２．朝鮮時代の歴史をどう考えるか

朝鮮史における三つの変化

私は、７・８・９の三章で、朝鮮王朝時代（一三九二～一八九七年）の前期から後期までの歴史社会を取り扱う。韓国朝鮮史研究においては、この時代に対して、朝鮮時代、朝鮮王朝時代、近世、中世後期などとさまざまな名称で呼んでいる。他の地域史研究で定立した時代区分の概念でくることが難しいからである。近年では、朝鮮時代または朝鮮王朝時代という呼び方が一般的になっている。

高麗から朝鮮への王朝交替は、単なる政権の転換ではなく、朝鮮の歴史上、大きな画期をなしている。具体的な政治過程でとらえると、大きく四つの変化があった。そしてその四つは相互に深く結びついていた。その中心にいたのが、儒学の学識をもって政治的・社会的・文化的エリートとして自他ともに任じていた士族という存在である。彼らはまた地主として経済的エリートでもあった。

変化の第一は、高麗王朝の中に深くくいこみ、政治に大きな影響を与えてきた仏教を排除し、国家の正統的な思想として儒学を採用したことである。高麗時代後期に、元の大都（北京）に留学した士大夫たちが、国家の学として正統的な地位を得た朱子学（性理学）にふれ、そこで得た知識と文献を持ち帰り、後身たちに伝えた。そこで育った士大夫たちは、高麗王朝を支配していた武臣に対抗し、北方から武力をもって台頭してきた李成桂と協力して新たな王朝（朝鮮王朝）を開いた。士大夫たちの理念が新たな王朝国家の建設の基礎となった。仏教は国家・政治から排斥され抑圧を受けたが、むしろそれによって国家性や政治性が排除されて宗教的に純化され、教理研究は深まり、排斥した側の王族や儒者官僚たちの信仰も集めた。

第二は、高麗王朝の中枢部にいた世襲的貴族的な権力者を排除し、儒教を基礎とした科挙によって、学識のある士大夫を選抜して両班《りょうはん》（官僚）とし、国王を中心とする中央集権的支配体制を構築したことである。政府の官庁は民政部門と軍事部門に区分され、機能・目的によって体系化されて整然としたシステムを構築し、科挙に合格した両班を管理職として運営されるようになった。儒教を基礎に置いた学識が人の価値を評価する基準とされ、儒教を家業とした士大夫たちを頂点とし、その下に一般良民、賤民（奴婢）と続くピラミッド型の身分階層構成ができあがった。

第三は、軍事力の一元化である。高麗時代から朝鮮時代初期にかけて王族や有力者が所有していた私兵を禁止し、国家軍に再編成して国王の支配下に置いた。中央政府は圧倒的な軍事力を保持することで安定した政治秩序を構築することができた。

第四は、地方支配における、中央集権化である。首都漢城（現ソウル）の中央政府官僚が地方長官（守令といった）として派遣され、現地の士大夫・士族たちの協力を得て地方行政を制御する体制となった。高麗時代から続く地方土着勢力であり、高麗時代には地域支配をおこなっていた郷吏たちを抑圧して行政実務を担当する下級吏員の地位に落とした。

以上のように、高麗王朝から朝鮮王朝への転換は、単なる王朝転換ではなく、その後、近代まで続く朝鮮社会の方向性を定めた。

この科目で学ぶこと

朝鮮近世（朝鮮王朝時代）の歴史について第7・8・9章の三章で、最新の研究成果を基礎に置きながら、その歴史社会的特色を検討する。通説を鵜呑みにすることなく、史料と論理によって、歴史過程の持っている意味を再検証する。また、私自身の研究を下敷きにして、歴史研究の方法についても提示していく。

第7章では、朝鮮王朝開創前後の状況を通して、高麗からの権力奪取を具体的に跡づけ、その歴史的意味を考察する。「士禍」「士林派」「勲旧派」など、従来の朝鮮政治史の枠組みの中心となっている用語を再検討して、新たな政治史研究の可能性を模索してみる。

第8章では、政治・社会・文化の中心的な支持者である士大夫＝「士」のあり方や社会における立ち位置を確認し、儒教の学識が人間の社会的地位を決定する大きな要因となったことを見る。「士」は男系血縁で継承されたため士族と呼ばれ、位牌・祭祀というかたちでの礼を守る。継承する男子がいない場合に一族の内部から入れた養子を統計的に比較し、社会的階層身分の高下が養子による祭祀継承と正の比例関係にあることを見る。

第9章では、朝鮮社会の特質と考えられている男系男子血縁集団＝氏族が、一六～一七世紀頃に士族から始まり、非士族にまで広がっていくことを戸籍台帳の記述から帰納的に導き出していく。一方で、政府の良役負担者確保方針を背景として、賤民が大挙して良民化していった。社会的に見ると、朝鮮時代後期は「良民化」と「氏族化」という二つの特色を持っている。一つの集落にさまざまな身分階層の人々が混ざり合って居住していた点に着目し、人々の関係がどのように見えてくるのかを考える。

朝鮮時代を研究するために

朝鮮時代の歴史を、朝鮮半島という朝鮮王朝が支配領域とした地理的範囲だけに閉じ込め、いわゆる「国史」の枠の中だけで考えることは、二つの意味で歴史解釈を薄っぺらなものにする。第一に、現実の歴史は、日本列島をはじめとする周辺諸地域という「外部」との関係を大きな要件として展開してきた。国家的／民間的、平和的／対立的、意図的／偶発的など、さまざまな性格を持った交流があり、一つの地域の歴史を「内部」だけで完結したものとしてとらえることは実態から遠く離れた理解になってしまう。第二に、同一要素による地域との比較によって、はじめて地域の特色が浮き彫りになる。比較する地域は、数が多ければ多いほど、地理的にも広ければ広いほど、その地域の特色を浮かび上がらせることになる。また、比較することで、異なる地域間で通底する歴史社会的特質もとらえられる。

方法的な側面では、文化人類学、社会学、経済学、政治学など、歴史学以外のさまざまな分野の研究成果を貪欲に学び取ることが、深く歴史を見る目を養う。むしろ、歴史学はそれら諸学を総合して、時間軸と空間軸の中で人類の営みを考える学問だといえよう。

では、歴史学の依って立つ基盤は何かというと、端的に「史料」である。「史料」的根拠を欠いた歴史研究は、こうあるべきだという「当為」という名前の単なる思い込みに過ぎない。他の分野・領域の学問と対峙し、協力し、相互に乗り入れながら何らかの成果を出していくとき、歴史学の固有性は、史料Historical Materialsという依って立つ基盤の上にある。むろん史料には、文字資料、物質資料、伝承などの非文字資料等々、多様なものがある。それらを駆使して総合化することで、ある時代空間を復元し、そこに身を置くことで歴史を考えることができる。五感を研ぎ澄まし、現地のもろもろを感じ取って独自の歴史感覚を養い育てる。そのために現地調査は必須のものといえよう。とはいえ、古くから文字文化が発達してきた東アジアのような地域においては、文献史料の読み解きが基礎になることは確かである。

朝鮮時代の文献史料はほとんどが、中国から導入された漢字・漢文で表記されている。とりわけ、太祖から哲宗までの二五代（一三九二〜一八六四年）にわたる国王の事蹟をまとめた、朝鮮王朝の正史的史料となる『朝鮮王朝実録』（一八九三巻八八八冊）、国王秘書官署承政院の逐日記録『承政院日記』（一六二三〜一八九四年、三〇四五冊）、閣議に当たる合議機関備辺司の逐日記録『備辺司謄録』（一六一七〜一八九二年、二七三冊）などの政府関係基本史料は全文が漢文で表記されている。また、近年は、全国の名門士族家門の伝来文書類を影印・活字化した『韓国古文書集成』（韓国学中央研究院）が続刊し、士族家門の研究が飛躍的に進むようになったが、これもほとんどが漢字漢文で記述されている。朝鮮時代史の研究には漢文読解力が必須である。

〈川島　真〉

3．中国近現代史の見取り図

中国の近現代史を学ぶことは、昨今とくに重要になっている。この近現代の歴史過程の先に現在の中国があり、これからの中国もあるからである。現在の中国をとらえ、今後を考える上で、歴史を学ぶことがいっそう求められているといえるだろう。

このテキストの構成を見る上で、まず次の史料を見てみよう。これは一九八二年に施行された中華人民共和国憲法の前文の冒頭部分の内容である。

【史料】

中国は世界でも最も悠久な歴史を持つ国家の一つである。中国の各民族は光輝燦爛たる文化をともに創造し、光栄な革命的伝統を持つ。一八四〇年以後、封建中国はしだいに半植民地、半封建国家となった。中国人民は、国家の独立、民族の解放、そして民主自由のために、死屍累々たる勇気ある奮闘をおこなってきた。二〇世紀、中国には天地を覆すほどの歴史の変革があった。一九一一年の孫中山先生が辛亥革命を領導して、封建的な皇帝制度を廃除し、中華民国を創立した。しかし、中国人民の反帝国主義、反封建主義の歴史的な任務は完成していなかった。一九四九年、毛沢東主席を領袖とする中国共産党が中国の各民族人民を領導し、長期にわたる艱難かつ曲折した武装闘争、非武装闘争をおこなった結果、終に帝国主義、封建主義、官僚資本主義の統治を覆し、新民主主義革命の偉大なる勝利を獲得し、中華人民共和国を打ち立てたのである。

（中華人民共和国憲法前文の冒頭部分）

この史料はどのように中国の近代史、現代史をとらえているだろうか。まず、一八四〇年のアヘン戦争を時代の区分点とし、ここから「半植民地、半封建国家（半植民半封建）」の時代になったとしている。一般に、中国ではアヘン戦争を近代史の起点とし、その特徴を列強に半ば植民地化され、清朝や中華民国も封建体制から脱しきれないという意味で、「半植民地、半封建国家」という点に求めている。そのあと、一九一一年に至って、孫文が辛亥革命を起こしても、「半植民地、半封建国家」の状態は変わらず、一九四九年に至って、毛沢東によってその問題が解決した、というのである。

この憲法の前文には記されていないが、一九一一年から一九四九年の間の、一九一九年の五四運動もこの歴史の節目であり、現代史の起点だとする議論があった。旧社会から社会主義への過渡期がこの一九一九年に始まるという、毛沢東の新民主主義論がその背景にあった。

このような中国の時代区分は、マルクス主義的な発展段階論を基礎に、最終的に半植民地、半封建状態を克服した主体として、中国共産党の正当性を強調するために設定されたものであった。だが、中国においても昨今ではこれとは異なる時代区分が出てきている。とくに五四運動を現代史の起点とするよりも、一九四九年、時には一九七八年などにその起点を求めることが多く見られる。このテキストもまた、中国の従来からの時代区分とは異なる設定をしている。

本稿では、発展段階論に基づく近代や現代という時代区分論を採らないが、いくつかの転換、変容のポイントを見出し、それで章を区切っている。筆者の専門により政治外交史を重視した区切りになっている面は否めないが、それぞれ以下のような理由がある。

第10章の「清朝の動揺と社会変動――一九世紀の中国」は一九世紀全体を扱う。一八世紀に最盛期を迎えた清朝は、しだいに開発の限界に達し、一九世紀には各地で反乱が生じることになった。アヘン戦争はそうした過程で生じた歴史事象であったが、それによって清朝の体制が大転換したわけでもなく、またアヘン戦争だけが原因で、国家‐社会関係が大きく変容したわけでもない。アヘン戦争以後、清朝が七〇年も統治を継続したことを考えれば、一九世紀を長期的に見ることが有意義だろう。そのため、このテキストでは第10章で一九世紀の清の長期的な変容過程を追う。その清朝が大きく舵を切るのは、二〇世紀の初頭である。研究者の中には、義和団事件による時代の転換を主張する向きもあるほどである。二〇世紀初頭に、「中国」意識が生まれ、以後百年以上継続する近代国家としての「中国」の国家建設が始まる。その新たな国家建設が始まる契機は、日清戦争での清の敗北であったと考えられる。この後、知識人に強い危機感が生まれ、戊戌変法を経て、光緒新政が始まる。そのため、このテキストでは第11章の「辛亥革命と「中国」の国家建設」が、日清戦争から始められている。また、光緒新政時期に提起された近代国家建設の動きは、二〇世紀前半を通じて続けられる。それを担ったのは、科挙官僚というよりも、清末以来海外留学したような新しい知識人だった。彼らは、以後半世紀の間、中国の近代国家建設を担った。だが、二〇世紀初頭の時期には、以後も継続する諸問題が育まれた。それは第一に、日清戦争、義和団戦争で相次いで敗北した中国が、多額の借款を負い、列強からの強い影響を受けることになったことである。財政難は中国の国家建設の大きな負の条件となった。第二に、国家建設のヴィジョンが明確でなかったことである。この時期の中国では、中央集権と地方分権、立憲君主制と共和制などといった国家建設上の路線の分岐があらわれはじめていたのであった。第11章では、比較的多く紙幅を割いて、これら二〇世紀前半の中国全体を見据える観点を叙述する。

二〇世紀前半の中国を見ると、満洲事変や日中戦争も重要だが、中国自身のコンテキストから見れば一九二〇年代半ばの国民革命前後の変化が重要である。国民革命により、国民党が主導する南京国民政府が成立するが、この政府は中国を統一しただけでなく、以後、現在に至るまで中国で継続する党国体制を築いた。この北京政府から南京国民政府への移行は、一九二〇年代を通じて生じたといっていい。英米と日本の協調体制を示したのがワシントン体制であったが、この体制は九カ国条約に調印した北京政府を守るわけでなく、またこの体制外のソ連やドイツなどが孫文らの広東政府に接近していた。一九二四年に第一回党大会をおこなった国民党は、広東政府を主導し、一九二五年の孫文の死を経て、北伐を起こして一九二八年に北京政府を滅亡させた。こうした点を背景に、第12章「中華民国の国家建設と国際政治」は、一九一〇年代から書き起こし、北京政府の統治、北京政府から南京国民政府への移行、そして南京国民政府の成り立ち、統治を説明している。

一九三一年、満洲事変が発生し、国民政府は安内攘外政策をとり、日本とは外交戦を展開するが、一九三七年に日中戦争が発生する。首都南京の陥落前に、国民政府は南京を離れ、最終的には重慶を拠点に抗日戦争を遂行した。だが、抗日戦争を遂行する国民政府は、総動員体制をとり、自らの勢力範囲における国民統合を強化しようとした。一九四一年に日本が英米に対して宣戦布告すると、中国も日本に宣戦布告して、連合国の一員、それも四大国の一員となったのだった。

一九四二年末、戦局がしだいに日本の不利になる中、中国は対日賠償請求の準備を始め、また連合国とともに戦後構想を練りはじめる。一九四五年の日本の敗戦から始まるいわゆる「戦後」は、東アジア全体から見れば、少なくとも一九四三年のカイロ会談から始まるといっていい。そのため、このテキストでは、満洲事変から日中戦争に至る歴史は第12章で説明し、第13章「戦後中国への道程」はカイロ会談を契機として描いている。カイロ会談前後から戦後世界への道筋が描かれはじめていると考えられるからである。そのカイロ会談で、戦後の日本の領土の枠組みを示し、朝鮮の独立などを提唱した蔣介石は、まさにアヘン戦争から百年を経て、中国が世界の四大国にのし上がったという高揚感を感じていた。しかし、この戦後構想に本格的に加わった時期こそ、中国の連合国の中での地位の低下の始まりだった。英米は、戦争終結のためにソ連の参戦を求め、そのために開かれたヤルタ会談には中国は招かれなかった。一九四五年の戦争終結前に、ソ連は満洲に侵攻、中国は戦勝国になったにもかかわらず、国土全体を回復できなかったどころか、満洲、モンゴル、新疆などでのソ連の影響力が増していた。そのソ連は、中国共産党の拠点として満洲を提供しようとし、それが一九四六年からの国共内戦の原因となった。

国共内戦はソ連からの支援を受けた中国共産党がしだいに優勢になり、アメリカからの支援が経済面に基本的に限定された国民党の敗色は濃厚となって、南へと撤退していった。この過程で、国民党は民主や自由に反して独裁を志向する政治主体だと批判され、また経済政策の面でも物価が高騰するなどして、成果をあげられなかった。内外からの批判を受け、国民党は憲法を施行して選挙を実施したが、共産党はそれらを認めようとしなかった。一九四九年一〇月一日に北京で中華人民共和国の成立が宣言されるが、これ以後も内戦は継続する。また、一九四九年で経済や社会構造の全体が転換したというわけではなく、昨今はその前後の連続性を強調する議論が増えている。だが、少なくとも政治外交の面では、一九四九年一〇月一日はきわめて大きな転換点である。外交の面だけ見ても、中華人民共和国は中華民国の締結した条約を継承せず、外交の人材も再雇用しなかったのだった。これは、清から中華民国への交代時にも、また民国北京政府から南京国民政府への移行期にも生じたことのない変化だった。

4．朝鮮の「近代」をどう考えるか

〈三ツ井　崇〉

第14・15章では一九世紀末から二〇世紀前半期朝鮮の文化と政治・社会について考える。朝鮮史の時代区分としての近代とは、一八六〇～七〇年代を起点とし、日本の植民地支配が終了する一九四五年までを指すのが一般的である。起点の年代に幅があるのは、研究分野によって、何を近代の指標とするのかがさまざまであるからだが、まずは、内政、外交、経済、文化の諸側面において近代的なものへと変容する兆しがこの時期に見られたと考えていただければよい。

さて、「近代」を考える上で一つ留意しておかねばならないことがある。それは、「近代」という用語が、現在、単に時代区分をあらわすものとしてのみ使われているのではないということである。たとえば、「近代化」、「近代的」などというとき、そこには制度、社会、人々の思考などが、「何か新しいもの」へと変化していくことが含意される。そのとき、「近代」は「文明」と同義のものとして意味づけされ、その「何か新しいもの」は、「何か新しくて良いもの」という価値を含むことさえある。しかし、このような価値判断は往々にして、今日のわれわれの判断を過去に投影し、過去の出来事の同時代的な文脈を軽視することにもつながる恐れがある。これは、歴史を相対化して眺めるという歴史研究の課題を遂行する上で、かえって障害になるため注意が必要である。

ここで近代史の流れを簡単におさえておこう。一九世紀半ば以降、朝鮮政府は西洋の衝撃（ウエスタン・インパクト）を経て、「衛正斥邪」から開国、「開化（近代化）」へと大きく舵を切った。その後、日清戦争（一八九四〜九五）と清朝との宗属関係の廃棄を経て、政府は近代化政策を大規模に推し進めていった。しかし、その後、日露戦争（一九〇四〜〇五）を経て、大韓帝国（一八九七年発足）の外交、内政権が日本によって脅かされることになった。この間、愛国啓蒙運動と呼ばれるナショナリズム運動や義兵闘争と呼ばれる武力的反日運動が展開されるようになる。ついには韓国併合（一九一〇）により、日本の植民地となってしまった。その後、一九四五年八月一五日まで日本の植民地統治下にあったが、その約三五年の間にもさまざまな変化があった。一九一〇年代は「武断政治」期とされ、総督武官制や憲兵警察制度に代表されるような武力を背景にした統治がおこなわれた。その後、一九一九年の三・一運動で反日運動が激化したのを受けて、朝鮮総督府はそれまで大きく規制していた言論・集会・出版・結社の制限緩和や道・府・面の地方行政区域に諮問機関を設置し、朝鮮人の一部に政治参加の機会を与えるなどして対応した。この後一九三〇年代半ばまでを「文化政治」期という。「文化政治」期には朝鮮内において、愛国啓蒙運動の系譜をひく民族運動が展開され、ナショナリズムが拡散していく一方、社会主義・共産主義の思想も入るなど、新しい知識が活発に導入された。しかし、日中戦争開戦（一九三七）を契機として、朝鮮人を戦時体制へと動員するシステムの構築が急がれ、そのために「皇民化政策」という「同化」政策が展開されるようになった。民族運動の弾圧、生活慣習の強制改変がおこなわれ、また内地への労働動員がおこなわれるなどしたが、その状態は日本の敗戦まで続いた。

このような歴史の流れの中で、「近代」はどのような問題として立ち上がったのか。この点を考えるのが第14・15章の課題である。

では、各章の内容について簡単に示しておこう。第14章は、近代の「朝鮮文化」をキーワードにし、近代的現象としての朝鮮ナショナリズム、植民地期における日本の統治と朝鮮ナショナリズムとの関係、そして近代都市文化と植民地支配との関係について、いくつかの具体的事例を挙げながら論じてみたい。なお、近代の文化史については歴史学以外の、文学、社会学などの領域でも盛んに論じられている。本章では、それらの成果も踏まえつつ、具体的な事例を通して、近代朝鮮文化の性格について考えてみたい。甲午改革期以降の国民国家形成の動きにともなう「国民文化」構築の動きは、植民地化によって「国民」化の要件を失い、一方で日本語・日本文化がそれにとって代わることとなった。ただ、論理的にはそのように説明できても、実態はそう簡単ではない。日本語・日本文化の普及という植民地統治のイデオロギーは、すでに「国民」化の基盤をととのえつつあった朝鮮文化のイデオロギーと衝突することになったのである。とりわけ、三・一運動以後のナショナリズムの高揚によってその葛藤は顕著にあらわれた。統治する側、される側の間のこのような葛藤について確認することがこの章の第一の課題である。第二の課題として、都市大衆文化の形成と植民地支配との関係についても考えてみたい。メディアや消費文化、それを土台とした映画・レコードといった娯楽などが、一九二〇年代後半以降、「近代性」を帯びて展開・普及しはじめた。それらは一方においては朝鮮ナショナリズムを喚起し得るものであったが、他方ではその大衆性ゆえに植民地支配のツールとしても利用された。両者の間に働く緊張関係の様相と大衆動員のあり方について映画を事例に考えてみたい。また、一九三〇年代以降、朝鮮の大衆文化の一部は日本へと渡り、一種のブームを引き起こした。朝鮮内にとどまらないこのような「帝国」規模の文化現象についても簡単に確認しておきたい。

第15章は、とくに植民地期朝鮮に焦点を当てる。朝鮮植民地期史研究において、これまで「近代」がどのように主題化されてきたかを史学史的に整理したあと、近年の研究動向を踏まえ、社会史・政治史的観点から「近代」の意義と限界、それらをめぐる支配者、被支配者双方の認識について具体的に探ってみたい。当然のことながら、社会変容は均質に進行するものではなく、よって「近代的なるもの」は朝鮮社会全体に一気に普及したというわけではない。また、その際、在来の価値観との間で衝突を起こすこともある。さらには、近代化の主体が支配者、被支配者側のどちらに存在したかによって、その政治的意味は異なる。「旧から新へ」という単線的な「発展」の図式からはこぼれ落ちるものも多く、その図式で歴史を語りつくすことはできない。このあたりの複雑さこそが、むしろ歴史のダイナミズムを考え、語る醍醐味ではないだろうか。

第14・15章で扱う文化と政治、「近代」と社会といった主題をめぐっては、近年、欧米や韓国の学界で歴史学のみならず社会学、文学などの領域での研究成果も多くあらわれている。これらの研究成果も参考にしながら、本論は構成されている。史料は多数存在するが、文化や社会を知る上では、朝鮮総督府の調査資料類、国勢調査報告、『朝鮮総督府統計年報』などのほか、総督府警務局や朝鮮軍の民族運動・思想、言論取り締まり関係文書、総督府の各種会議の会議録なども重要な史料であるといえる。また、当時刊行された単行本、新聞、雑誌などから朝鮮知識人の認識をうかがうこともできる。これらの中には影印、復刻されたものも多く、最近では日本や韓国のデジタルアーカイヴなどを通して閲覧できるものも徐々に増えてきている。さらに近年の特徴としては、植民地行政に関与した人物の日記や証言資料などが刊行されるようになったことも挙げられる。もっとも、これらの資料は史料批判を注意深くおこなう必要があるが、当事者の認識を垣間見せるものとして貴重なものである。本論では、これらの膨大な資料群のうち一部の資料を用いたに過ぎないが、そこから少しでも近代という時代の雰囲気を感じ取ってほしい。

2 中国近世と科挙

夫馬　進

《本章のねらい》 中国史に即して近世とはいつからいつまでなのか、今のところ諸説紛々であると言ってよい。中国近世とは何かをこれまでの考え方をいくつか紹介しながら考える。世界史と中国史の中で中国近世を最も特色づけるものは科挙であるから、その約一千年に及ぶ推移と社会へ及ぼした影響を述べる。

《キーワード》 科挙、近世、四時代区分、士と庶

1．中国近世とは何か

中国近世と中国近代—三時代区分か四時代区分か

このテキストでは、中国近代史の前提となった時代の歴史を中国近世史と呼ぶこと、王朝でいえば宋代から清代までであること、すでに第1章で述べた。

中国近世史を唐宋変革の後の時代、宋代以降の歴史であるとはじめて唱えたのは内藤湖南であった。これは世界の学界でも独創的な学説であって、よく知られたことである。ところが「中国近世」とはもともと内藤にとって何を意味していたのか、近世と近代とは彼にとってどのような違いがあるのか、「中国近世」という概念はどのようにして一般的に用いられるようになったのかについては、必ずしもよく知られていないから、まずこれを記しておこう。

もともと歴史をその展開に従って古代、中世、近代と三つに大きく区切るのは、近代ヨーロッパ人が自らの過去をふりかえったときに始められたものであった。ところが日本に近代という概念と言葉とが移されたとき、これがもと英語でいえばmodernという一つの概念、一つの言葉であったにもかかわらず、これを「近代の」と訳す一方で「近世の」とも訳した。逆に和英辞典を引いてみればわかるように、日本語でいう近世史はmodern historyと訳されるとともに、近代史も同じくmodern historyと訳されている。本テキストの全体のタイトルは「東アジア近世近代史研究」であるが、伝統的にヨーロッパ史を三つに区切ってきたやり方からすれば近世史がmodern historyであり、近代史もmodern historyであるから、これはきわめて奇妙な表題であるといってよい。ところが近世史に続けて近代史とするのは本テキストだけではなく、たとえば日本史でも時代区分をするときに定着した方法であるといってよい。この場合、近世をヨーロッパ史でいうearly modernに当たるとして近代modernと区別している。

では中国史ではもともと同じmodern Chinaであるにもかかわらず、これを三つに時代区分するのではなく四つに時代区分し、中国近世と中国近代と分けるようになったのはなぜかといえば、次のような事情による。

内藤湖南（一八六六～一九三四）は京都帝国大学で東洋史学講座を担当した。彼は中国史を講ずるに当たって、これを大きく古代（上古）、中世（中古）、近世という三つの時代に区切った。三時代に区分したのはヨーロッパ史のやり方に倣ったのである。それまで学界では王朝の交替をもって時

図 2-1　内藤湖南

〔『内藤湖南全集 第8巻』（筑摩書房、1969年）口絵より〕

代を区分するか、上古史、中世史、近世史と区分する場合でも、中世は前漢・後漢・六朝、唐宋は次の一区画、元明清はその次の一区画であるなどとしてきたが、これを無意味であるとして退け、一つの王朝でも分断するかいくつかの王朝の交代をまたぎほぼ等質な時代はいつからいつまでかに主眼を置いて時代区分をおこなった。

彼は唐を二つの時代に分断し、唐代中期あるいは唐末以降を中国近世であるとし、その時代をおおよそ次のような特色を持つ時代であるとした。まず政治である。唐代まで政治権力を実質的に握っていたのは、古くから名家として続いていた貴族であった。ところが唐中期に起きた安禄山の反乱から長らく続いた戦乱によって貴族が没落し、これに代わって家柄のない平民が台頭した。こうして貴族がいなくなったので、君主は直接に平民（人民）とあい対することになり、ここに君主独裁政治がおこなわれるようになった。宋代がそれである。官僚を登用し、任用するに際しても、唐代では貴族が実質的にこれをやっていたのに対して、宋代には科挙が一般庶民にまで開かれた結果として、これをパスすれば誰もが官僚として立身出世することができるようになった。内藤がこの時代を平民主義の時代であるとすると同時に君主独裁政治の時代であるとしたのは、社会から貴族が取り払われたからである。

次に社会、経済である。唐代以前にあっては、均田制と租・庸・調制の下で農民は移住の自由が認められなかった。ところが、唐代の中頃から始まった両税法という税制になると、人々が土地から解放されて居住が自由になるとともに、土地の売買も自由になった。宋代では土地など財産の私有が認められ、土地だけでなく生産物の売買も自由にできるようになった。

第三に文化である。たとえば儒学についていうなら、唐代までは先生の言った説を守るべきであるとされ、新説を立てることは一般的に許されなかったが、宋代以降になると好んで新説を立てるようになった。文学の面でも、六朝以来唐代まで四六駢儷文《しろくべんれいぶん》といって四字六字で対句を使った文章が流行したが、唐代の中頃からいわゆる古文体という自由な表現法を取る文章が一般化した。唐宋八家といわれる文人の文章がそれである。

内藤はおおよそ以上のような点から、唐代の中頃から時代が大きく変わりはじめ、宋代になると政治、経済、社会、文化の全般にわたって判然と時代を画するようになったとし、このような時代を中国近世と名づけたのである（『支那近世史』）。唐代中頃から宋代にかけて大きな変化があったとする彼の説は、その後日本では「唐宋変革」と呼ばれ広く承認されるに至った。ただこの変革を内藤が主張したのとは異なり、古代から中世への変革であると評価する主張も生まれ、ここに宋代以降中世説と宋代以降近世説が並び立ち、華々しい論争が繰り広げられたのである。

ところで内藤のおこなった時代区分の場合、中国近代とは中国近世であった。それは彼の「近代支那の文化生活」などを読めば容易にわかることである。ここで彼が「近代」と表現していることは、他のところで「近世」と表現している諸事象、宋代から清代にかけての諸事象と同じである。つまり内藤にとっては中国近世＝中国近代なのであって、これは先に見たように modern history を日本では一方で近世史と称し、また一方で近代史と称してきたからである。ヨーロッパ史がそうであるように、歴史の展開を時代の大きな変化をもとに、古代、中世、近世（近代）と三区分するなら、当然に中国近世史は中国近代史にほかならないのであって、内藤にまったく矛盾はない。

ただ中国史では宋代以降が近代であるという考えは、二一世紀に生きるわれわれには容易に受けいれがたい。時代区分とは、現に生きるわれわれの感覚に従ってなされねばならない。たとえば政治的には君主独裁制が敷かれ、のちに問題とするような科挙が全国でおこなわれていた時代を「近代」であるといえば、われわれが普通使う近代という言葉の感覚からしてそれは時代錯誤でしかないであろう。現在では modern は日本語「近代」として、すでに定着しているからである。われわれ東アジアで生きる者にとっては、近代とはヨーロッパで生まれた啓蒙主義などの諸価値を受け入れ、産業革命で発展した資本主義を模倣し、市民革命で生まれた民主制を自らも目標としてきた時代であって、総じていえばヨーロッパ近代文化を受容した時代であった。

この点、日本史研究の学界では「日本近世」という時代区分が、内藤によって「中国近世」が提唱されるより早くおこなわれていたことは注意してよい。たとえば日本近世史の開拓者とされ、その後内藤と京都帝国大学文科大学で同僚となったのは内田銀蔵であったが、彼の『日本近世史』が出版されたのは一九〇三年、明治三六年であって、内藤が京都帝国大学における講義で初めて中国近世史（支那近世史）を題目として講じたとされる一九〇九年より六年早い。内田が日本近世史で対象とした時代は江戸時代である。日本で近世という言葉はすでに江戸時代にほぼその時代をあらわすものとして用いられていたし、明治初年にはおおよそ江戸時代を示す言葉として、あるいは幕末から明治に至る時代を示す言葉として用いられていた。彼が江戸時代を近世としたのも、その時代が現在を起点として近い時代であるというきわめて素朴な考えに基づくが、もともとヨーロッパ史を区切るときに用いられたmodernという言葉に由来する「近世」をもって江戸時代に当てはめたのには、深い配慮があったと考えられる。それは一つには、彼には江戸時代に形づくられた伝統が自分の現に生きる明治時代に大きく受け継がれているという自覚があったからである。しかし一方では、彼の場合もまたヨーロッパ以外の世界ではヨーロッパ史の時代区分をそのまま当てはめることができない、もっと簡単にいえばヨーロッパで生まれた近代資本主義と啓蒙主義、さらに市民革命の影響を大きく受けざるを得なかった明治以降の日本で、この時代を「近世」という江戸時代と同じ一つの時代の中に入れ込むことはできないという配慮であった。またそれは、近世という言葉がしばしば、明治時代には幕末をまたいで明治の出来事までを含めて使われていただけではなく、江戸時代を含めず明治以降だけを指すものとして使われることすらあったからでもあろう。彼はこのために明治時代以降を「最近世」と称して「近世」とは別の時代であるとした。明治という時代は現在のわれわれにとっては、普通「近代」とされるが、この時代を生きる内田にとっては「現代」であった。すなわち内田にとって「日本最近世」とは日本現代であり、それから近い江戸時代は日本近世であった。内田銀蔵にとっても、時代を三区分するなら江戸時代は中世 medieval、middle な時代の次の時代、すなわち modern な時代であり「近世」＝「近代」にほかならなかったのである。

日本史でいう近世が early modern と訳されていることは、十分に気をつけるべきである。というのは、日本で近世という概念が生み出されたほうが、欧米で early modern という概念が用いられ始めたのより、早いからである。また欧米でいう early modern があくまで modern の一部であるのに対して、日本でいう近世とはむしろ近代＝現代とは違うというところに重きを置いて用いられていること、両者の概念に大きな開きがあることにも注意すべきである。ヨーロッパ史を時代区分するに際して、欧米の学界で一般に early modern という概念が重視され用いられるようになったのは、アメリカに始まり次いでヨーロッパに影響が及んだものであって、それはやっと一九四〇年代以降のことのようである。西ヨーロッパに生きる者にとってはもともと、中世の中にのちに近代の指標となるものが萌芽として生まれ、市民革命も産業革命もそこから生まれた。近代とは西ヨーロッパがアメリカ大陸や東ヨーロッパなどを包摂しつつその中で生成されたのだから、近世＝early modern という概念を時代区分のためにことさらに必要としなかった。これに対して内田をはじめとする日本人にとっては、日本でヨーロッパから受容した近代＝現代とは、彼らが近世とした時代にはなかったものであった。これからいえば、もともと西ヨーロッパからすれば辺境であった日本のほうではるかに早く、近世という概念が定着し四時代区分が始まったのである。

中国史における四時代区分の始まり

ところが内藤の場合、中国もヨーロッパ、アメリカそして明治以降近代化した日本の影響を強く受けながら、内田のように「最近世」という時代の枠を別に設けなかった。それはなぜかといえば恐らく二つの要因が考えられる。一つには彼が中国近世説を提唱したときには、清朝はまだ続いていたからである。彼が中国史の展開過程を考え、「支那近世史」という講義題目で講義を始めたのは一九〇九年、明治四二年のこととされるが、このときにはなお清朝は存続していた。しかも日本と違って、なかなか「近代化」が思うようには進まなかった。宋代以降に形づくられた伝統、さらにいえば後に述べる中国史の「型」というべき伝統の影響を強く受けざるを得なかった中国では、われわれのいう近代化が順調には進まなかったのである。たとえば宋代におこなわれるようになったのとよく似た科挙が廃止されたのは、彼が中国近世史を講じはじめる数年前、すなわちちやっと一九〇五年のことであった。すなわち当時の内藤にあっては中国近世は中国現代でもあった。そこに「中国最近世史」という別の枠組みを設ける必要がなかった。

あと一つは、彼が卓越した中国文化史家であったからである。彼は東アジアの歴史を中国文化の発展史として、これを古代（上古）、中世（中古）、近世（近代）という三区分でとらえた（『支那上古史』緒言）。どうやら彼にあっては、清末までで中国文化発展史としての中国史は終わった、固有な文化発展史としてのサイクルはそこでひとまず閉じたと考えたようである。ヨーロッパ文化を受容し模倣ないしはこれと格闘する新しい時代、すなわち清末から民国にかけての時代と、彼のいう中国近代つまり中国近世という時代とどのような繋がりがあるかは、両者がともに平民主義の時代であるということのほかにはほとんど何も語らない。

この点では内藤より一世代後の宮崎市定は明確である。彼は内藤が示した中国史の時代区分、すなわち宋代から清代までを中国近世であるとする考えをほぼ継承しながら、ヨーロッパの近代資本主義と市民革命、とくに前者の影響を強く受けるに至った時代を新しく「最近世」と名づけた（『東洋的近世』）。これは内田銀蔵と同じである。宮崎のいう「最近世」こそわれわれが普通いう「近代」と「現代」である。ここに中国史研究において三時代区分ではなく、明確な意識をともなう四時代区分が始まる。それは内藤湖南にはまだなかったものである。宮崎はヨーロッパ史そのものも、近代資本主義の誕生をもって「最近世」の時代になったとし、そこでも四区分法を取るべきだとする。中国史に即してそれまでの時代区分を王朝交替とリンクさせておこなった彼は、これに続けて中華民国、中華人民共和国の時代を「最近世史」としている（『中国史』）。これは以上述べたような内藤による時代区分の不備を補おうとするものであったに違いない。

中国史の場合、近代とはヨーロッパの影響を強く受けて開国を余儀なくされるアヘン戦争からとする見方、あるいは近代化政策が始まる戊戌変法以降とする見方、あるいは辛亥革命にともなって生まれた中華民国以降とする見方などがある。さらに近世と近代が同じ modern であることを前提にして、ヨーロッパの影響を受けはじめる一六世紀にさかのぼって中国の近代（近世）であるとする考えもある。このように中国でいつから近代が始まるとするのか、これまた定論を見ない。これら諸説はそれぞれ誤りではなく、ヨーロッパから受けた影響のどこに力点を置くかの違いでしかない。私自身は中国では王朝交替が大きな変革をともなうという特質を重視し、清朝が倒壊し中華民国が始まって以降を中国近代とするのが適当であると考えている。

一六世紀以降近世説？

中国近世の始まりを宋代が始まる一〇世紀に置くのではなく、明末すなわち一六世紀頃からであるとする見方がある。これは中国江南地方の農村を中心として木綿の家内工業が盛んになったこと、一条鞭法という税制がおこなわれるようになったこと、外国貿易の進展があったことなどがその論拠である〔前田直典、一九七三〕。これは唐末以後にあらわれた佃戸（小作人）をヨーロッパ史における農奴に類したものと評価し、すでに述べたように唐宋変革以降を中世ととらえたことに連動した考えである。すなわち一六世紀頃から佃戸が地主に対してより自立するなど、中世とは違った時代であるとするのである。

また同じく、ヨーロッパに始まった大航海時代が中国に影響しはじめ、日本で産出された銀が大量に中国に流れ込むようになった一六世紀からを中国近世であるとする見方がある〔岸本美緒、一九九八〕。このような見方をする最も大きな根拠は、ヨーロッパでも日本でも、そして中国でも銀が貨幣として大量に用いられるに至ったことと、この時代をヨーロッパ史でも日本史でも「近世」と呼んでいるということ、そしてヨーロッパ、日本、中国がそれぞれに強く連動し影響し合っていたという点である。

このような見方は、グローバルヒストリーの影響を大きく受けたものと考えられる。たしかに近代以前から、国家あるいは地域はそれぞれに他と連動しつつ歴史を形づくるものである。またヨーロッパが海を経由して東アジアと繋がったことは、その後の世界史の展開から見て大きな意味を持つ。しかし、たとえば銀の流通がヨーロッパ、中国、日本、朝鮮、さらには中米メキシコなどに連動した動きをもたらしたという一つを取ってみても、それが与えた影響はそれぞれの地域、国家のそれまでの歴史の違いや固有なものに従って大きく異なったと考えるべきであろう。朝鮮についていえば一六世紀中頃以降、日本から大量の銀が流入し、これを中国北京まで運んでいた。この点で銀が日本、中国、朝鮮で連動した動きを生んだことは間違いない。しかし朝鮮国内では一八世紀や一九世紀になっても銀経済は定着しなかった。世界が銀によって繋がるようになったことを強調しすぎるなら、それはかえって東アジア各国や各地域の持つ固有なものを見えにくくするであろう。

また中国史に即して見る限り、一六世紀から一八世紀にかけてヨーロッパから受けた影響は、一九世紀以降にヨーロッパと近代化した日本とから受けた影響のように絶大なものでは決してなかった。一六世紀あるいは一七世紀にも中国で大きな変化があったことは間違いないが、前近代の中国史を特徴づける科挙という制度とこれによって上昇する社会層とに大きな変化があったようにはまったくない。これについては次に見るであろう。また宋代に始まる皇帝独裁政治や皇帝専制政治にも大きな変化はなかった。農民が多くは自作農であるか地主の小作人であった点でも、宋代と清代とでは大きな変化はなかった。宋代に生まれた朱子学は清末まで大きな力を維持したし、それは明代の陽明学と清代の考証学を生み出した。一六世紀に生まれる一条鞭法も、はたして宋代の社会とどこまで大きく違ったものをそれ以降に生み出したと評価できるのか、はなはだ疑問である〔岩井茂樹、二〇〇四年、三二六頁〕。一六世紀以降に世界全体がヨーロッパの影響を受けはじめたとしても、中国史の流れに即していうなら、中国はこの第一次ウエスタン・インパクトの影響を大きくは受けなかったこと、その国家と社会は大きく変化しなかったことこそが重要なことであり、かつこれはグローバルヒストリー（世界史）にとっても重要なことである。

要するに「明末清初の変革」には「唐宋変革」に見られるような全般的な巨大な時代の変化は見られない。以上によって、中国では近代の前提となった時代はおおよそ宋代から始まると考えるのが適当であろう。

2. 科挙の実態と「平等社会」

競争社会の出現

世界史の中できわだって中国社会を特徴づけたものは何かと問われたら、多くの者はまず科挙を挙げるであろう。では科挙はどのようなシステムのもので、中国社会に何を生み出したのであろうか。その実態に近づいてみよう。

科挙は漢代の選挙制度にまで遡ることができる。ここでいう選挙とは人を選び出し国家に挙げ、官僚に任用することである。ここでも固有な「型」がすでに秦漢時代にあらわれている。秦の始皇帝が全国を統一したのは前二二一年であり、ここに中国では中央集権的な官僚制度が始まった。問題はどのような人物をどのようなシステムで選ぶかである。

漢になり武帝が即位すると、ただちに選挙をおこなった。そのとき、皇帝自らが試験をもって董仲舒《とうちゅうじょ》に答えさせ、賢良という科目によって彼を登用した。前一四〇年のことである。この年におこなわれた選挙こそ、その後の科挙の淵源として重要な意味を持った。というのは一つには、武帝自らが試験官となって親しく問うているからである。それは宋代になると、最終試験の殿試としてシステムに組み込まれるものとなった。第二にはこの皇帝が出題した問いへの答えとして、董仲舒は世襲によって官僚を登用することを批判し、豪族あるいは財力ある者を登用するのではなく、有能な者、儒教的な徳のある者を登用すべきであると主張したからである。この有能で徳ありとされる者こそ、皇帝が欲する者たちであった。なぜなら彼ら世襲によらずに登用された者たちが、皇帝の手となり足となり彼の専制政治を支えたからである。そして第三に、董仲舒は中央集権化された全国レベルで有能な者、徳ある者を選抜すべきである、と求めたからである。武帝が董仲舒の答えに興味を覚えて彼を官僚に登用したのは、全国レベルのシステムの下に彼の手となり足となる人材を選抜し、これをもって豪族の力を抑制しようとしていたからであった。

ところが『漢書』武帝本紀によれば、時の丞相すなわち政府の最高長官が、「国政を乱す恐れがあるから、このときに選挙された賢良たちをすべて罷免されますように」と武帝に上奏し、武帝もひとまずこれを聴き入れざるを得なかったという。この動きは、それ以降科挙によって豪族や貴族を抑制しようとする皇帝と、これを阻止せんとする豪族、貴族とのせめぎあいがすでにこのときに始まっていたことを示す点で象徴的である。このせめぎ合いはその後ほぼ一千年続くのであって、皇帝が最終的に勝利したのが宋代であった。

漢代に始まる選挙は、魏晋南北朝の時代になって九品中正制が生まれると、もともと皇帝権力の伸張をはからんとする制度が逆に豪族、貴族らに利用され、彼らの既得権益を守るための制度となった。全国各地に置かれた中正官には貴族がなり、これまた代々続く家柄の良い貴族のみを将来の高官として推薦したからである。

科挙制度の直接の起源は中正官が廃止され、さらに進士科が設けられた隋代に求められる。ここにたしかに貴族たち相互の推薦によってではなく、統一試験の成績によって選抜されるようになった。しかしこれによって、皇帝が貴族による干渉なしに官僚を彼の意のままに登用できるようになったわけではなかった。なぜなら試験を実施する部局、すなわち吏部が貴族の牙城であったからである。このため試験を実施する部局が吏部から礼部に移されるなどの方策がとられたが、依然として誰を成績優秀者とするかの判定には、貴族の掣肘《せいちゅう》が加えられた。結局、貴族が科挙に影響力を持たなくなるのは、七五五年に起こった安禄山の反乱に始まり数世紀にわたる動乱によって、彼ら貴族が没落するのを待たねばならなかった。

宋の創始者である太祖趙匡胤が科挙に殿試を設けたのは、九七三年の科挙を差配した官僚が情実をもって同郷の者を合格させたことが契機であった。高級官僚たちの思惑、つまり誰に官職という持ち駒を与えるかという思惑を一切無視し、皇帝自ら最終試験をおこなうのが殿試である。この殿試はそれ以降九百年以上維持され、中国史上で最後の科挙となった一九〇四年まで続いた。

宋代以降の随筆類には、科挙にまつわるスキャンダルなどの話がいっぱい出て来る。知識人はこれに大きな関心があったからである。情実が入りこまないように、不正がおこなわれないようにとさまざまに知恵を絞り工夫が加えられた。しかしこれをパスしないことには立身出世の途が閉ざされ、あるいは逆に父親の代までに築かれた地位や財産を保全することが危ぶまれたから、危険を冒しても不正を働くことは清末に科挙が廃止されるまでやまなかった。

こうして先祖にまったく官僚がいなかった者でも、まったく家柄を持たない者でも、受験勉強できる環境にある者は誰でも官僚となり立身出世ができるようになった。逆にいえば、何世代かにわたって誰も科挙に合格せず、官僚を出すことができない家族は、いつ没落するかもしれないことになった。中国は古くから遺産が均分相続されたので、ある世代に何らかの方法で蓄財しておかなければ、家族は数代にして没落したからである。科挙に合格して官職を手に入れることが、その中で最も安全確実な蓄財の方法であった。宋代以降には、皇帝の宗室と元朝、清朝におけるモンゴル族や満州族など特別な家族とを除いて、世襲的貴族といえる者はほとんどいなくなった。家庭環境の違いや宗族（男系親族）による助力の有無など、不平等な要因はもちろんあったが、そこは激しい競争社会であった。

庶民はどの程度の割で進士になれたか

では宋代には、庶民出身の者が進士合格者全体の中でどの程度の割合を占めたのか。これについては一一四八年『紹興一八年同年小録』と一二五六年『宝祐四年登科録』という二つの史料によって、おおよそわかる。前者は大学者朱子がこの年に進士に合格したため、後者は文天祥がこの年に状元というトップ合格者になりながら、後にモンゴル族との交戦に敗れ元朝に仕えることを拒んで刑死したため、偶然に残ったものである。ある統計によれば前者では、進士合格者三三〇人のうちよくわからない者を除き、先祖三代で官僚になった者が一人もいない者は一五三人、後者では六〇一人のうちで二三七人であるという〔周藤吉之、一九五〇年、五四〜五六頁〕。前者は全体の四六・四%、後者は三九・四%である。ともに不完全な統計であり、とくに後者ではまったくデータのない者が二九人いる。これを差し引いて計算しなおせば、四一・四%である。つまり南宋時代には進士合格者の半数近くが庶民出身の者によって占められていたと見てよいであろう。

明清時代になるとその年々に実施された科挙の合格者名簿『進士登科録』、あるいは『会試同年歯録』などと呼ぶ史料が多数残っている。これによって庶民家族の出身者がどの程度の割合を占めたか、五百数十年にわたって追うことができる。表2-1は何炳棣《かへいてい》が彼が目にしたものをもとにしてつくった統計である〔何炳棣、一九九三年、一一四〜一一五頁〕。

この統計を読む前に、明清時代におこなわれた科挙のシステムについて簡単に述べておこう。

明清時代の科挙は、省レベルでおこなわれる郷試、北京で礼部がおこなう会試、皇帝がおこなう殿試の三段階からなる。しかし郷試を受験するためには、庶民はまず童試というテストを受け、全国の府・州・県に置かれたいずれかの官立学校に入学し、生員という肩書きを得ておく必要があった。このコー

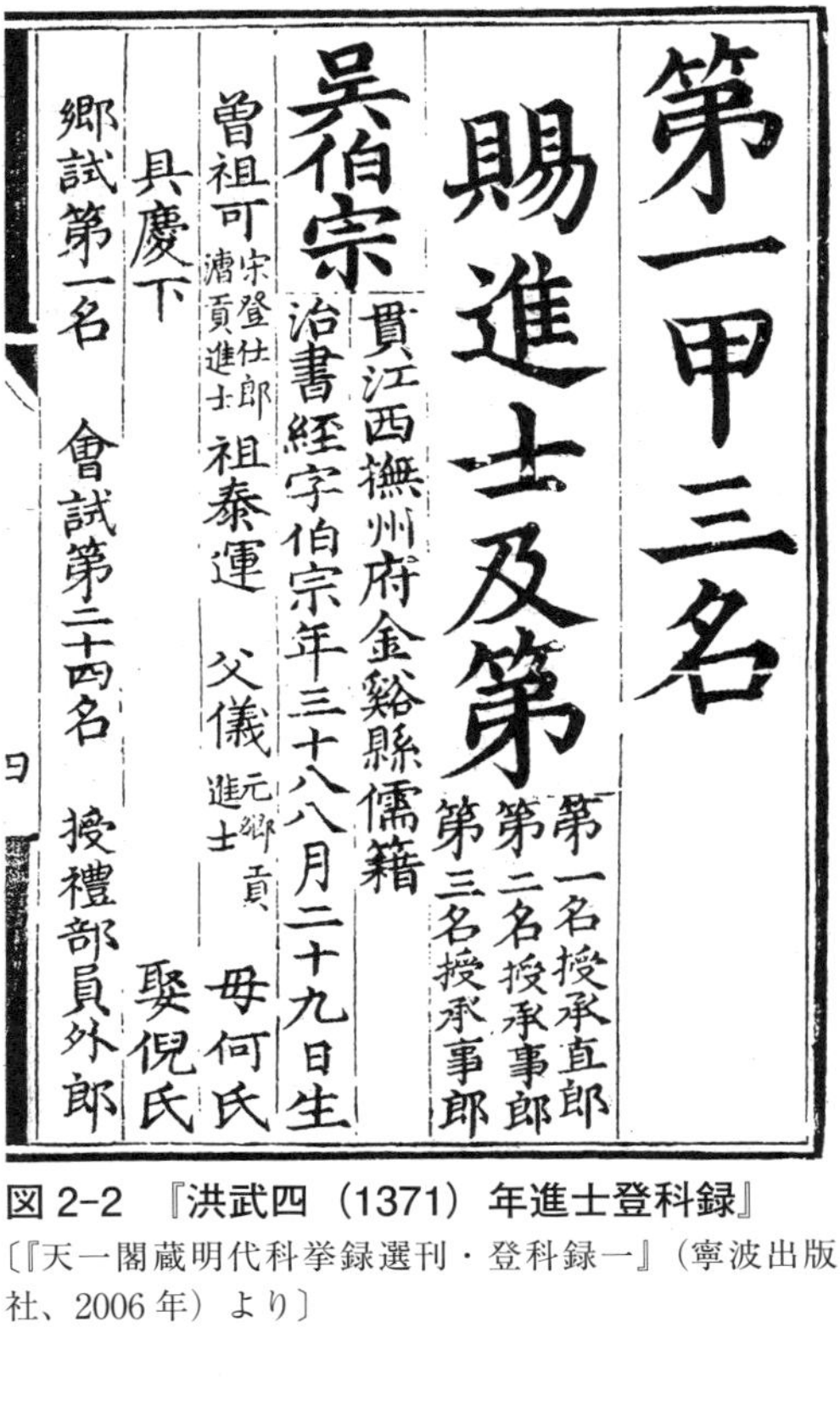
第一甲三名
賜進士及第
第一名授承直郎
第二名授承事郎
第三名授承事郎
呉伯宗　貫江西撫州府金谿縣儒籍
治書經字伯宗年三十八八月二十九日生
曾祖可濬 宋登仕郎貢進士　祖泰運　父儀 元郷貢進士　母何氏
具慶下　娶倪氏
郷試第一名　會試第二十四名　授禮部員外郎

図 2-2　『洪武四（1371）年進士登科録』
〔『天一閣蔵明代科挙録選刊・登科録一』（寧波出版社、2006年）より〕

スで科挙を受け官僚となる者を正途、すなわち正規のルートによるものと呼んだが、これとは別に中央の国子監という学校の学生、すなわち監生であれば、郷試を受験することができた。彼らは雑途と呼ばれた。明代の中頃から国家に捐納する、つまり寄付金さえ出せば、庶民は誰でもこの監生の資格を買うことができるようになった。監生は一方でこのように郷試を受験できる身分であるとともに、一方ではそのまま下級官僚に任用される身分でもあった。

郷試の合格者を挙人と呼ぶ。挙人もまた下級官僚に任用される資格を持つ。挙人が都でおこなわれる会試で合格し、さらに最終試験の殿試に合格できれば、晴れて進士となる。以上を簡単に図式化すれば、庶民→（童試）生員→（郷試）挙人→（会試）→（殿試）進士である。

さて表2-1で範疇《はんちゅう》Aとあるのは、進士合格者の先祖三代に一人も生員を出したことのない者であって、また官僚となった者もいない者である。したがってまったくの庶民家族の出身者といってよい。範疇Bは先祖三代に一人以上の生員を出した者であり、清代では一人以上の監生を出した者をも含める。清代では監生といえばほとんど政府への寄付金によって買い取る肩書きであったから、多少財力を蓄えた家族と見てよい。生員は地方社会では下級の名士と目され、一般庶民とは違う扱いを受けたから、監生を出した家族とともに上昇期にあると見てよいであろう。いわば半庶民家族の出身である。範疇Cの進士は、先祖三代に一人以上の官僚を出している家族であり、明代では一人以上の監生を出した者などもこれに含める。いわば官僚家族の出身である。範疇Dの進士は、先祖三代に一人以上の高級官僚、すなわち三品以上の官僚を出した家族の者である。三品以上の官僚は子孫の誰かを低い官位ながら官僚に推薦する特権を持つ点で、一般の官僚とは違う。いわば高官家族の出身である。統計上では範疇Dは範疇Cの一部であり、A＋B＋Cで一〇〇％である。

さて範疇Aと範疇Bを合わせた数値は、先祖三代に一人も官僚を出したことのない家族であるから、広い意味で庶民家族である。まず一三七一（洪武四）年から一九〇四年（光緒三〇年）まで、庶民家族（A+B）がある年の科挙で進士となった全体に占める割合を見てみると、明代初めに八四%という数値があるように、異常に高い。これは後に第4章で再び問題とするから、注意しておいてほしい。明代の中頃、つまり一四七二年の頃から統計によるかぎり明代最後のものである一六一〇年まで、庶民家族の出身者はおおよそ四〇%から六〇%であったと見てよい。清代が始まるのは一六四四年である。清代初めは、おおよそ明末の情況で推移しているが、時代を追うに従って庶民家族の出身者が進士合格の栄誉を勝ち得ることで困難になりつつあったことを示している。

この統計により、明清時代を通じて見るなら、次のことをいうことができよう。第一に両代を通じておおよそ二人に一人、あるいは三人に一人の進士は先祖三代に官僚を出したことのない家族、すなわち庶民家族の出身者であったことである。これは明清時代の社会では、立身出世するという点から見るなら、家族の歴代にわたって身分が固定していたのではなく、比較的に機会均等な社会であり「平等社会」であったことを示している。そしてこの情況は、すでに見た南宋の二つの史料が指し示す情況、すなわち新しく進士になった者のうちほぼ半数近くは庶民家族の出身者であったという趨勢が、大まかにいえば明清時代にまで続いていたことを示している。

第二には、進士がどの程度の割合で庶民家族の出身者であったかという点から見るかぎり、明末である一六世紀後半から清初である一八世紀初めにかけての二〇〇年近くの間に、傾向としてとくに顕著な変化は見られないことである。つまりそれ以前の時期、それ以後の時期と比べてみても、庶民家族出身の者がほぼ一貫して進士になりにくくなっており、この時期に大きな画期を見出しがたい。先に中国史が大きく変化したのは唐から宋代の間であって、これ以降を近世と呼ぶべきこと、これに比べるなら一六世紀からの変化ははるかにその規模において劣ること、この時代以降を中国近世と呼ぶことが不適

年	進士総数(注1)	範疇A		範疇B		A・Bの%合計	範疇C		範疇D	
		数	全体の%	数	全体の%		数	全体の%	数	全体の%
1802(嘉慶7)	258	36	14.0	71	27.5	41.5	151	58.5	12	4.6
1822	210	23	10.9	52	24.8	35.7	135	64.3	12	5.3
1829	223	46	20.6	49	22.0	42.6	128	57.4	10	4.4
1833	226	30	13.3	62	27.4	40.7	134	59.3	16	7.1
1835	243	26	10.7	54	22.2	32.9	163	67.1	17	7.0
1844	200	31	15.5	53	26.5	42.0	116	58.2	7	3.5
1856	177	32	18.1	33	18.6	36.7	112	63.3	12	6.8
1859	191	52	27.2	35	18.3	45.5	104	54.5	7	3.6
1860	146	35	24.0	33	22.5	46.5	78	53.5	6	4.1
1865(同治4)	228	36	15.8	49	21.4	37.2	143	62.8	13	5.7
1868	228	25	10.9	50	21.9	32.8	153	67.2	13	5.7
1871	280	45	16.0	66	23.5	39.5	169	60.5	7	2.5
1874	228	15	6.6	52	22.8	29.4	161	70.6	9	3.9
1876	216	30	13.9	49	22.7	36.6	137	63.4	5	2.3
1877	276	40	14.9	46	16.7	31.6	190	68.4	16	5.6
1880	276	31	11.2	49	17.7	28.9	196	71.1	13	4.7
1883	245	31	12.6	40	16.3	28.9	174	71.1	9	3.6
1886	263	29	11.0	55	20.9	31.9	179	68.1	15	5.7
1889	251	40	15.9	41	16.0	31.9	170	68.1	12	4.8
1890	234	24	10.3	44	18.4	28.7	166	71.3	8	3.5
1892	239	31	12.9	45	18.8	31.7	163	68.3	13	5.4
1895	181	30	16.6	27	14.9	31.5	124	68.5	6	3.2
1898(注3)	142	33	23.2	22	15.5	38.7	87	61.3	5	3.5
1904(光緒30)	243	88	36.2	25	10.3	46.5	130	53.5	4	1.7
合計/平均	14,562	4,533	31.1	1,689	11.6	42.7	8,340	57.3	836	5.7

(注1) 各年の進士総数は、先祖に関する記録が挙げられている及第者の総数である。
(注2) 利用可能な情報は先行二代についてのみ。
(注3) 原文としてはきわめて不完全。

〔何炳棣『科挙と近世中国社会—立身出世の階梯』〈寺田隆信・千種真一訳〉(平凡社、1993年)をもとに作成〕

表 2-1 明清時代進士の社会的構成

（A・B・Cの合計＝100%）

年	進士総数[注1]	範疇A		範疇B		A・Bの%合計	範疇C		範疇D	
		数	全体の%	数	全体の%		数	全体の%	数	全体の%
1371（洪武4）	28	21	75.0	−	−	75.0	7	25.0	−	−
1412（永楽10）	106	89	84.0	−	−	84.0	17	16.0	9	8.5
1457	294	182	61.8	−	−	61.8	112	38.2	9	3.0
1469（成化5）	248	149	60.0	−	−	60.0	90	40.0	11	4.5
1472	250	137	54.8	−	−	54.8	113	45.2	13	5.2
1475	289	154	53.3	−	−	53.3	135	46.7	11	3.8
1496	298	140	47.0	−	−	47.0	158	53.0	14	4.6
1505	303	126	41.6	−	−	41.6	177	58.4	12	4.0
1521	330	156	47.3	−	−	47.3	174	52.7	13	3.9
1535	329	154	47.0	−	−	47.0	175	53.0	22	6.9
1538（嘉靖17）	317	154	48.6	1	0.3	48.9	162	51.1	23	7.3
1544	312	151	48.4	2	0.6	49.0	159	51.0	24	8.0
1553[注2]	384	182	47.4	24	6.2	53.6	178	46.4	15	3.9
1559	303	151	49.8	2	0.6	50.4	150	49.6	14	4.6
1562	298	133	44.6	−	−	44.6	165	55.4	17	5.7
1568	405	203	50.1	−	−	50.1	202	49.9	17	4.2
1577（万暦5）	301	126	41.5	6	2.0	43.5	169	56.5	23	7.6
1580	302	134	44.4	−	−	44.4	168	55.6	12	4.0
1583	351	117	36.2	48	13.7	49.9	186	50.1	26	7.4
1586	356	105	29.5	54	15.1	44.6	197	55.4	18	5.0
1601	298	129	43.3	1	0.3	43.6	168	56.4	14	4.7
1610[注3]	230	61	26.5	40	17.4	43.9	129	56.1	18	7.8
1649（順治6）[注3]	176	48	27.3	27	15.3	42.6	101	57.4	15	8.6
1652	366	85	23.2	48	13.1	36.3	233	63.7	30	8.2
1655	401	112	28.2	65	16.2	44.2	224	55.8	48	11.7
1658	407	126	30.7	58	14.2	44.9	223	55.1	25	6.1
1659	358	124	34.6	32	8.9	43.5	202	56.5	27	7.5
1661	373	112	29.7	57	15.2	44.9	204	55.1	36	9.6
1673	138	37	26.8	22	15.9	42.7	79	57.3	5	3.6
1676	183	44	24.0	30	16.4	40.4	109	59.6	18	10.0
1682	151	12	8.0	17	11.3	19.3	122	80.7	18	11.9
1685	169	30	17.6	33	19.2	36.8	106	63.2	15	8.9
1703（康熙42）[注3]	104	10	9.6	20	19.2	28.8	74	71.2	17	16.3

切であると述べた。「明末清初の変革」を「唐宋変革」に比べるなら、それははるかに変革の幅の小さなものであったことは、これからもいえるであろう。

第三には明代初期においては、庶民家族の出身者が異常に多かったことである。これがどのような社会情況をあらわしたものであるかは、第4章で述べるであろう。

欲ぼけの人々と「士」と「庶」の階級社会

中国近世の知識人が科挙をどのように見ていたのか、科挙をめぐってどのように生きていたのかについて、常に引用されるのは清代に生まれた風刺小説『儒林外史』である。それは清代康熙年間から乾隆年間を生きた呉敬梓の作品であり、科挙制度を批判した小説といってよい。当代を批判したことになるのを憚《はばか》って、題材を明代中期に取っているが、そこに登場する人々は、呉敬梓自身が目にした人々であったと考えられる。生員、挙人、進士の生態、さらに生員になる前の童生という身分の者、進士合格後になる地方官僚たち、あるいは彼らを見つめる庶民たちの姿が、それぞれほとんどは欲ぼけしてうごめく者として生き生きと描かれる。

ここでは『儒林外史』が生まれた頃から十数年たった一七六六（乾隆三一）年、朝鮮燕行使の随員として北京に滞在した洪大容が、たまたまこの年におこなわれる会試を受験しに上京して来た二人の挙人と知り合ったおり、彼らが語った実話を紹介しよう。洪大容『乾浄筆譚』乾隆三一年、二月一七日の筆談記録である。二人の挙人とは、浙江省の省都である杭州の人であった。

この二人によれば、受験生が試験場に入るときには身体検査をし、「麻の衣を着せてわら履《ぐつ》をはかせ、まるで盗賊と同じようにあつかった」という。これには受験生を意図的に辱める目的もあったと考えられる。洪大容が「試験を受けた者はしばしば血を吐くというが本当か」と尋ねると、「連日連夜、眠ることもできない。苦しいのなんの」と答えている。

不正が発覚すれば「首をはねられ、試験官も受験者も首を並べて殺された」。これは彼らの筆談に先だつ十数年に実際にあったことで、不正発覚の二日後には、乾隆皇帝の命令直々で、郷試の試験場監督と受験者である本人ともに、即刻首切りの刑に処せられている。ところがさまざまなテクニックを使った不正は、なかなか止まなかった。

このような辱めを受け、このような苦しみを味わい、このような危険をともないながら、知識人は科挙に殺到し、不正は止まなかった。それはさまざまな報酬をともなったからである。本人ばかりではない。彼を助けて苦しい生活をしのいだ妻に対しても、報酬が与えられた。状元すなわちトップで進士となった者の妻に対しては式典の当日儀仗兵がつけられ、「省都である杭州城壁の上を輿にのってねり歩き、五穀を四方に撒き散らす」という特別待遇が与えられていた。これは「宰相ですらできない」栄誉であったという。

ところで科挙について研究した張仲礼によれば、受験勉強に励んだ知識人たちが生員に合格する平均年齢は、一八七一年から一九〇五年の間で二四歳であったと推計する。また生員、監生が挙人に合格する平均年齢は、一八三四年から一八五一年の間で三〇歳から三一歳であったと推計する。最終の進士はというと一八三五年科挙での平均年齢は三六歳であった。一方で張仲礼は庶民ではない彼ら知識人というべき者たちの平均死亡年齢は、たとえば一八三一年から一八八〇年にかけては五七・八歳であったであろうと推計する〔張仲礼、一九九一年、九二〜一四九頁〕。すなわち、ある知識人が進士になってから生き長らえる年月より、それまで受験勉強のために浪費する年月のほうが長かった、といってよかろう。本人だけではなく、その妻も苦しかったに違いない。

ところがこの杭州人の証言によれば、新しく進士となった者のうち四〇人が翰林院という皇帝に代わって詔勅をつくる官庁へ就職し、二〇人が中央官庁である六部へ就職し、あと四人から六人の者が初任官として地方へ出て知県になる者を除き、他の者はただちに官職につけなかったという。彼らが受験した一七六六年の科挙では、合計二一三人が進士となっている。仮に翰林院へ四〇人、六部へ二〇人、知県に五人がなったとして計算すれば、合計六五人である。とすれば、二一三人の中で残りの一四八人はただちに職を得られなかったことになる。すなわちただちに職を得られない進士は約七〇％に及んだ。一七六六年といえば、清朝の全盛期に当たる。にもかかわらず当時すでに、初任官としてつくべきポストが多くうまってしまっており、新進士の七割はただちに職につけなかったのである。

人生の中で最もエネルギーに溢れた青春時代を使い尽くして進士になっても、このような現状であった。このように就職難になったのは、進士合格者の数が多過ぎたほかに、捐納という制度を利用して官職を得た者が当時でもすでに多くなっていたからだと考えられる。捐納とは金銭によって官職につく資格を買い取ることである。これは一八五〇年に起きた太平天国以降にさらに盛んになるから就職難は一層深刻になったであろう。

ところがかつての中国知識人は科挙を目指し続けた。そこは「平等社会」であったから、受験勉強に取り組む経済的な余裕がある者は、ほとんど全員参加したからであるが、さらに深いところから見れば、科挙で何らかの成功を収めた者とそうでない者との差が歴然としていたからである。科挙で成功を収めた者を「士」といい、そうでない者を「庶」と称した。「士」とはのちにいう士大夫の一部またはその別名であり、「庶」とは庶民の「庶」である。すなわち宋代以降の社会は、一方で「平等社会」でありながら、同時に「士」と「庶」とからなる厳然たる「不平等社会」であった。唐中期以来の反乱にともない、たしかに家柄を誇り代々続く貴族はいなくなった。ところがここに「士」という一代限りの新貴族が登場したのである。「士」と「庶」は皇帝から見れば同じく「民」ではあったが、科挙によって生み出される社会は歴然たる階級社会であった。「士」と「庶」をまとめて「平民」とし中国近世を「平民主義」の時代であるとするのは、大きな誤解を生む。

この新貴族が獲得しようとしたのは、官職とそれにともなう利権であった。中国独特の科挙についておおよそ知ったわれわれは、さらにその科挙を支えた根本の制度、すなわち官職授与制を次に見る必要がある。

研究課題

1. ウォーラーステイン『近代世界システムI——農業資本主義と「ヨーロッパ世界経済」の成立——』(本テキスト第1章、一七頁)を読み、三時代区分と四時代区分の違いについて考えよ。
2. 朝鮮の洪大容『乾浄筆譚』乾隆三一(一七六六)年二月一七日には、当時の科挙についての生々しい実態が記される。このように精彩ある記録が残ったこと自体、中国・朝鮮両国の知識人にとって、科挙がともにいかに重い問題であったかを示している。この筆談記録をもとに、中国の科挙の問題点をまとめ、さらに朝鮮でおこなわれた科挙との違いとその社会への影響の違いを考えよ。

参考文献

内藤湖南『支那上古史』『支那近世史』(『内藤湖南全集』第一〇巻、筑摩書房、一九六九年)
　後者は書名を変えて『中国近世史』(岩波書店、二〇一五年)
内藤湖南「近代支那の文化生活」(『東洋文化史研究』、『内藤湖南全集』第八巻、筑摩書房、一九六九年)
宮崎市定『中国史』(『宮崎市定全集』第一巻、岩波書店、一九九三年)、『東洋的近世』(同第二巻、一九九二年)
内田銀蔵『近世の日本・日本近世史』(平凡社、一九七五年)

前田直典「東アジヤ史の関連性と発展性」「東アジヤに於ける古代の終末」（『元朝史の研究』東京大学出版会、一九七三年）
岸本美緒『東アジアの「近世」』（山川出版社、一九九八年）
岩井茂樹『中国近世財政史の研究』（京都大学学術出版会、二〇〇四年）
周藤吉之『宋代官僚制と大土地所有』（日本評論社、一九五〇年）
何炳棣『科挙と近世中国社会—立身出世の階梯』〈寺田隆信・千種真一訳〉（平凡社、一九九三年）
洪大容『乾浄筆譚—朝鮮燕行使の北京筆談録　1・2』〈夫馬進訳〉（平凡社、二〇一六・一七年）
張仲礼『中国紳士—関于其在19世紀中国社会中作用的研究』〈李栄昌訳〉（上海社会科学院出版社、一九九一年）

3 中国近世の官職授与制

夫馬 進

《本章のねらい》 宋代以降、中国には「士」という新貴族が生まれた。士とは古来「士《し》は事《し》なり」(『説文解字』)とされるとおり、職事をする者、つまり臣下として仕事をする者のことであった。では中国では君主と臣下とは何を媒介として繋《つな》がり、宋代以降には人々はなぜ科挙に狂奔して官僚になろうとしたのか。本章では官職授与制という言葉をキーワードにして、この問題を考えてみよう。

《キーワード》 官職授与制、権益の分配、俸給(俸禄)、国家の肩書き

1．ヨーロッパ封建制と中国官職授与制

君臣関係の媒介となるもの――封土と官職

ヨーロッパ中世の国家と社会の根幹となったのは封建制(Feudalism)と呼ばれる制度である。それは君主が臣下に封土(英語でFeud、ドイツ語でLehen)を与えて領主に建《た》て、その地の統治を認めるとともに、その見返りとして軍事的奉仕を得るものである。領主はその領地にある荘園を農奴に耕作させ、また都市における商人らをも支配した。

中国史でもしばしばヨーロッパ史にならって封建制とか封建的関係などという言葉が用いられるが、これはよほど注意する必要がある。とくに注意すべきは、宋代以降にあらわれた佃戸制を封建制の基礎

だとする考えである。宋代以降では地主が佃戸と呼ぶ小作人を雇って耕作させる制度が広範に広がった。地主は佃戸と契約を結び、租と呼ぶ小作料を得てその一部を国家に納めた。国家への納入分を税糧とか賦税と呼ぶ。この地主と佃戸の関係を隷属性の高いものと見なす者はこの時代以降を中世であると評価し、逆に自由な契約関係であると見なす者はこの時代を近世であるとする。しかしいずれにしても、この佃戸制は君主と臣下との間の関係を示すものでもないし、佃戸は君主に対して軍事的奉仕の義務を負ったわけでは決してなかった。すなわち佃戸制とはヨーロッパ中世でいう荘園制に類するレベルのもので、君主と臣下の関係をあらわす封建制とは次元が別である。中国で君主すなわち皇帝と臣下とがどのような関係で結ばれていたのかについては、別に考える必要がある。

また宋代以降に中国でおこなわれた皇帝による独裁政治について、これをヨーロッパ中世末期にあらわれた絶対王政と似たものであるとし、だから宋代以降も近世であるとする考え方がある。しかしこの考え方も誤っている。なぜなら第一に、ヨーロッパ絶対王政は封建領主による荘園経済がゆきづまり、危機に陥った彼らがその権力を国王に集中し農民と対抗しようとして生まれたものと考えるか、あるいはこのように没落してゆく領主などの封建勢力と、勃興してきた市民階級（ブルジョワ）との勢力が均衡したところに生まれたとされるが、中国宋代ではそのようなことはなかったからである。中国では、唐中期以降の反乱期に貴族が没落した。彼らが宋代に皇帝に権力を集中してその庇護に預かろうとしたことはなかった。また宋代には商業が盛んになり都市が栄えたが、そこではヨーロッパの封建領主と対抗するような市民階級は生まれなかったし、領主の権力を排除する都市の自治も生まれなかった。宋代以降の皇帝独裁政治をヨーロッパの絶対王政と類似したものと見るのは、両者の社会構造があまりに違っていることから見て無理である。

そして第二には、中国宋代以降の皇帝独裁政治をその社会構造から見るなら、紀元前三世紀に始まる秦漢時代のそれとほぼ同じだからである。秦代には中央集権的な皇帝専制政治が始まった。それは以後ほぼ二千年以上にわたって清末まで続くのであって、中国史における固有の「型」といったのはこれである。

では、ヨーロッパと中国の社会構造を大きく違うものにした基礎はどこにあるのか。ヨーロッパで封土の授受を通して君臣関係が成り立っていたように、中国でも封土を媒介として君臣関係が成り立っていたのだろうか。そうでないことは誰の目にも明らかであろう。中国の場合、君臣関係を成り立たせていたのは官職の授受を通してであった。ヨーロッパ封建制に対比すべきものは、中国では官職授与制である。近代官僚制を視野に置いてより正確にいえば、皇帝による官職授与制である。

ヨーロッパ中世に見られた封建制では、君臣間で媒介となったのは「封土」であり、臣下はこれを受けた反対給付として軍事的奉仕を果たす義務を負った。これに対して中国の場合、君臣間で媒介となったのは「官職」であった。臣下は皇帝から「官職」を受け、これにともなう俸給と諸権益とを受けとり、その反対給付として奉仕を果たした。その奉仕とは、君主すなわち皇帝が全国を統治するのを助けることであり、自分が膨大な機構の一コマとなり職務を果たすことであった。官職にある者の職務は軍事的な奉仕だけではなく、徴税、裁判、土木工事、人事など国家を運営し維持するためのすべての分野に及んだ。

ところで中国にも、ヨーロッパ中世におこなわれた封建制に似た制度があった。古代周代の「封建制」がそれである。ヨーロッパの Feudalism を「封建制」と翻訳したのも、中国にもかつて「封建制」があったからであった。周代では天子が邑と呼ぶ領地をその一族の者や功臣に与え、諸侯としてその地を統治させた。封土を媒介として君臣関係が成り立っていたのは、ヨーロッパと同じであった。

ところが春秋戦国時代にこのような封建制はしだいに崩壊し、これに代わって、魏、晋、楚、斉、秦などの国王はその直轄地に官職を設けて彼の手駒というべき臣下を派遣し、彼に代わって統治させた。秦の始皇帝がやったことは、中国全土を郡あるいは県と呼ぶ直轄地として、各地に官僚を派遣して統治させたことである。ここに「郡県制」が全国に敷かれ、全国一律で官職授与制が始まった。彼は官職とともにこれにともなう俸給と諸権益を臣下に与えるのと交換に、彼に代わって忠実に職務を果たすのを求めた。中国でも春秋戦国時代においては、諸侯は封建されることによって世襲することができたし、またその地を私領とすることができたが、全国一律に官職授与制が敷かれると、派遣された官僚は当地に長くとどまることができなかったから私領化も世襲化も防がれ、ここに中央集権的な官僚制国家が出現したのである。

中央集権的な官僚制が出現し、これ以降このシステムが長く続いたことは、広い意味での「中国文化」を強靱なまでに持続させるのに大きく寄与した。制度的に富と知識が一極に集約されこれが地方に再分配されることによって、科学技術は早くから発達しそれが次の時代に温存された。近世以降になると次に述べる士大夫文化が長く続き、裕かになった広範な庶民がこれに参加した。またこの間、モンゴル族や満州族による中国支配がなされたが、このシステムを全体としては覆すことはまったくできなかった。このためその前までにすでにかたちづくられていた地方社会は、根底から破壊されることなく温存されたのである。逆に「地方自治」が求められた清末以降の近代になると、国家が弱体化して社会全体の貧困化を招くに至った。現在また、中央集権的な官僚制によって国家が強力となり、社会主義市場経済の名で実質的には資本主義の育成がなされていることは注意してよい。

ではこの官職授与制は第2章で述べた科挙制とどうリンクしていたのだろうか。官職授与制が秦漢時代以後は中国史の一つの「型」になったのだとすれば、科挙制についても見直す必要がある。

第2章で述べたように、漢の武帝は有能な者を登用すべきであるという董仲舒の建議があったにもかかわらず、これをそのまま実施できなかったことを思い出してほしい。漢の武帝は典型的な専制君主であった。しかしこのエピソードは、当時なお官僚の登用と官職の授与は豪族ら有力者の推薦によることが多かったことを示している。また三国時代から唐代までは貴族制の時代であったとされるが、これは貴族が九品中正制などの選抜制度を我がものとして利用し、皇帝が持っていた官職授与の専権を掣肘《せいちゅう》したものにほかならない。確かにこの時代には、誰を官僚として選抜しどのポストに誰を当てるかは、皇帝の意のままにならなかった。しかし官職授与制そのものは大局的に見れば大きな変動はなかったのであって、貴族出身でいかに家柄を誇る人物であっても、官職を手に入れなければ、貴族であり続けることはできなかったのである。

またこの時代には豪族による大土地所有が進展した。しかしいかに大土地所有が進展したといっても、これを皇帝が本領安堵して彼を領主として認めることはなかった。この時代でも中国全土は一貫して「郡県制」が敷かれていたのであって、皇帝から官職を受けた地方官によって統治されていたのである。ここから見れば、官職授与制という固有の「型」は、この貴族制の時代でも国家の骨格として一貫してあった。

俸給授与と官職授与

ドイツの社会学者マックス・ウェーバーは、以上述べたようなヨーロッパと中国とで君臣関係を成り立たせた媒介の違いに着目し、ヨーロッパの制度をレーエン（封土、Lehen）封建制と呼び、これに対して中国の制度をフリュンデ（pfründe、俸禄）制あるいはフリュンデ封建制と呼んだ。フリュンデとはもともとカトリック教会における僧禄を意味し、要するに君主である皇帝のために勤務したことに対する俸給である〔マックス・ウェーバー、創文社、一九七一年、第二章、その二　封建的国家と俸禄的国家、また同、一九六二年、第九章第五節、封建制、身分制国家および家産制〕。

しかしこれを俸禄授与制ないしは俸給授与制と呼ぶなら正しくない。あるいは大きな誤解をまねく。なぜなら第一に、少なくとも宋代以降、より限定すれば明代以降では俸給そのものは官僚にとって収入源として大きな割合を占めなかったからである。官職につくこと、官職名を持つことが権益をもたらし、それが大きな収入源となったからである。

そして第二に、官僚ではなくその下で実務をとりおこなう者たちは膨大な数にのぼったが、彼らもまた俸給収入をおもな収入源とはしていなかったからである。官庁（衙門《がもん》）には官位のない者、つまり官僚の下にあって事務を担当する者が多数おり、これを胥吏《しょり》と呼んだ。さらに官庁には胥吏の下にあって雑務をおこなう衙役《がえき》がおり、衙門から人民のいる現場へ派遣される差役《さえき》もおり、現場では差役らと協力し治安と徴税を担当する地保《ちほ》・郷約《きょうやく》など、官僚機構を支える膨大な人々がいた。彼らは俸給をほとんど受けることなく、実務にともなう手数料や賄賂で生きていた。日本語でいう役得《やくとく》である。

官僚たちは胥吏や差役らが人民からむさぼり取るのを常に非難し、それを「賄賂」であるといったし、実際に彼らの生活収入はわれわれ現代人の感覚からすれば多くは「賄賂」であった。ただ俸給があまりに少ないために、それを無理のない範囲で取ることが黙認されていたのである。実は胥吏たちを非難する官僚も、似たり寄ったりであった。彼ら官僚は皇帝への奉仕の対価として官職を受け、俸給よりもこの官職にかかわる諸権益をおもな収入源としていた。

中国近世社会ではこれまで述べた官僚、胥吏、差役のほか、生員や挙人など官僚予備軍と官僚退職者も膨大な数にのぼった。彼らは「官職」にあったわけではないから、もちろん俸給は受けない。地主としてあるいは商人として、あるいは家庭教師として幕友《ばくゆう》と呼ぶ官僚の秘書としてその収入で生きていた。しかし国家は、将来は職務につくであろうという名目で、あるいは退職した者にはそれまで国家のために奉仕してきたという名目で、彼らの持つ資格や肩書きに応じてそれぞれに特権や権益を与えた。

この特権や権益を持つことこそ、自らの身を守り彼らの収入源ともなったのである。すなわち国家の官職体系全体から見れば、正規の俸給を受け取る官僚はほんの一握りであった。官職体系の裾野《すその》は社会の隅々にまで及んでいた。だからヨーロッパの封建制と対比するなら、中国の場合それをフリュンデ（俸禄）制あるいはフリュンデ封建制と呼ぶのは適当ではなく、これを官職授与制と呼ぶのが相応しい。

2. 中国近世における官僚俸給

薄給給与体系

では官僚たちはどの程度の俸給を受け取り、俸給以外の収入はどの程度あったのであろうか。これを宋代以降について見てみよう。

宋代の官僚は、一説ではその生活を支えるに足る十分な俸給を得ていたという。だからこそ、この時代には名臣が輩出し、生活の心配がないから不正は少なかったとされる〔趙翼『二十二史劄記』巻二五、宋制禄の厚〕。しかし一方で「俸給にのみ依存して生活し得る官僚は、まず存在していない、純粋に俸給生活者としての官僚はあり得ない」ともいわれている〔衣川強、二〇〇六年、四四七頁〕。どちらが正しいかというと、後者が正しいようである。というのは、宋代を生きた官僚たちがしばしば薄給を嘆いているのが一つの判断材料である。また政府も、物価の上昇にもかかわらずこのように薄給であっては、官僚は人民から苛斂誅求することによってその生活費に充てるほかないと判断し、これに従って何度も給与の増加がなされたからである。官僚たちはとても俸給のみで生活することはできなかったらしいが〔黄恵賢・陳鋒、二〇一二年、一八二頁〕、しかし明代と比べるならば、宋代にはなお生活費に見合った俸給の増額をはからねばならないとの国家の姿勢が見える。

このように宋代でも普通の官僚にとっては俸給のみでは生活していくことができなかったようであるが、元代ではこの傾向がより顕著であった。しかし明代になると、さらにはなはだしい薄給となった。

俸給は九品と呼ばれる官位に従って定められていた。九品とは九等級の位階であり、これをさらにそれぞれ正、従の二等級に分けたもので、合計一八等級からなる。すなわち最高の正一品から始まり次は従一品、そして最も下位にあるのは従九品である。さらにはこの従九品にも入らないそれ以下の官僚、たとえば府学の訓導《くんどう》や県学の教諭などの教員に対しても国家から俸給が与えられていた。ところがこれら官僚に対する給与体系が明代では恐ろしく低額に抑えられていたのである。

官僚の給与体系は文官と武官に分かれる。明代の給与体系は一三八七（洪武二〇）年に定められた。たとえば文官正二品の官僚は、年俸にして七三二石の禄米を受けることになっていた。文官正二品といえば戸部尚書など中央官庁の最高長官が持つ品級であって、彼らは現在の日本でいえば財務大臣に当たる。ところが明代の一四五三（景泰四）年に始まった捐納制度の規定によれば、地方国立学校に在学する生員であれば、米八〇〇石を国家に寄付する見返りとして国子監生の資格が与えられることになっていた〔伍躍、二〇一一年、三八頁〕。捐納とはすでに述べたように簡単にいえば、金銭や穀物を国家に寄付することによって官職を得る資格を買うことである。このような売官は売官爵や鬻爵《いくしゃく》という名で古く戦国時代にはすでにおこなわれており、秦漢時代にも広くおこなわれていたのだが、明代になるとそれが制度として確立した。しかもその後さらに整備されてゆくこと自体、官職授与がヨーロッパ史での封建に当たるような中国史の一つの重要な「型」であったことを物語っている。ここでいう生員とは第2章で述べたとおり、童試をパスしたのだがまだ挙人となっていない学生であって、すでに国家の「官職」体系の中ではある程度の肩書きを持っている。国子監生（監生）とは同じく学生ではあるが北京と南京に置かれた最高学府の学生であって、明代では最末端の官僚となる資格が与えられていた。すでに一般庶民ではなく、「官職」体系では一定の地位にある一生員が、挙人の資格ではない、単に一ランク上の監生資格を得るために必要としたのは米八〇〇石であった。米八〇〇石とは戸部尚書の年俸七三二石よりもちろん高い。この額が生員にとって誰も手を出せないというほどの高額であれば、売官としての意味をなさない。生員がたかが監生の肩書きを買い取るために必要とした米額が戸部尚書の年俸よりも高かったということは、人々が多額の寄付をしてでも、たとえ下級官僚の職であってもこれを獲得せんといかに熱望していたか、最末端の下級官僚でもいかにうま味があったのかを示すとともに、当時の俸給体系がわれわれの想像を絶するほどに低い水準に抑えられていたことを示している。

景泰四年とは洪武年間に給与体系が定められてから、まだ百年もたっていない。しかも戸部尚書ら正二品の官僚が受けるべき俸禄と捐納に必要な額とはともに米額で示されたものである。このため顧炎武がいうような、米に代わって紙幣（鈔）や銀で支給されることによる実質的な給与の減額を度外視できる。

顧炎武は明末清初を生きた人物である。清朝考証学の道を開いたとされる大学者である。彼は明代の俸給を論じて、もともと米で支給されていたものが紙幣（鈔）で支給され、ついで紙幣に代えて布で支給され、ついで布に代えて銀で支給されることにより、実質的に著しい減額となったことを考証する。そして唐代中期には従九品という官位の低い地方官を勤めた白居易でも、俸給だけで年末には家計にあまりがあるほど豊かな生活ができたなどの史料を

図 3-1　顧炎武
〔『清史図典　順治朝』（紫禁城出版社、2002 年）より〕

示しつつ、「今の正規の俸給は、唐代の人の二〇%から三〇%に過ぎない」と結論づける（『日知録』巻一二、俸禄）。「人民から生活費として不正に取りあげねばならないのは、当然である」と主張する。たしかに、もともと米で支給すべきものを紙幣で換算支給し、ついでこれを布や銀で換算支給したことによって、それが一層低額となったのも事実である。しかし明代における官僚俸給の低さを問題とするなら、このような換算による実質的な減額だけでなく、明初に定められた俸給体系それ自体を問題にすべきであろう。すなわち唐代では年俸に当たる禄米は明代のそれとほぼ同じ額であったが、このほか毎月支給される俸銭や職田からの収益などがあり、これらが収入として大きかった。とくに中唐以後では俸銭のほうが禄米より官僚の俸給収入として重要であったという。また元代では官僚俸給の一部をまかなう上でなお重要な財源であった職田が、洪武年間に廃止された。こうして明代の初めには、一般官僚に対する俸給はほぼ禄米のみによることになったのである。一四五三（景泰四）年の捐納規定から見るなら、明の俸給体系自体が国初からきわめて低いところで抑える、というところから始まったと考えなければならない。

官僚の収入源

では、明清時代の官僚たちが俸給収入をあまりあてにできない中で、どのようにして収入を得ていたかというと、第一に最も非難の少ないやり方は必要な付加税であるとして正額以上のものを取り立て、その一部を自分のものとするやり方であった。さまざまな官職にある者がその地位を利用して、農民や商人から正規の税額に上乗せして徴収するのである。第二にそこで生まれた利得の一部を上級官に上納金として贈り、この上級官もまた彼の上級官に同様に贈った。これが一般的でありやむを得ないこととして黙認されていたのは、地方官庁での公費が必要であるとして、さまざまな名目で付加税を課してこれをまかなったからでもあった。税である米を徴収し輸送する過程で目減りするから、これを名目にあらかじめ正額に上乗せして付加税を取った。これが一部は地方官庁の事務経費などに充てられ、一部は官僚らの生活費に充てられたのである。本来米で納入すべき税を銀に代えて納める場合、その換算レートは関係官僚に有利なように設定することが普通であった。明代中期から、この銀による徴収が普通になると、銀を溶かすときに目減りするという名目で付加税を納入段階で徴収しておくことが一般化し、これを火耗《かごう》と呼んだ。耗とはあまりの意味である。明末すなわち一七世紀初頭の一史料によれば、この火耗は正税の二〇％から三〇％であったという。もっとも火耗を徴収するかどうかは、各地の長官、知州知県の任意であったようで、この付加税を取らない地方官にはそれだけで人民から称賛の声が寄せられたという。税とともにさまざまな名目で課せられる役（徭役、労役）に由来する徴収も、官僚や胥史、差役らの重要な収入源であった。

明に続く清でも国家創建のときから俸給体系はきわめて低く抑えられていた。明代万暦年間の俸給体系をもとにしたからである。低く抑えられていたのは俸給だけでなく、地方官庁で用いる公費も以前と同じく乏しかった。このため明末からあった火耗など付加税は、よくないこととされながら当然に徴収された。

雍正年間（一七二三）に入ると、このよくないとされる付加税の徴収を公認し、これを強制的に省レベルの倉庫に納入させ、これによって任意に付加税がかけられ不正がなされるのを防止するかわりに、この新しい収入を官職に従って官僚たちに還元することになった。あまりにそれまでの俸給が低すぎたためである。これを養廉銀《ようれんぎん》すなわち清廉で賄賂を取らない心を養うための銀と呼んだ。正規の俸給では清廉ではあり得ない、という認識があったからである

地方の最高長官である総督や巡撫の場合、その配下に抱える人員は幕友つまり私設の秘書から門番や小使いに至るまで、その数は千人に及ぶことがあったという。彼らには自分のポケットマネーからその

いし七分の一でしかなかったという〔佐伯富、一九七七年、二六八頁〕。このため、総督、巡撫ら上級官庁への養廉銀はことのほか多額にのぼり、正規の俸給の百十倍にのぼった。しかしそれでも、養廉銀を受け取るようになる前、公認はされないが黙認されて受け取っていた収入に比べると、実際には五分の一ないし七分の一でしかなかったという〔佐伯富、一九七七年、二六八頁〕。

官僚の俸給は、清代雍正以降にあっては、以上のように本俸というべきものとこの養廉銀を加えたものである。しかし、地方の官庁ではすでに述べたように公費が決定的に不足しており、また自然災害が起きたときや公共事業をおこなうときには、地方官が率先して寄付をおこない民間からの捐納を呼び込む必要があった。このようなときには、まず増俸分というべきこの養廉銀から半ば強制的に各官職に応じて天引きされた。このため乾隆時代に入ると、付加税を公式の予算に組み入れ養廉銀としたにもかかわらず、地方事務経費と官僚俸給のためにまたまた付加税が加えられるようになったのである。

官僚たちが各時代にどのような収入で生活していたのか、俸給がどの程度の割合を占めていたのか、正確な数値を示すのは難しい。一七四九（乾隆一四）年以前にすでに完成していたとされる小説、呉敬梓『儒林外史』には、「三年清知府、十万雪花銀」という有名なことわざが出てくる。どんな清廉な知府でも、三年勤めれば銀一〇万両の収入がある、ということである。もう少し信頼できる数値としては、張仲礼が一九世紀後半のこととして挙げるものがある。知県の場合であれば、正七品だから俸給が正俸は四五両、養廉銀は一〇〇〇両から一八〇〇両、これを加えて俸給収入は最高でも一八四五両ということになる。ところがこのほか清廉な者であっても、裏の収入が年間三万両あったと推計している。つまり全収入に俸給が占める割合は六％弱である〔張仲礼、二〇〇一年、二八頁〕。もちろん知県が年間収入三万両以上、知府も三万三〇〇〇両以上あったとしても、全部を自分で使えるわけではない。やはり張仲礼によれば、知県は上級官である糧道へ六〇〇〇両、知府へ六〇〇〇両、部下の副官へ一〇〇〇両贈らなければならなかったという。先ほど用いた言葉でいえば「賄賂」である。もちろんこれは当時誰もがやっていることであり、もとはといえば俸給が決定的に少ないのだから、われわれの「賄賂」の感覚とはまったく違っていた。

中央官僚は官品が高い割には、収入が少なかった。これについては、一八八〇（光緒六）年に進士となり、一八八七（同一三）年に正五品（戸部郎中）つまり現今の日本でいえば中央官庁の局長クラスになった一官僚の収入が、その克明な日記によって知られている。これによれば一八八七年の場合、正俸が一二五両、養廉銀が一〇両、つまり俸給収入の合計が一三五両であり、俸給以外からの収入である印結銀が三三七・六両、一八人から受け取ったプレゼントすなわち「賄賂」収入が三六六両、ほかに書院の先生としての収入が八四四・一両であり、年間合計収入が一六八二・七両であった。このうち印結銀とは同郷の誰かが捐納によって官職資格を買おうとする場合、不正を働かない人物であると証明するため京官すなわち中央官僚に必ず保証人となってもらわねばならず、このときに支払われる代金である。彼は中央官僚であったから、印結銀といういわば臨時収入つまり役得があったのである。彼の場合、この年に全収入一六八二・七両のうち俸給収入一三五両が占める割合は、わずか八％であった〔張徳昌、一九七〇年、一〇〇頁〕。

官僚予備軍と退職官僚への優遇

官職にある者の収入にかかわることでいま一つ重要なことは、彼らには納税面でも優遇されていたことであり、また先に述べたとおり官職にまだついていない者にも、逆にすでに退職した官僚にも、収入に結びつくさまざまな特権が認められていたことである。宋代以降、一般庶民が国家に対して負担せねばならないものは、賦と役であった。賦とは日本の江戸時代についていえば、年貢であり税である。役とは徭役ともいい、賦税を納入したり運送したりするなどの労役である。賦税は官僚であろうと一般庶民であろうと、土地面積に応じて一律に徴収されたが、徭役は官職に応じてそれぞれ免除された。

ところが明代の中頃から徭役負担分についてもこれを土地面積に換算して賦税と同じように徴収するようになった。のちに一条鞭法となるもので、賦税と徭役を一本化しまとめて銀で収めさせる方法である。そうなると官職に応じて免除されていた徭役分も土地面積に換算して免除されるようになり、あたかも賦税が免除されるかのようになった。さらに進むと実際、官職に応じて賦税が免除されるようになった。このため官職を持たない庶民は、偽って自分の所有地を官職を持つものに寄進し、賦税の納入を少しでも逃れようとした。これを詭寄《きき》という。官職を持つものはこれによって所有地を拡大してゆき、明代中期以後の大きな社会問題となった。

特権として官職に応じて免税されたのは、

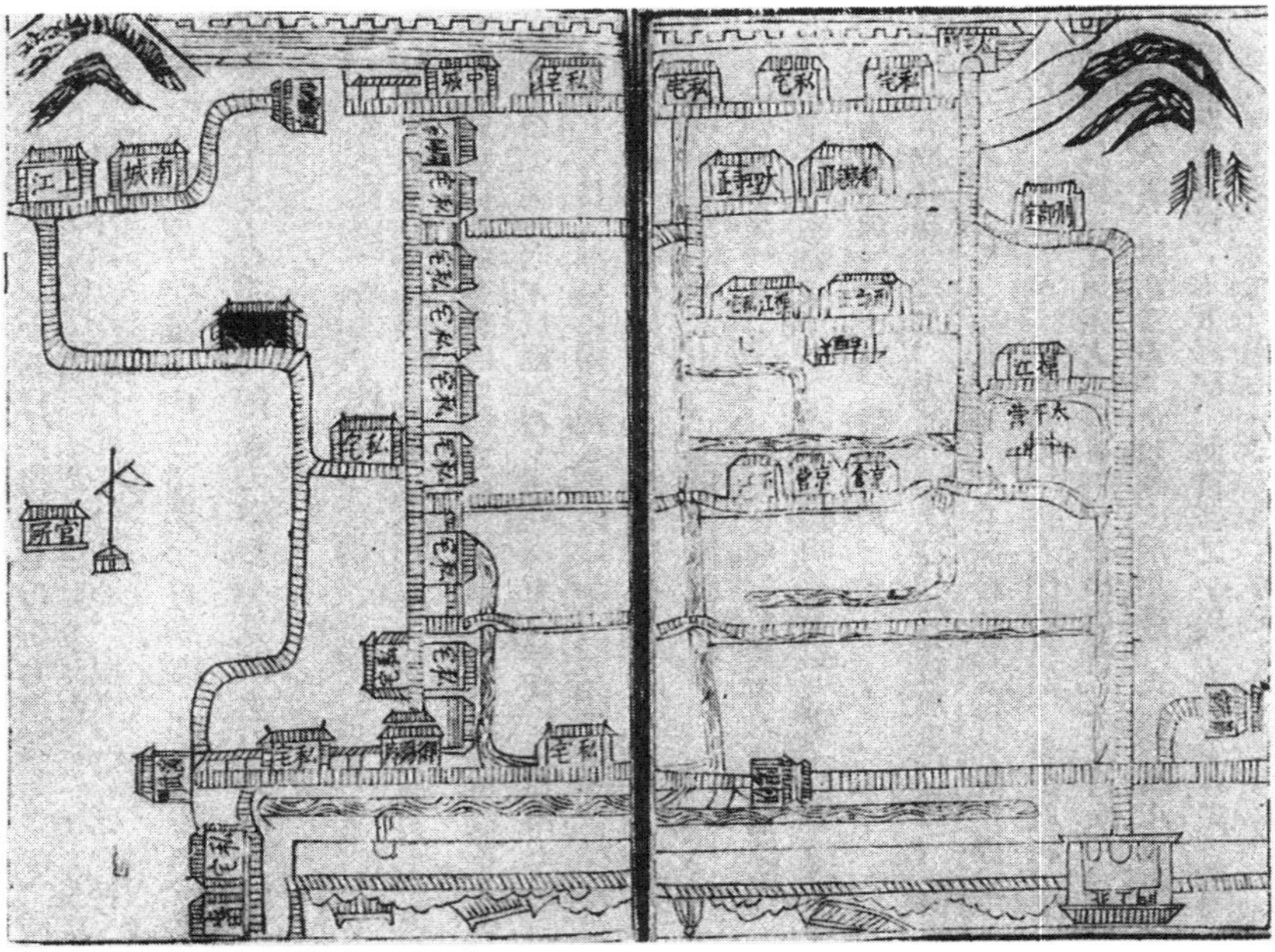

図 3-2　明代南京の住居図　〔『南京都察院志』（国立公文書館蔵）より〕

官僚だけでなく官僚予備軍というべき生員や挙人に対しても、またすでに退職した官僚らに対してもであった。彼らの肩書きに応じて同じような特権が与えられた。一五四五（嘉靖二四）年の規定では、たとえば知県（正七品）という地方官であれば賦税五石分と人丁（成年男子）五丁分が免除されていただけでなく、教官、監生、挙人、生員にもそれぞれ賦税二石と人丁二丁分が免除されていた。退職者は現職にある者の七〇パーセントが免除された（『万暦大明会典』巻二〇、賦役）。またたとえば南京という都市に住む者を取って見れば、都市の警邏や消防のための人件費は家屋の所有者からその間口の大小に応じて徴収されていた。一六一〇（万暦三八）年の規定によれば、翰林院・按察司・六部の現職官僚たちが、いかに広大な屋敷に住もうとこれが免除されたことは、言うまでもない。しかし現職官僚ではなくそれら官庁に勤めたことのある退職官僚も、同じくすべて免除されたことは注意してよい。さらに挙人というまだ官職についていない者でもすべて免除された。監生と生員については家屋の門口三間分が課税対象から免除された〔夫馬進、一九八〇年、二九三頁〕。これら挙人や生員にも詭寄がなされたことは言うまでもないし、それが俸給収入でないことも言うまでもない。

このように中国では、国家に関係した何らかの官職や肩書きを持つことは、きわめて重要であった。それは直接に俸給を与えられるというのではない、官職あるいはこれに類した肩書きに付随して特権と諸権益が与えられることが決定的に重要であった。官職授与制は現職官僚だけではなく、非常に広い裾野を持っていた。

では官僚ではもちろんなく、挙人でも生員でもない庶民はこの官職授与制とどのようにかかわったのであろうか。官僚がいる北京や府城、県城などの地方都市に住むのではなく、田舎町に住む庶民は、この官職授与制を使ってどのようにして成り上がっていったのであろうか。その実例を次に、四川省の片田舎に住んだ一人物にとって述べることにしよう。

3．社会的上昇の道具としての肩書き「職員」「団練監正」

四川省巴県の一「庶民」何輝山の肩書き

ここで四川省の片田舎というのは、現在でいえば重慶市から南へ約四〇キロメートル行ったところにある太平場という農村市場町である。かつて清代では四川省重慶府巴県の管轄下にあった。一人物の名を何輝山という。彼のことを記す『巴県档案』という文書のことも、この巴県という地がいかに訴訟の多いところであったかも、第6章「中国近世の訴訟と社会」で述べるであろう。

巴県の南部は山がちのところで、現在でも人々は多くは一〇戸程度以下からなる集落、すなわち散村で生活している。この地域で人々が日常生活のために買い物しようとすれば、定期市が立つ市場町まで出かけた。アメリカの地理学、社会学の研究者であるスキナーは、このような市場町をスタンダード・マーケットタウン（基底市場町・標準市場町）と名づけて分析した〔スキナー、一九七九年〕。簡単にいえばスタンダード・マーケットタウンとは人々が集まる最も身近で下層の中心地である。日用品をここへ行って買いそろえるだけではなく、たとえば結婚相手を探すときでもこれ以上大きな中心地へ行くことはめったになかった。太平場もその一つであって、当時、毎月二、五、八の日、つまり九日間だけ定期市が立てられていた。何輝山こ

図 3-3　現在の重慶市（清代巴県）の太平場

〔筆者撮影。2013 年 10 月〕

そ一八六六（同治五）年になってはじめてこの太平場を開いた人物である。なるほど田舎町ではあるが、新しく市場町を始めた中心人物であったのだから、この地方ではなにがしかの権勢を持ち、それまでから財をなしていたに違いない。太平場ができると彼がこの市場町を牛耳り、さらに権勢を強めた〔夫馬進、二〇一五年〕。

　彼の家族は近年編纂された『何氏族譜』（二〇〇一年）と『巴県档案』によるかぎり、先祖に一人も進士に合格したり官僚となった者はいない。生員を出したことすらなかったようで、第2章で示した分類に従えば典型的な庶民家族で

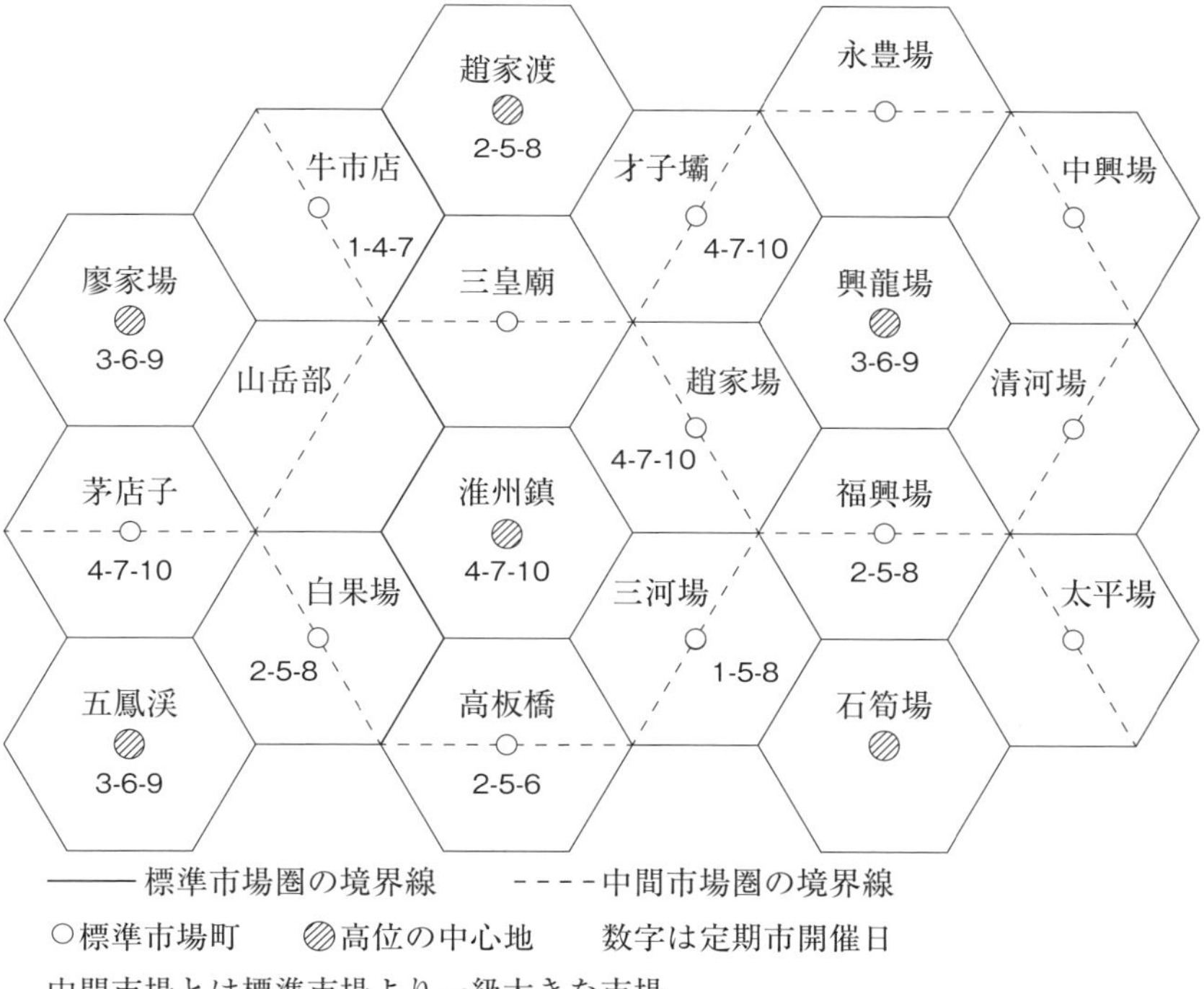

──── 標準市場圏の境界線　　- - - - 中間市場圏の境界線

○標準市場町　　◎高位の中心地　　数字は定期市開催日

中間市場とは標準市場より一級大きな市場

図3-4　スタンダード・マーケット（標準市場）圏モデル

〔スキナー『中国農村の市場・社会構造』（今井清一他訳、法律文化社、1979年）をもとに作成〕

あった。彼のいとこに当たる人物がはじめて武生員になっており、武生員の父が監生であったというから、この何氏一族はこの頃ちょうど勃興期に当たっていたといってよかろう。監生とは当時、捐納すなわ金銭で買うのが普通の最も低い肩書きであった。

では、彼がどのような方法で財を築き、競争者を倒しつつ自らの身を護ったかというと、訴訟をすることによってであった。生員ですらない彼にとって、この際必要であったのは「職員」という肩書きと「団練監正」という肩書きであった。彼はその訴訟文書の中に、必要に応じて必ずどちらかの肩書き、あるいは両方の肩書きを書き入れた。

「職員」とは

「職員」とはまったく実職をともなわない、本当に名前だけの肩書きである。これも当時は捐納によって買うことができた。彼の場合、同知という官職を名乗っていたらしい。同知とはもともと知府の下の副官であり、正五品ではあるが、もちろん彼の場合は実職につかなかった。しかし捐納によるもので名ばかりのものであっても、同知の肩書きを持つ者には彼らがかぶる官帽の上に水晶の飾り玉を付けることが許されるだけでなく、正五品の官職を持つことが一目でわかる絵柄のついた官服を身につけることが許されていた。つまりこの片田舎にあって、何輝山は一見すれば官僚然としていたのである。さらに彼は、手には五品以上の者が持つことを許された数珠を持ち、しかも紅傘を差しかけられ四人で担ぐ轎に乗っていたという。科挙は一面で「平等社会」をもたらしたが、実際にははなはだしい官僚優位の身分制社会であったから、彼は実職なしでもこの肩書きを最大限に利用したのである。

また訴訟文書の中で何輝山が「職員」という肩書きを必ず書き込み、裁判の席で必ずこれを名乗ったのは、これによって訴訟の相手より優位な立場に立てるからであった。当時の訴訟・裁判では、一切の肩書きを持たない一般庶民は「蟻」、つまり取るに足りないつまらぬ自分と文書で自称し、裁判の席でもそのように名乗らざるを得なかったが、「職員」の肩書きを持つ者はこれを名乗ることができたのであって、この肩書きを用いることによって官僚であるかのような立場に立てたのである。同じ庶民でありながら、「職員」の肩書きを持つ者は「蟻」より優位な立場に立つことができた。

「団練監正」とは

一方の「団練監正」とは何かというと、団練とは国家が当地の住民に組織させた自警団であり、監正とはその責任者の一人であることを示す肩書きであった。巴県には太平天国軍の一部が侵入しそこで戦闘もあったから、国家にとっても住民にとっても団練はなくてはならぬものであった。団練監正は治安の維持がその役目であったから、彼はこれまたこの肩書きを生かして、対抗する者を取り締まることができた。

何輝山は太平場を開く前、その南三キロメートルほどのところにある接龍場という市場町を活動の舞台としていた。そこで万天宮首事をしていた。道教寺院の管理者の一人である。万天宮では米市という穀物市場が置かれていたから、首事となり米市を支配することに莫大な利権がからんだようである。

万天宮首事となることは、そこで開かれる米市を支配し莫大な資産を手に入れることができただけではない。当時、万天宮のような道教寺院には功徳としてさまざまな寄進がなされたが、その中に焦げ付き債権の寄進があった。民間で生まれた金銭貸借がこじれ、もはや債務者から返済を受けることが不可能となった場合、債権者は債権を善堂や公局に寄進した。善堂とは慈善公益事業のための施設であり、公局とは公益事業のための施設である。ところがこれら善堂や公局に寄進された焦げ付き債権は無効となるのではなく、善堂や公局が自らのものになった債権を債務者から取り立てることができた。だからこそ焦げ付き債権でも、寄進の対象となったのである。それは慈善事業、公益事業の資金であるというのが立前であったから、地方官も債権の取り立てに協力していた。

万天宮も公局であった。万天宮首事となった何輝山は、焦げ付き債権を寄進した者に代わって借金を取り立てることによって、これまた莫大な利益を獲得した。これには地方官による庇護も加えられた。彼は万天宮首事であり「職員」であるとの肩書きで債務者を訴えるとともに、「団練監正」の肩書きを用いて債務者を治安を乱す者として訴えることができた。さらには借金を返さずに逃亡したときなどは、何輝山は彼を拘束して衙門へ連行することができた。それができたのは、彼が治安の維持に責任を持つ「団練監生」だからであった。

ここに見られるように官職授与制とは実際に官僚となった者に対して、その職に応じた諸権益をも与えるシステムであっただけではない。それは実際に官職についたことのない者にまで及ぶ、きわめて裾野の広いものであった。社会全体に及ぶものであったといってよいであろう。それは実職かどうかを問わず、国家にかかわる何らかの職を授与された者すべてが、何らかの権益を受けるシステムであった。それは北京に職を持つ中央官僚だけではなく、太平場、接龍場のような片田舎、スタンダード・マーケットタウンである最下層の市場町で生活する者、何輝山のような生員ですらない者をも覆うシステムであった。

研究課題

1. 雍正帝が始めた養廉銀支給制度とはどのような制度であったのか、また大きな中国史の流れの中でどのように位置づけるべきか、佐伯富による研究と宮崎市定『雍正帝』(『宮崎市定全集』第一四巻、岩波書店、一九九一年)などを参考にして考えよ。
2. 四川省巴県の田舎町に住んだ何輝山は、具体的にどのようにして蓄財していったのであろうか。スキナーのスタンダード・マーケットタウンとはどのような概念であるかを理解しつつ、これを考えよ。

参考文献

M・ウェーバー『儒教と道教』〈木全徳雄訳〉（創文社、一九七一年）第二章「社会学的基礎―その二　封建的国家と俸禄的国家」
M・ウェーバー『支配の社会学Ⅱ』〈世良晃志郎訳〉（創文社、一九六二年）第九章第五節「封建制、身分制国家および家産制」
衣川強「官僚の俸給」（『宋代官僚社会史研究』汲古書院、二〇〇六年）
黄恵賢・陳鋒『中国俸禄制度史（修訂版）』（武漢大学出版社、二〇一二年）
伍躍「明代の例監と納貢」（『中国の捐納制度と社会』京都大学学術出版会、二〇一一年）
佐伯富「清代雍正朝における養廉銀の研究」（『中国史研究』第三、同朋舎、一九七七年）
張仲礼『中国紳士的収入』〈費成康他訳〉（上海社会科学院出版社、二〇〇一年）
張徳昌『清季一箇京官的生活』（香港中文大学、一九七〇年）
夫馬進「明代南京の都市行政」（中村賢二郎編『前近代における都市と社会層』京都大学人文科学研究所、一九八〇年）
G・W・スキナー『中国農村の市場・社会構造』〈今井清一他訳〉（法律文化社、一九七九年）
夫馬進「清末巴県の〝健訟棍徒〟何輝山と裁判的調解〝憑団理剖〟」（『東洋史研究』第七四巻第三号、二〇一五年）

4 中国近世の士大夫政治と皇帝専制政治

夫馬　進

《本章のねらい》　中国近世史を大きく特色づけるものの一つとして皇帝専制政治と士大夫政治がある。士大夫とはもともと皇帝からその権益の分配にあずかりつつ奉仕する者たちであるが，しかしそれは皇帝が生んだ鬼子となる場合があり，これが中国史を興味深いものとしている。中国近世史上で典型的な士大夫政治は宋代に生まれ，典型的な皇帝専制政治は明の建国者朱元璋によってなされた。以下，この二つの絡み合いを見てみよう。

《キーワード》　士大夫政治，皇帝専制政治，洪武帝，宦官政治，内閣政治，『明夷待訪録』

1．宋代の士大夫政治

士大夫の二面性

士大夫とはもともと，古代西周，春秋時代に天子と諸侯の下に卿・大夫・士という身分があったことに由来する。この三者を合わせて士大夫という。彼らは天子と諸侯に仕え，彼らに代わって庶民を支配する家臣団であった。漢代でも魏晋の時代でも士大夫という言葉はあらわれるが，ほとんどが社会の支配層であることを意味するか官僚であることを意味するだけで，知識人としての意味合いは薄い。世界史の中で中国独特な人間類型としての士大夫は科挙とリンクして登場する。宋代以降で士大夫といえば，教養ある文化人，現在の言葉でいえば知識人を意味した。しかし知識人とはいえ，ある特定な分野だけをやる専門家であってはならないとされる。『論語』（為政）に「君子は器《うつわ》ならず」という。君子とは立派な男子であり、狭い分野の専門家であったり技術屋であったりしてはいけないとされるのである。

宋代以降の士大夫については二面的にとらえる必要がある。その一面は彼らが持つはなはだしい理想主義的なまた反俗主義的な性格である。彼らは自らの心を陶治し修身にはげむことから始め、次に家を斉《ととの》え、次に明清時代でいうなら省レベルの広い地域を治め、天下を平和にするところに終わることを人生の目標とした。修身、斉家、治国、平天下（『大学』）である。修身と政治とは連続していた。彼らの手本は孔子であった。なぜなら孔子こそ、いかに生きるべきかを人に教え自ら実践しただけでなく、理想的な政治を実現すべく全国を流浪したからである。程頤《ていい》（程伊川）の言葉に「聖人は学んで至るべし」（『近思録』巻二）というのがある。彼は「学問は聖人になるためのものでてである。聖人は学んで至ることができる」という。程頤とは兄の程顥《ていこう》（程明道）とともに二程子と呼ばれて北宋の人であるが、南宋の朱子（朱熹）に大きな影響を与えた。「聖人は学んで至るべし」という言葉こそ、宋代士大夫のスローガンであり、彼らの理想主義的な気概を最もよくあらわしている。正しい学問という方法によって自分でも聖人になれるというのなら、自分が政治に参与すれば当然に聖人の教えた道を実現せねばならないし、実現できるはずであった。士大夫たちは科挙をパスする過程で儒教教典によって磨きぬかれていたから、孔子や孟子の持つ理想主義をもわがものとした。

しかし宋代以降の士大夫が、一面でははなはだしい功利主義者でありエゴイストでもあったことを忘れてはならない。というのは、彼らは科挙に合格して士大夫になったからである。では何のために苦しい受験勉強をするのかというと、当然それは官職を得るためであった。皇帝権益の分配にあずかるためであった。大半の受験生にとって官僚となるのは理想社会を実現するためではなく、利得を得るためであった。この意味で、宋代の士大夫は理想主義者であると同時に現実的な功利主義者でもあるという、きわめて矛盾した存在であった。

この矛盾は個人の内にある場合と社会にあらわれるものと両方がある。まず個人の内でこの矛盾をどのように解決しようとしたのか、宋一代というより近世中国きっての大学者朱子の場合を見てみよう。その『朱子語類』巻一三、立功「科挙の学を論ず」には、この矛盾の解決法が集中して論じられている。聖人となるための真の学問と、科挙という功利のための学問を両立させるというのは、朱子本人だけではなく彼の下に集う多くの弟子にとっても至難であったから、この解決法について何度も説いて聴かせたのである。

なぜ科挙を受けるのか、なぜ苦しい受験勉強をするのかというと、朱子は「父母につかえ養ってゆくためには、科挙を通るしかない」からだという。また「今の世にあっては、孔子さまが再び生まれてきたとしても、科挙受験は避けられない」ともいう。簡単にいえば、科挙を通らなければまともに生きてゆけないというのである。一般庶民でしかないことは、宋代にあってもそれほどまでに悲惨なことであった。

朱子は「科挙と読書つまり真の学問とは別のことだと分けて考えよ」という。ではどうやって分けたものを両立させるのかといえば、「志を立てて」科挙を突破し「志を遂げよ」と教える。簡単にいえば科挙受験という功利の業は一時的で仮のことだと考え、「志」つまり自ら聖人となり聖人の道をこの世に実現させるという理想を持って、苦しい受験勉強ぐらいは耐えよというのである。朱子ほどの大学者であっても科挙を無視し去ることはできず、はなはだ現実と妥協的であった。理想主義と功利主義とは併存していた。この根本のところで妥協的であったからこそ、多くの弟子たちを引きつけ集めることができたのだし、その学説はその後一千年にわたって士大夫たちに支持されたのである。これは明代に朱子学を批判しつつ登場した王陽明（王守仁）でも、まったく同じであった。

個人的には矛盾は以上のようにして解決されたであろうが、社会的な矛盾となると解決ははなはだ難しかった。というのは朱子がいう「志」、つまり聖人となり聖人の道を実現しようという理想ではなく、実際には科挙で成功して悲惨な庶民生活から這い上がろうという「志」を立てる者、あるいはこれに失敗して悲惨な庶民生活に転落したりしないという「志」を立てる者のほうが、はるかに多かったからである。あるいは理想と功利を同時に求めながら、やはり功利に軸足を置く者がはるかに多かったからである。

新法党と旧法党

士大夫が持つこの二面性、つまり矛盾が吹き出したのが中国史の中でも代表的な政争である新法党と旧法党の争いにほかならない。いかなる政治をおこなうかをめぐって喧喧囂囂《けんけんごうごう》の議論がなされた根本原因はここにあった。以下、新法党と旧法党とが何を争ったのかを中心に見てみよう。

宋の二代目皇帝太宗の時代になると、文治主義が強力に進められた。唐中期以来長く戦乱が続いたのは、禁軍という近衛兵が皇帝の意のままにならぬほど大きな力を持つに至ったからであったし、節度使、藩鎮などと呼ばれる軍閥が地方で割拠したからであった。皇帝としてはこのような事態に後戻りする原因を取り去る必要があった。五代では進士の地位がなお低かったが、太祖趙匡胤とこれを継ぐ太宗は科挙官僚を積極的に登用し、枢密院や兵部という軍事にかかわる中央官庁の長官に武官を当てずに彼らを当てただけでなく、最前線での指揮まで彼ら文官にとらせた。

ところがちょうどこの頃、北方で遼（契丹）が強大となっただけでなく、やがてその西で西夏が勃興すると、次から次へと兵隊の数を増やす必要ができた。当時、兵隊は傭兵であったため、彼らの給料をまかなうためだけでも財政難におちいった。国家財政の八割は軍事費にとられていたという。財政の立て直し、改革が必要なことは、士大夫たち誰の目にも明らかであった。

太宗の時代から約半世紀がたったころ、士大夫は政治と文化で一つの大きな花を咲かせた。これが仁宗の慶暦年間（一〇四一～四八年）前後のことであったから、政治の面では「慶暦の治」と呼ばれる。士大夫政治が比較的うまくおこなわれた時代である。韓琦《かんき》、范仲淹《はんちゅうえん》、富弼《ふひつ》、欧陽脩《おうようしゅう》らが活躍したが、このうち韓琦、范仲淹、富弼は前線指揮官としても有名であった。

政治は士大夫こそが担うべきであると彼らは考え、各種政策について活発な議論をおこなった。范仲淹の言葉、「天下の憂いに先んじて憂え、天下の楽しみに後れて楽しむ」（岳陽楼記）は、この頃の士大夫の理想主義と彼らの気概を語るものとして古来有名である。

欧陽脩は唐宋八家の一人に数えられるほどの文章家であっただけでなく、政治面で「朋党論」を書いたことでも知られる。この頃、仁宗皇帝にはさまざまな政策にかかわり官僚たちから上奏文が寄せられたが、活発な議論の裏にはしばしば人事がからんでいた。かつて貴族政治が華やかであった唐代中頃まででであれば、貴族という家柄がおおよそその昇進コースを自然と決めてくれたし、官僚としての身をも守ってくれたが、宋代の科挙官僚はこの点では丸裸も同様であったから、意図的にグループをつくって昇進をはかりあい、自らの身を守るとともに他派を攻撃せねばならなかった。「朋党論」は一〇四四（慶暦四）年に上奏されたが、もとはこれより一〇年ほど前に范仲淹が朋党を組んでいると批判され、一〇三八年には仁宗から「官僚は誰でも朋党を組んではいけない」との詔勅が出されたことに淵源がある。一〇四四年、韓琦、范仲淹、富弼が要職についたのは范仲淹や欧陽脩が党人だか

図 4-1　范仲淹

〔南京博物院蔵〕

らだという人事にからむ攻撃を受けた。欧陽脩はこの上奏文の中で、人間には「君子」と「小人」の別があるとし、朋党は君子にしかつくれず、君子の朋党を皇帝が用いてこそ聖人の道を実現できると主張した。君子とは先の言葉を借りれば理想主義者であり、小人とはつまらぬ人物のことで功利主義者、エゴイストである。

ただ「君子」であるか「小人」であるかはその立脚する立場で逆になったから、互いがたがいを「小人」であると攻撃するに至った。またわが身の危険も省みずに堂々と皇帝にもの申す者には、名を求めているとの非難が浴びせられた。王安石によって新法が始められるのは一〇六九（熙寧二）年であるが、新法党と旧法党に分かれて激論が応酬される土壌は、すでに慶暦年間にできあがっていたといってよい。

新法は王安石が始めたとされ、もちろんそれは誤りではない。しかし、神宗皇帝がいなければ新法の実施に至らなかったであろうし、新法党と旧法党とに分かれての大激論がなされ、政治と社会に大問題を生むことはなかったであろう。時に神宗は二二歳の青年皇帝であり、財政の立て直しと改革に意欲満々であった。王安石による政治とは皇帝の強力なバックアップを得ておこなわれた士大夫政治である。

さて、神宗と王安石のコンビで次々と新法制がつくられたが、中でも激しい議論を呼び反発と非難を受けたのは青苗法と募役法であった。青苗法とは一種の貧農救済策である。貧農は種を播く春の頃になると種籾はおろか食料も食いつぶしているので、勢い地主などの高利貸から高い利息であるのを承知の上で金や穀物を借りていた。植付から収穫までの約半年間に、六、七割から十割に達する高利で借りねばならなかったから、わずかな土地を持つ農民は土地を手放し佃戸（小作人）に転落せねばならなかったし、すでに佃戸であった者は借金によってさらに悲惨な境遇に置かれた。これに対して青苗法とは二割以下の低利で国家が貧農に貸し付けるというものである。青苗法のねらいは、貧農を救済して社会を安定させるという点にもあるが、真の狙いはこれによって自作農が没落するのを防ぎ、税収入の安定化をはかり財政難を切りぬける一助にすることにあったと見るべきであろう。ところが官界では激しい反対論が起こった。言うまでもなく、官僚は地方へ帰れば多くは地主であり、青苗法は彼ら高利貸としての既得権益を大きく損なったからである。反対したのがかつて慶暦の治のときには、理想主義者に見えた韓琦、欧陽脩、富弼らであったから不思議である。

募役法に対しても激しい非難が浴びせられた。宋代では差役つまり各種労役が土地を持つ農民に課せられたが、官僚を出した家は官戸と呼ばれ差役が免除された。差役のうちで租税の年貢を地方官庁に代わって徴収しこれを納入すること、そこに詰めて倉庫番をすることなど、命令のままにさまざまな雑役を勤めねばならなかった。この重い差役に耐えかねて、郷村では自作農だけでなく中小地主が次々と没落していった。募役法はこの差役を免除されている官戸から助役銭を徴収し、これまで差役に当たっていた一般農民からは免役銭を代わりに出させ、これらの金銭で希望する者を募り、彼らに代わって差役を勤めさせるというものである。この募役法には青苗法と同じく、自作農や中小地主を保護する社会政策としての側面とともに、彼らを保護することにより財政収入の安定をはかろうとする狙いがあった。

貧困化する一般庶民の立場に立ち、また財政難に苦しむ政府の立場に立つならば、青苗法も募役法も必要な改革法案であることは誰にもわかったはずである。ところが募役法に対しても激しい非難が寄せられた。やはり官僚の既得権益を侵したからである。官戸とは官僚家族であり、もともと差役を免除されていた。募役法になると助役銭を取られるからである。また蘇軾《そしょく》などは募役法をやるなら、遠く郷里を離れて浮き草暮らしをせねばならない士大夫の苦労を逆に無視することになり、差役に当たる者から地方官として接待を受ける楽しみを奪うことになると批判した。

「皇帝は士大夫とともに天下を治むべし」

一〇七一（熙寧四）年三月のこと、神宗は宰相王安石、枢密使文彦博《ぶんげんぱく》らと歓談していた。枢密使とは軍事長官であり、皇帝が政策を決定するための最高諮問会議に参加することができる。この場で神宗は改革が必要なことを主張したが、文彦博は反対して譲らなかった。神宗は次のように言った。「近隣の一般庶民に尋ねたところ、彼らもみな免役（募役）を喜んでいる。免役銭を出さねばならぬとはいえ、自分が差役に当てられるのを免れることができ、命じられたとおりにしないからといって督促されたり刑罰を受けたりする心配もなく、どうするかを自分の意志で決定できるからである」。神宗としては新法が成功していると自慢して語ったのであろう。目の前の王安石とともに反対派を説得したかったのである。ところが文彦博は、「改革によって人心を失ってはならぬ」と反論した。神宗が「制度改革は士大夫たちの多くに喜ばれない。しかし一般庶民にどんな不便なところがあるのか」と問うたところ、文彦博は「士大夫とともに天下を治めるのであって、一般庶民（百姓《ひゃくせい》）と天下を治めるのではないからだ」と答えたという（『続資治通鑑長編』）。簡単にいえば募役法は庶民に便利であっても士大夫に不便である、というのである。

このエピソードはさまざまなことをわれわれに伝えてくれる。まず、文彦博は士大夫とは何か、実にわかりやすく語ってくれた。彼らの意識では、士大夫は庶民とはまったく別であり、それは皇帝とともに統治者であり支配者の側にあった。「人心を失ってはならぬ」とする人心とは、庶民の人心ではなく士大夫の人心であった。庶民の利益と士大夫の利益が一致しなければ、当然に士大夫の利益を優先すべきであった。文彦博は豪気なところのある人物であったから、ここまでわかりやすく率直に言ったのであろう。

第二にかつて唐代までであれば、貴族は「皇帝は貴族とともに天下を治めるべきだ」と言ったであろう。ところが今や宋代士大夫は、「皇帝は士大夫とともに天下を治めるべきである」と言うに至っていた。彼らは新しい貴族であった。かつて范仲淹は「天下の楽しみに後れて楽しむ」という気概を語ったが、士大夫こそが政治を動かすべきだとする考えは、新法党、旧法党という党派をこえた認識であった。建前上は皇帝が政治をおこなうことになっていたが、むしろいうなら士大夫は皇帝を教えて指導し、彼らが理想とする政治を皇帝にさせるべきだと考えていた。ややのちに程頤がいった言葉として、「天下の重任は宰相と経筵だけが担うことができる。天下の治乱は宰相に関係し、君徳が成るかどうかは経筵に責務がある」というのがある。経筵とは儒者、士大夫による皇帝への経書講義、教育の場である。さらに彼は、皇帝を補導して政治をおこなう士大夫の姿を古代周の周公旦になぞらえて考えていた。周公旦とは聖人周の文王の子である武王の弟であり、武王の子である成王を補佐したが、実質的には彼が政権を掌握していたとされる。また周の諸制度を定め、経典『周礼』は彼によってつくられたとされる。実質的な政治はむしろ、皇帝ではなくこれを補佐する士大夫がおこなうべきだと考えていたのである。

第三に、神宗皇帝と文彦博との問答からわかるとおり、宋代以降は政治では皇帝独裁制であったとはいえ、宋代ではなお士大夫がここまで言いたいことが言えたことである。皇帝はここまで士大夫の掣肘を受けていたことである。政治は決して皇帝一人の意のままになされ得るものではなかった。

唐代から宋代になると、皇帝は世襲的な貴族を相手に闘争するのではなく、自らが科挙で殿試の試験官となり、自らが生み出した士大夫と闘争することになった。彼らは世襲貴族ではなかったが、けっして「平民」ではなかった。彼らは経書に基づいて語る理想主義者である一方で、自らが皇帝権益の分配を受けて生きることを知る現実主義者であった。彼らは自らの功利的な立場を政治の場へ持ち込んだのである。宋代ではこのような士大夫政治が皇帝独裁を牽制し、これが暴走するのを防ぐ役割を確かに果たした。しかし一方で、一般庶民を置き去りにし、さらには国家の存亡に際しても悲嘆に暮れるだけで当局者を批判するだけの口先政治を生むことになった。

2．明初洪武帝の皇帝専制政治

士大夫を奴隷視した独創的大改造家

明を建国した洪武帝は、秦の始皇帝、漢の武帝らと並ぶ代表的な専制皇帝である。と同時に、彼もまた政治制度から外交政策に至るまで、あるいは政治、経済、社会の各分野で大改革を実行した皇帝である。彼がやった改革とは宋の神宗と王安石がやろうとしたような微温的なものではまったくなく、有無を言わせぬ根底からの大改造であった。何よりも士大夫などをまったく信用せず、彼らを奴隷のごとく使ってなし遂げたものであった。

中国では宋代以降、政治の世界では君主独裁制あるいは皇帝独裁制と呼ぶべきシステムが整えられた。唐代では三省六部という組織の下で政治がなされ、三省長官である中書令、門下侍中、尚書令、さらには六部長官に至るまで、中央官庁の要所要所には貴族出身の者が官職につくシステムがあったため、皇帝は人事から政策に至るまで、さまざまな掣肘を受けていた。宋代になると宰相であった同平章事、軍事長官であった枢密使から財政を担当した三司使に至るまで、各部局ともすべて皇帝に直属することになった。とはいえ、神宗と文彦博の問答から理解できるように、彼ら新興士大夫から相変わらず掣肘を受けていた。

ところが明代になるとこの皇帝独裁制は一層進む。しかしそれは自然に進化したのではない。太祖洪武帝が独創的に意図的に進めたのである。それは進化させたというより変質させたというのが正しい。彼は一三八〇（洪武一三）年に宰相つまり中書省丞相であった胡惟庸を謀反があったとの嫌疑をかけて処刑したのち、ただちに中書省を廃止する。それまで胡惟庸は宰相として人事に深く介入していたのだが、中書省が廃止されたことによって六部など中央官庁は完全に皇帝に直属することになった。皇帝独裁制の歴史からいうなら、この中書省の廃止は重要である。しかし洪武帝による一連の政治手法からすれば、胡惟庸の獄も中書省の廃止も単なる一事件に過ぎなかったというべきである。

彼の政治手法は皇帝独裁制というより皇帝専制制と呼ぶほうが日本語としてふさわしい。皇帝専制も皇帝独裁も英語でいえばともにデスポティズム（despotism）、アブソリューティズム（absolutism）であって同じであるが、洪武帝の政治手法は明らかに宋代の皇帝たちのそれとは違っている。洪武帝以降になると、文彦博が宋の神宗に加えたような士大夫の掣肘を受けなくなる。

洪武帝の本名は朱元璋である。彼は現在の安徽省鳳陽県、当時の濠州府鐘離県に生まれた。揚子江（長江）の北に位置し、土地は痩せたところである。貧しい家に生まれ、父の死にともなって寺に入り雑役夫として使われた。元末に飢饉が続くと寺から托鉢に出され、乞食僧として現在の安徽省の各地を放浪した。自らどん底の生活をし、人々の悲惨を見聞した。三年間の放浪の後、人生の転機となったのは一三五二（至正一二）年、白蓮教徒であり紅巾の賊と呼ばれた郭子興の軍団に入ったことである。二五歳であった。白蓮教とは弥勒下生を教義の根本とする。弥勒仏がこの世に生まれたならば、あらゆる苦しみもあらゆる差別もなくなるという。後に洪武帝となる朱元璋が若い頃に白蓮教徒であったかなかったか、これを史料的に証明することは現在のところ不可能であるが、後に見るような諸政策を編み出し、またこれを実施すべくとったその手法と行動から見て、少なくとも一度は弥勒の世を夢想したことがあったと考えるのが、むしろ理にかなっているであろう。彼はその後各地を転戦し、元朝を滅ぼし南京に都を定め明朝を開いたのは一三六八（洪武元）年、時に数え年で四一歳であった。

中国の歴史の中で貧農の出身で飢餓状態をさまよった人物が皇帝になったのは、朱元璋一人である。

庶民出身で皇帝になった人物として、彼はしばしば漢の高祖劉邦になぞらえられる。しかし劉邦は亭長であった。亭長とは簡単にいえば村長であり豪族であった。何よりも亭長とは最末端とはいえ、国家の「官職」の一つであった。この点から見ても、中国史上で尋常ならざる体験を持つ人物が、一代にして皇帝になったのである。彼は皇帝独裁制を皇帝専制制に変質させた。これは自然な進化ではなく彼の独創であると考えるべきことすでに述べたが、このように個人的でいわば偶発的に始まったものが制度化され、それがいわゆる「祖法」つまり建国者が定めた制度として明一代を通じて受けつがれただけではなく、清朝にも大きく継承されたことは注意すべきである。

庶民と直結する政治手法──あい次ぐ大粛清

洪武帝の政治手法を一言でいえば、皇帝と庶民とが努めて直結するというものである。そこでは士大夫や官僚はまったく信用されずに努めて排除され、庶民と同じレベルで国家に奉仕する者と位置づけられる。この政治手法をもとにして、国家と社会の大改造をはかろうとしたのである。明代初期一三九三（洪武二六）

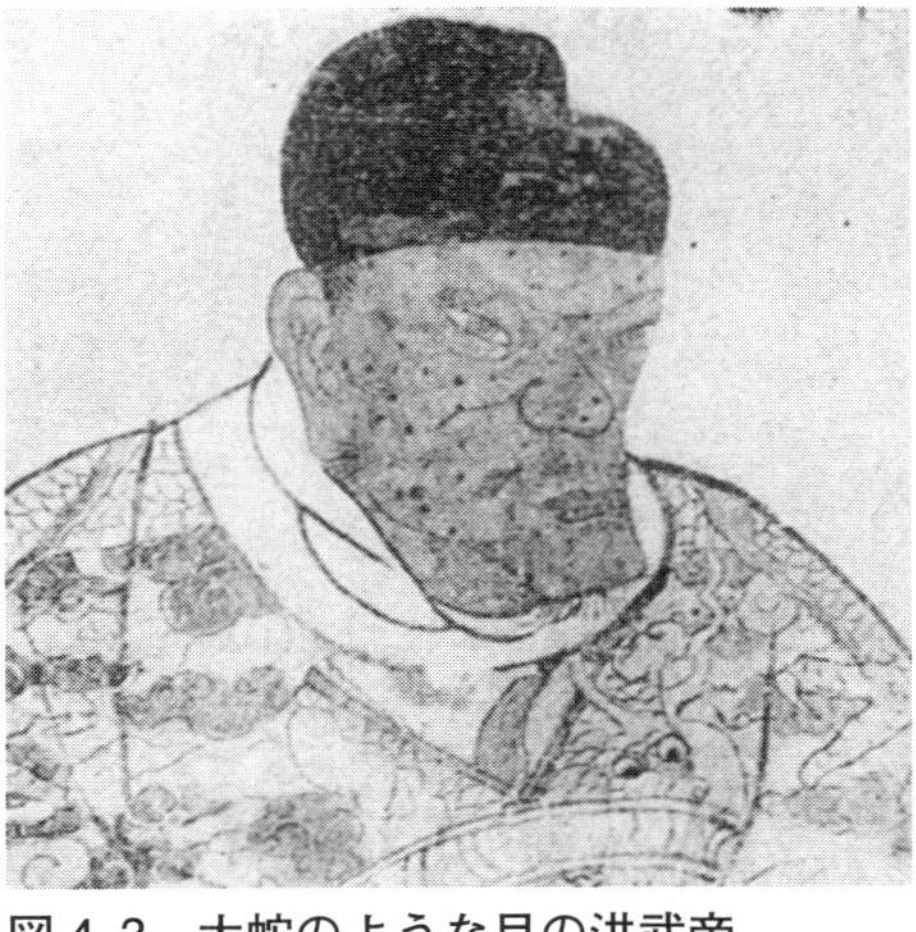

図 4-3　大蛇のような目の洪武帝
〔『東洋文化史大系　明の興亡と西力の東漸』（誠文堂新光社、1938年）より〕

図 4-2　温和な顔の洪武帝
〔PPS通信社〕

年の全国人口は、おおよそ七二七〇万人であったと推計されている（曹樹基『中国人口史　第四巻　明時期』復旦大学出版社、二〇〇〇年）。皇帝一人が七千万人以上の庶民と直結するのはもちろん不可能であり、中央官庁と地方官庁を置き、官僚らに官職を与えて権益を分配し、その見返りとして彼に奉仕させた点では始皇帝以下の歴代皇帝とまったく同じである。ただ洪武帝の場合、官職を与えて権益を得させた者たちに何度も粛清をかけ、権勢を持つと見做した者を次々に処刑し、彼らにある功利への思いを努めて無力化しようとした。彼らを震えあがらせ皇帝の意のままに動かすことによって、実質的に庶民と直結しようとはかったのである。また耆民《きみん》あるいは里老と呼ぶ程度の在地の有力者に対して、庶民の代表として三〇人あるいは五〇〇人と集団を組んで上京させ、皇帝に会って悪事を働いた地方の官吏を直訴せよと奨励した。『明実録』によれば一三九三（洪武二六）年まで、全国農村の五〇歳以上の長老たちは南京へ行き、その受ける苦しみを皇帝に報告するよう義務づけられていたという。

大規模な粛清としては、次のようなものがある。一三七六（洪武九）年、空印の案と呼ばれる事件が起こった。空印とは年度末に会計報告をおこなうとき、中央で検査したところ数字が合わないことがあるため、地方長官の「空印《めくらばん》」をあらかじめ捺した別の書類を用意しておくことである。これは官庁間での慣行となっていたのだから、取り立てていうほどの悪事ではなかったが、洪武帝は不正があるとして数千名の官僚と胥吏を更迭し、多くの者を誅殺・流罪にした〔檀上寛、一九九四年、二〇八頁〕。

次いで一三八〇（洪武一三）年、中書左丞相つまり宰相である胡惟庸が処刑された。これを胡惟庸の獄と呼ぶ。胡惟庸らには日本と通謀したという嫌疑がかけられ、首謀者とされた者は処罰され一万五千人が連座したとされる。

次いで一三八五（洪武一八）年には戸部侍郎郭桓の案が起きた。戸部侍郎とは財政をあずかる戸部の次官であるが、官糧を着服した嫌疑で逮捕ののち即刻処刑されただけではなく、尚書以下多くの官僚が誅殺され、官吏や一般庶民まで連座する者数万人であったという。一三九〇（洪武二三）年には建国の功臣である李善長がかつて胡惟庸と通謀していたとして誅殺され、これまた連座する者は一万五千人であったという。一三九三（洪武二六）年には功臣藍玉の獄が起こされた。この疑獄事件は五、六年続き、連座した者はやはり一万五千人であったという。

以上は大規模な粛清だけであるが、これらはほとんど証拠らしい証拠もなしに起こされたものであったから、洪武帝による意図的で計画的なものであったと見てよい。洪武帝の死去は一三九八（洪武三一）年であったから、政権が固まってからその晩年に至るまで粛清に次ぐ粛清であった。

知識人が官僚になりたがらない時代

この時代は官僚や知識人、すなわち士大夫にとっては生きにくい時代であった。一三七六（洪武九）年、たまたま天文に異常があったので、天の警告であるかも知れぬから何か問題があれば直言せよとの洪武帝の命令が出された。この機会をとらえて葉伯巨は次のように上奏した。彼は昔の士つまり知識人は官僚となるのを栄誉と考えていたとし、これとの対比で「今の士たる者は、どこへ行ったかわからず名前すら知られないことを福となし、辱めを受けて官僚名簿に登録されないことを幸いと考えている。屯田に行かされ工役にこき使われるなどは必ず受けねばならない罪と考え、むち打たれるぐらいのことは尋常の辱めと考えている」と述べ、さらには「一たび官界に入ると、法令禁網が厳密であるために、朝には夕方どうなるかわからない」と、彼らが戦々恐々たる生活をしていたことを伝える（『皇明経世文編』巻八、万言書）。葉伯巨自身はこのとき、県学の訓導つまり官僚でいえば最低の従九品にも及ばぬ地方学校の先生であったが、この直言が災いして逮捕され、獄中で死んだ。

葉伯巨がこのような直言をしたのは、天文に異変があった洪武九年閏九月の直後であった。先に述べた空印の案はこの年に起こったのだから、葉伯巨が目撃したのはこのときの粛清であったと考えられる。しかしこの事件はすでに述べたとおり、洪武年間に起こされた大きな疑獄事件のほんの序の口だったのだから、この時代が官職にある者あるいは士大夫にとって、いかに生きにくい時代であったかがよくわかる。

当然この頃には、知識人は官僚になりたがらない風気があった。これについては趙翼が『二十二史劄記』巻三二「明初文人多く仕えず」で、知識人たちが官僚になろうとしなかった事例、自発的に退職した事例を多く紹介している。官僚となるように命じられながら指を切り落としてまで抵抗したため、極刑に処せられる者もいた。いま一度、第2章で掲げた表（明清時代進士の社会的構成）を見ていただきたい。すると明代初期から中期にかけて、つまり一三七一年の科挙から一四六九年頃のそれにかけて、庶民家族の出身で進士になった者が異常に多かったことがわかる。その後しだいに官僚家族出身の進士が増えている。これは、明初とくに洪武から永楽年間には人々は官僚になりたがらなかったことを示すであろう。葉伯巨の言葉にあるように、「一たび官界に入ると、法令禁網が厳密であるために、朝には夕方どうなるかわからない」、官僚になることはきわめて危険なことである、と考えられていたからであろう。危険であっても向こう見ずに官界に飛び込もうとはかるのは、官僚を出したことのある家族の者、つまり多少は家柄のある者ではなく、むしろ家柄のない者が多かったと考えられる。

明末に儒・仏・道三教の合一を説き、『功過格』という修身実践の書をつくった人物として袁了凡（袁黄）がいる。彼は浙江省嘉善県に生まれたが、この家では代々科挙のために勉強をしてはいけないと伝授されていた。二代目永楽帝が起こした靖難の変で、袁氏一族は謫戍《てきじゅつ》あるいは財産没収など、悲惨な体験をしたからである。袁氏一族で進士になったのは袁了凡が初めてであり、一五八六（万暦一四）年であった（奥崎裕司『中国郷紳地主の研究』汲古書院、一九七八年、七五頁）。洪武期・永楽期と官界入りをすることはきわめて危険であると考えられていたのであって、明末の人の考えでは宣徳期（一四二六

〜一三五年）になってはじめて官僚となる楽しみができたとはいうが、実はこれよりはるかに長く影響を与えたのである。官僚、士大夫の権益を極力削ぐというのが、洪武帝がやった大改造のまず第一である。第3章で述べたところの、現実を無視した官僚の給与体系の低さもこの一環といえよう。

大土地所有地の没収と自作農の創出

洪武帝がやった大改革の第二は、自作農を意図的に新しく生み出すことであった。それは右に述べたような激しい粛清とリンクしていた。つまり粛清し処罰した者から広大な土地を没収し、これを土地を持たない貧農たちに与えたのである。

洪武年間には全国ほぼ一律に里甲が敷かれた。それは一一〇戸からなり、うち一〇戸を里長戸と呼び、あとの一〇〇戸を甲首戸と呼ぶ。里長戸とは一里の中である程度裕かな家である。里甲とは税糧を徴収するなど徭役（労役）を課するための単位であって、十年周期ごとに一戸一戸の資産情況を正確に把握するために賦役黄冊と呼ぶ戸籍簿をつくり、その貧富に応じて国家への奉仕の多寡を決めることになっていた。つまり徭役の負担は各戸につとめて平等に課せられるように設計されていたし、つとめて貧富の格差が増大することを防ぐ工夫がなされていた。この里甲の上にあって税糧を徴収し運搬することを目的として糧長が置かれた。糧長はもちろん一般の里長よりも裕かで貧しい者を虐げる可能性が大きく、また国家にそれだけ関与することが深い分だけ官僚とともに悪事を働く機会が多かったから、洪武帝にとっては要注意人物たちであった。何度にもわたる粛清で対象となったのは官僚だけではなく、膨大な数にのぼる彼ら糧長も含まれていた。彼ら官僚あるいは糧長らが私有する広大な土地は、これら粛清のたびごとに没収され、これは国家の所有地となったから官田と呼ばれた。国家が所有する土地は、国家が名目上は地主となり佃戸に貸し与えられた。国家は名目上は地主として農民から租（小作料）を徴収したが、彼ら農民は実質的に自作農であり、民田における農民と同じく里甲に編成された。たとえば全国で最も豊かな穀倉地帯である南直隷（のち江蘇省）下と浙江省下の蘇州府・松江府・嘉興府・湖州府・常州府・鎮江府の六府では、面積にして官田が約四五％を占め、民田は約五五％を占めるほど、国家所有の土地が多かった。また蘇州府の場合、官田と民田のうち前者からあがる国家の収入は、九五％にのぼったという〔森正夫、一九八八年、四五頁〕。簡単にいえば洪武帝は何度も粛清をおこなって官僚たちを処刑して震え上がらせるとともに、彼らと大土地所有者の土地を没収して農民に分け与え、意図的に広範な自作農を生み出したのである。この政策は王安石がおこなった青苗法や募役法のような農民救済策あるいは社会政策と比べるならば、比較を絶するほどに過激であり徹底していた。次に述べる『御製大誥《たいこう》』などから伝わる洪武帝の考え方は、地主制そのものをもちろん否定するものではなかったが、大土地所有者に対しては明らかな嫌悪感を持つものであった。

御製大誥と「吾が民」

庶民と直結せんとする手法はまた、『御製大誥』『御製大誥続編』『御製大誥三編』を自ら編纂し、これを頒布して自らの考え方とやり方を周知徹底させることになってあらわれた。大誥とはもともと経典『書経』の篇名「大誥」にちなむもので、大いなる宣告を意味する。「大誥」は古代の殷人が周に征服されたにもかかわらず反乱を企てたため、周公旦が成王を補佐して征伐し、殷の跡目を断ち切ろうとして発した宣言文であり宣約文であるとされる。洪武帝は一三八五（洪武一八）年に起こされた郭桓の案を契機として、これら『大誥』三編をつくった。その文章は普通の知識人が書いたものと比べると、はるかに洗練されておらず回りくどいから、彼自らが書いたものをもとにしていると考えて間違いない。

たとえば『御製大誥続編』には「『大誥』に従って悪者を捕らえて賞を受けた」と題する文がある。それは南直隷蘇州府常熟県の陳寿六が県の胥吏顧英によって迫害されたため、弟と甥《おい》と三人でこの胥吏を捕らえ、『御製大誥』を手にして南京に至り洪武帝に直接面会した事件を記している。彼らには褒美を与え差役を免除したと記されるほか、さらに都察院に命じて各地に高札を立てこの事件を記して人々に訓諭させたとの話が見える。『大誥』三編はこのようにほとんどが実名入りで、悪事を働いた者には懲罰が加えられた話でできている。また洪武帝自身が連行されてきた「罪人」たちと問答を交し、残虐な方法で処罰したことが実話として掲げられている。そこでは庶民は「吾が民」と呼びかけられ、「吾が民」は官僚、胥吏、さらには糧長や官庁勤めの小使らからも迫害されていると記される。

もちろん「吾が民」である一般庶民も信用されていない。『御製大誥』「民は〔国家の〕恩義に報いることを知らない」では、数万畝を持つ大地主から十畝しか持たない自作農に至るまで、彼らは自分の利益をはかるだけであり、国家と皇帝に養ってもらっておりながら報恩を知らない者が多いと非難される。一般庶民も官僚と同じく、所有する土地の面積に応じた奉仕をすべきであるとされる。働かない者は許されないし、このような者がいれば自分との約束に従って告発してこいと命じられている（『御製大誥続編』「松江逸民が害をなす」）。働くとは農民として働くことであって、商工業に対して彼はきわめて冷淡であった。

洪武帝のやったことは、一四世紀中頃という時代を隔絶したことが多く、どこか特定の過去の時代を目指しておこなった単なる復古策であったとは考えがたい。第一、その土地制度は唐中期以降に発達した地主制を前提としていた。またたとえば法典『大明律』の制定は、七世紀前半に制定された『唐律』以来のことである。法文はもちろん、その後の時代の変化と洪武帝の理念とが盛られたものである。一三八一（洪武一四）年に始まる賦役黄冊の編造とその制度も、時代を隔絶したものであり、独創的なものであった。商工業は必要最小限なものに抑えられたが、これまた貧富の格差をつとめて生まないための防御策であったと考えられる。次の第5章で述べる海禁政策は当然に商工業抑制策と連動する。同じく第5章の対朝鮮政策で述べるところの、「吾が民」を護るために外国山川の神々までを動員するという手法は、前代未聞であるとともに土俗的なものを対外政策に取り入れたものであって、彼一個のパーソナリティが生み出したものであるとしてよいであろう。

洪武帝の時代は士大夫、知識人にとって生きにくい苦難の時代であったに違いないし、庶民にとっても自由が許されない時代であったに違いない。残念ながら研究の現段階では、士大夫ではない彼ら一般庶民がこの皇帝とこの時代をどのように思って生きていたのか、明らかではない。しかし圧倒的多数の庶民にとっては、放漫な統治がおこなわれ大土地所有者にとっては有利であった元代に比べて、また士大夫政治がおこなわれ対外戦争がしばしばおこなわれた宋代に比べて、より生きやすい時代であった可能性をも考えるべきであろう。

3. 黄宗羲『明夷待訪録』に見える皇帝専制批判と人間観

内閣政治と宦官政治

洪武帝によってなされた政治は、次の永楽帝の時代以降になって内閣政治と宦官政治を生むことになる。これらを生んだのは、中書省を廃止してから何でも皇帝一人で決済し行動する必要ができたためであった。内閣は皇帝の諮問機関として生まれ、これに当たる大臣を内閣大学士といった。宦官は皇帝自身の影として彼になり代わり、士大夫や軍人らの動きをスパイして時に虐殺し、皇帝と内閣との間で政務の取り次ぎをおこなうことなどが任務であった。皇帝が幼少や暗愚であるときには、内閣は皇帝の権力を笠に着て内閣政治をおこなった。たとえば万暦帝の時の張居正がそれである。宦官も皇帝が暗愚なあるいは凶暴なときには、同じくその権力を笠に着て宦官政治をおこなった。たとえば正徳帝のときの劉瑾《りゅうきん》、天啓帝のときの魏忠賢がそれである。しかし皇帝が代われば、あるいは同じ皇帝でもその気が変われば、最高の地位にあった内閣大学士も権力をほしいままにした宦官も殺された。この意味で内閣大学士と高位の宦官とは双生児であったといってよい。実際、正徳帝と次の嘉靖帝の時代における内閣大学士たちの姿には、奴隷のそれを思わせるものがある。最高の知識人、儒教経典で磨きぬかれたはずの士大夫たちが皇帝の奴隷そのものであり、凶暴で無軌道な彼ら皇帝を誰も制御できなかった。宋代に士大夫政治がおこなわれていた時代とはまったく違っていた。

清代は満州族による圧倒的多数を占める漢民族支配の時代であったから、緊張感をもって統治せねばならず、歴代皇帝となった者の中に明代皇帝のような暗愚な者は一人もいないとされる。このため清代では内閣政治や宦官政治と呼ぶべきものは生まれなかった。しかし政治制度に即して見るならば、雍正帝の時代に皇帝専制をより効率よくおこなうために軍機処という官庁が新しく置かれたほかは、目立った変化はなかった。明代初めに洪武帝がつくった政治システムは、清末まで約五百年間続いたのである。

ただ明代に、極端な皇帝専制政治がなされその副産物として内閣政治と宦官政治が生まれたことは、新しい政治思想を生んだ。黄宗羲『明夷待訪録』にあらわれるものがその代表である。

『明夷待訪録』に見える皇帝専制批判

『明夷待訪録』は清初の一六六三（康熙二）年の序文を持つ。それは一士大夫が儒教という思想的伝統の中ではぎりぎりまで皇帝専制政治を批判したものである。黄宗羲は清末にヨーロッパから影響を受けて民主制や議会制が議論されるに至ったとき、「中国のルソー」と呼ばれるに至った人物である。まずその主張のいくつかを見てみよう。

「原君」（君主とは何か）と題する議論は、次のような文章から始まる。

人類がはじめて生じた太古の時代には、人々はめいめい自分一人のこと（自私）を考え、自分一人の利益（自利）をはかり、天下に公共の利益になることがあっても、誰もそれを振興する者はなく、公共の損害となることがあっても、それを除去する者はなかった。そこに一人の人物があらわれて、自分一人の利益をはからずに、天下の人々に利益を受けさせ、自分一人の損害を無視して、天下の人々を損害から免れさせてやるとすれば、その人の苦労は、必ず天下の人々の千倍にも万倍にもなるに違いない。

この損ばかりして自分の好きなことができず、公共の利益を興すという苦労ばかりが多く、誰もやりたがらないことをあえてやる奇特な者こそが本来の皇帝（君主）であるという。

黄宗羲はもちろん今の皇帝はこれとまったく逆であるという。今の皇帝は「天下の利益は全部自分のものとし」、「天下の人々には、自分一人のことを考え自分一人の利益をはかることを許さない」と批判する（原君）。また、臣下とは私利私欲にふける皇帝一人のために命を捨てて仕える者ではないはずだ、万民のために政治の道に入るべきだと主張する（原臣）。これは、内閣大学士たちが奴隷のごとく皇帝一家に仕えたことを批判したものである。これらの議論が、洪武帝以来の皇帝専制政治を批判し、その変形である内閣政治と宦官政治を批判するところから生まれたこと、なかでも彼自身の父が宦官に虐殺されるという過酷な体験から生まれたことは間違いない。「明朝によい政治がおこなわれなくなったのは、洪武帝が丞相（宰相）を廃止したときから始まる」（置相）と、彼自身がいっている。

ここで注意すべきはその皇帝批判とともに、これを支えたその人間観である。

彼は「人々はめいめい自分一人のこと（自私）を考え、自分一人の利益（自利）をはかる」ものだという。「安逸を好み労苦をいとうのは、あいもかわらぬ人情である」（原君）ともいう。この種の人間観は現在のわれわれから見ればあたりまえのことに聞こえるが、儒教思想とくに朱子学以降のその流れからいえば、きわめて新しいことであった。彼は自分の利益のことを中心に考え、労苦を避けようとするのは人情として自然のことだとして、ここから政治はいかにあるべきかを構想したが、これは一六世紀に始まった陽明学と深いところでつながっている。また『明夷待訪録』の中には地方の輿論に一致しない地方官がいれば、これを学校の生員たちが排撃して追い出すべきであるとのユニークで激しい主張が見える（学校）。これは明末には、実際に県レベルのエリアでつくられる地方公議によって輿論がつくられ、生員たちが実際に「士変」という暴動を起こして地方官を排撃していた情況を反映したものであった〔夫馬進、一九八〇年、六一六頁〕。

一六世紀以降になると、中国の思想界にも社会にもこのような新しい動きが見られるようになる。ところが『明夷待訪録』には激しい明代の皇帝批判とこれに付随して激しい地方官批判が見られるのに対して、宋代の士大夫政治がなぜ失敗したのかに対する考察が欠けているし、科挙論がそこに展開されてはいるものの、それはきわめて凡庸な議論で終わっている。また皇帝専制政治はこれからなお二百数十年間続くのであって、それが科挙とともに根底から否定されるのは、「中国のルソー」ならぬルソー本人らヨーロッパ啓蒙思想家の思想を取り込むことになる一九世紀末まで待たねばならなかった。

研究課題

1. 本テキストで述べた明洪武帝に対する評価について、ほかの研究者によるものをいくつか合わせ読んで評価せよ。
2. 黄宗羲『明夷待訪録』原君、原臣、学校、取士と顧炎武『亭林文集』郡県論、生員論（同じ『明末清初政治評論集』に収録）とを読み、両者の主張の異同を考えよ。また黄宗羲の政治思想に対する自分の評価を試みよ。

参考文献

島田虔次『朱子学と陽明学』（岩波書店、一九六七年）
宮崎市定「北宋史概説」（『宮崎市定全集・宋』第一〇巻、岩波書店、一九九二年）
余英時『宋明理学与政治文化』（允晨文化実業股份有限公司、二〇〇四年）
檀上寛『明の太祖　朱元璋』（白帝社、一九九四年）
檀上寛「明王朝成立期の軌跡―洪武期の疑獄事件と京師問題をめぐって―」（『明朝専制支配の史的構造』汲古書院、一九九五年）
森正夫「一四世紀後半における明代江南官田の形成」「明初江南官田の存在形態」（『明代江南土地制度の研究』同朋舎出版、一九八八年）
小野和子『黄宗羲』（人物往来社、一九六七年）
黄宗羲『明夷待訪録』〈後藤基巳・山井湧編訳〉（『明末清初政治評論集』中国古典文学大系57、平凡社、一九七一年）
夫馬進「明末反地方官士変」（『東方学報』第五二冊、一九八〇年）

5 中国近世の対外関係

夫馬 進

《本章のねらい》 中国近世ではどのような対外関係を持ち、どのような外交政策がとられたのであろうか。その大まかな推移を宋代、明代初期、明代末期から清代中頃の三つの時期を中心として説明しよう。

《キーワード》 東アジア諸国の一国としての宋、朝貢、外交と貿易、海禁、不征の国

1．「東アジア諸国の一国」としての宋とその海外貿易

中国国際関係史上の「唐宋変革」

「中国」とは世界の中心にある国を意味する。この言葉は少なくとも儒教経典中の経典である『書経』にすでに登場する。中国を文明の国、その周囲を野蛮な夷狄が住むところとする考えは、中華思想あるいは華夷思想と呼ばれる。「夷」という言葉は「邦」という言葉の対として、すでに西周前期の金文に見えるという。古来、中国の為政者たちが持った外交姿勢は、周囲の野蛮国は文明の地の天子、あるいは秦の始皇帝以後であれば皇帝に朝貢してくるべきであるとするものであった。朝貢とは中国の朝廷に参上して臣下の礼をとるとともに、その地の産物を献上することである。中国側は徳と文明を慕って朝貢してくることをよしとし、徳と文明をもって野蛮国を育《はぐく》んでやるべきだと考えた。

唐朝は数多くの朝貢国、朝貢民族を従えていたが、その滅亡（九〇七年）はそれら周辺諸国、周辺民

族に大きく連動した。朝鮮（韓）半島では新羅が滅び、高麗が生まれた（九一八年）。北辺では契丹（遼）が新しく国を建てた（九一六年）。その北東に隣接する勃海は契丹によって滅ぼされた（九二六年）。契丹（遼）の西ではこれにやや後れ、西夏（夏）が国を建てた（一〇三八年）。現在のベトナムは唐代では安南都護府が置かれた直轄地であったが、ここでも大瞿《く》越という国が建てられた（九六六年あるいは九六八年）。その北では南詔に代わって大理が興った（九三七年）。

中国王朝の滅亡をめぐり、その周辺諸国、周辺民族でのこうしためまぐるしい興亡は、東アジアの歴史の中でそれまでなかったものであるし、その後もなかった。空前絶後といってよい。たとえば唐に継ぐ統一王朝であった宋の場合、その滅亡にともない滅んだ国はモンゴルの攻撃によるものを除けばその周辺にはなかった。元の滅亡とともに滅んだのは高麗であったが、これは元の皇女を歴代国王の妃にむかえ、国王の世子（皇太子）は北京に駐在した後に王位につくことが慣例となるなど、両国の関係があまりに密であったからである。明が滅んだときには、最も緊密な関係にあった朝鮮すら滅びなかったし、清朝が滅んだのは周辺諸国がヨーロッパ諸国や日本によって滅ぼされ併合された後であった。「唐宋変革」とは普通、中国国内で政治、経済、社会、文化の全般にわたって大きな変化があったことをあらわす。周辺諸国、周辺諸民族への連動やさらには中国の対外関係のあり方についても、これが当てはまるといってよいであろう。

このように九世紀まで唐が東アジアの中で及ぼした影響の大きさ、言いかえれば中国の国際的な地位の高さは他と隔絶したものであったが、では新しく統一王朝として興った宋は、周辺諸国の中でどのような地位にあり、どのような外交関係を持ったのであろうか。それを一言でいうなら、宋とは「東アジア諸国の中の一国」であり、その外交関係もこれに規定されたものとなった。

これをまず遼（契丹）との関係で見てみよう。耶律阿保機が契丹を建国し皇帝位についたのは、

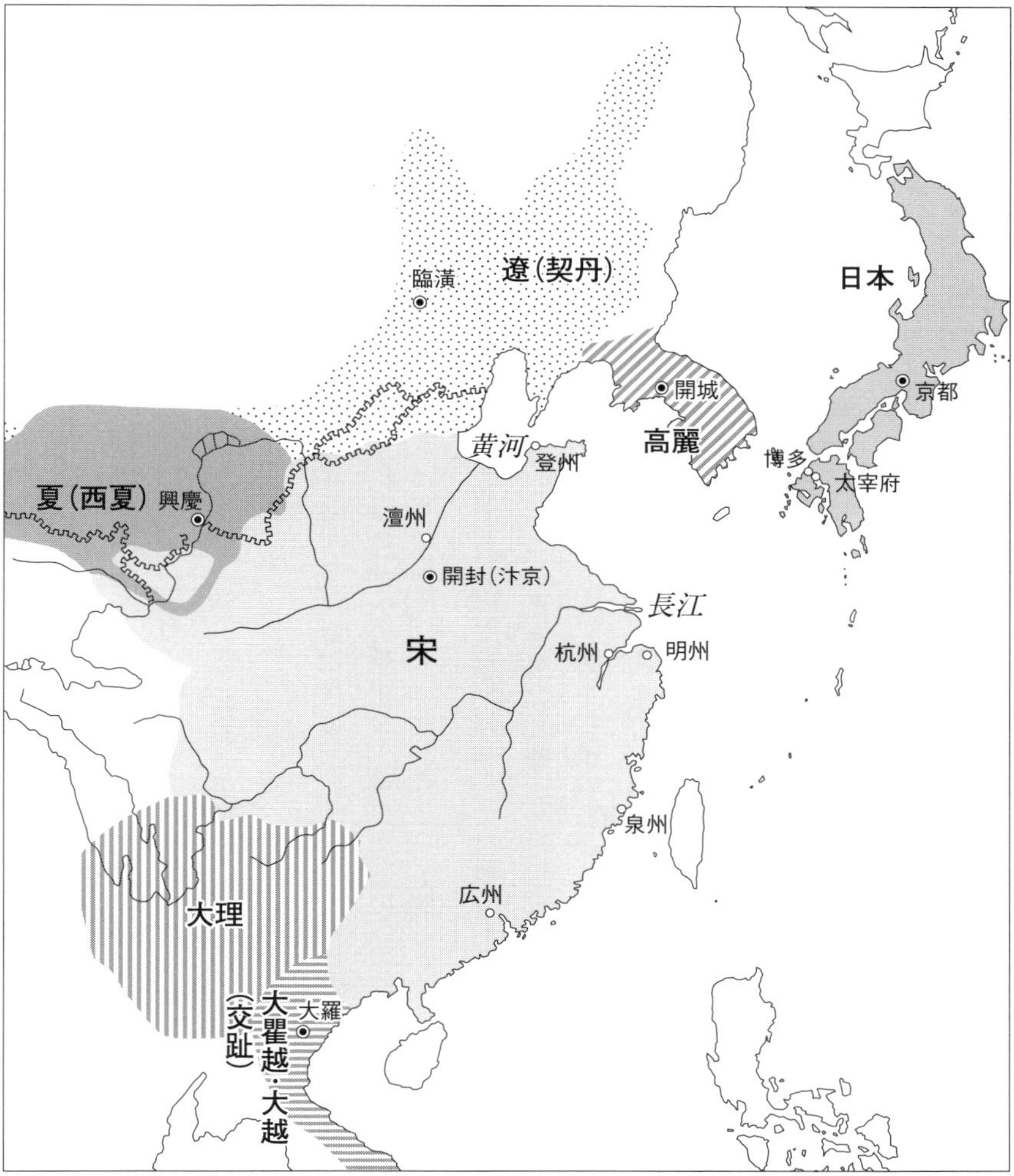

図 5-1　10〜11 世紀の宋朝中国と周辺諸国

九一六（神冊元）年であった。当時、長城の南では唐のあとに後梁が興り、宋による統一まで華北では次ぎつぎと諸王朝が興亡し、華南などでは群雄によって王国が建てられていた。五代十国である。契丹はしばしば長城ラインをこえて南侵するとともに、九三六年には契丹皇帝が長城の南で割拠する石敬瑭を大晋皇帝に冊封している。石敬瑭とは五代の一国後晋の高祖である。すなわち長城の北の皇帝が長城以南の人物を別の皇帝に立てていたのである。また契丹が国号を遼と称したのは、契丹皇帝がこの後晋を滅ぼして汴（開封）へ入城したときのことであった。

さて宋と遼との関係を示すものとしてしばしば挙げられるのは、一〇〇四年に締結された澶淵の盟である。この盟約は宋側から「大宋皇帝が謹んで誓書を大契丹皇帝にいたす」と題した書を送り、これに対して「大契丹皇帝が謹んで誓書を大宋皇帝にいたす」と記した書を返すという形式をともなって結ばれた。ここに見られるように、宋と遼とは国際関係においては対等であった。その後、元の時代に宋の正史として『宋史』が編纂されると、これとともに『遼史』『金史』も一緒に編纂され正史に加えられるのだが、これはきわめて公平で正当な措置であったといえる。

やがて遼の西で西夏（夏）が興ると宋、遼、西夏の三国は三つ巴《どもえ》の争いを繰り返し、ときに二国が手を結んで一国に対抗した。これら三国にはときに高麗が加わり、四国の国際関係は安定せず複雑をきわめた。しかし高麗を中心にして見るならば、その前の唐に対する新羅の関係、その後の高麗と元、朝鮮と明および清との関係に比べるならば、外交的にははるかに選択の幅が広かった。高麗にとっては国境を接する契丹（遼）が最も脅威であったが、これもまた「東アジアの中の一国」でしかなかった。

高麗は建国とともに五代の諸国と契丹の両方に朝貢し、宋が建国されると国王はその冊封を受けた。九九六年に高麗国王が契丹から冊封を受けて宋へ朝貢しなくなった頃から、一〇七一年に久しぶりに朝貢するまで、契丹と交戦状態にあった十年間ほどを除いて宋との国交は杜絶していた。しかし宋は高麗からはじめは登州へ、次いで明州（寧波）へ送られる貿易船を積極的に受け入れただけではなく、相手国が遼の冊封を受けていると知りながら国交の再開を求めた。これら非公式な外交折衝はしばしば商人がやっていた。国交が再開されてから後は、宋では高麗からの使節を厚遇するとともに、ときに高麗から留学生を受け入れ、ときに彼らを宋の官僚に任用することがあった。言うまでもなく「東アジアの一国」でしかない宋は、契丹と対抗するため高麗を味方につける必要があったからである。

澶淵の盟が宋と遼との間で結ばれると、その後両国では平和な関係が長く続いた。両国は元旦や皇帝などの誕生祝いを名目として互いに信使または国信使と呼ぶ使節を送りあい、両国が敵対関係にないことを確認しあった。これは皇帝が皇帝に対して国書、書信を送る使節であった。ところがやがて、宋から高麗へも、信使、国信使が送られることになった。宋の神宗皇帝から送られたものが、たとえばそれである。この場合でも両国は実際には上下関係にあったが、宋はこれを国信使と呼ぶことで高麗の地位を高めつつ、上下関係を覆い隠したようである。また高麗から宋に送られた使節も、これを国信使と呼び改めた。宋は国信使と呼び改めることによって、礼制上では高麗のほうを西夏より上位に置いた。高麗はその後、日本へ通信使（信使）と呼ぶ使節を送るようになり、これは朝鮮朝にも継承された。これはもともと、宋との間で相互に送りあった国信使あるいは信使に由来すると考えられ、さらに遡れば宋と遼とのそれに由来する。

宋代における外交と貿易の分離

さて、国際関係の中で外交と貿易とが深いかかわりを持つことは、むかしも今も変わらない。現代でも外交的にうまくいかないときには、相手国との貿易を制限し禁止する「制裁」措置がしばしば取られる。しかし各国家はその理念と実力に従って、外交と貿易とのバランスをとる。この点で後に見る明の外交理念が、外交と貿易とを極力一致させようとするものであったのに比べ、宋のそれは両者を極力分けて考えるものであった。外交と貿易を分けて考える点では、宋に続く元も同じである。

宋と遼とは国境付近に互いにいくつか交易場を設け、相手国の商人を招き入れて国家がみずから取引するか、商人らをその監視下に置いて取引させ関税を徴収した。宋（南宋）と金との貿易もほぼ同じである。

海上貿易でもほぼこれと同じであった。かつて唐を中心として形成されていた海上貿易では、国家が果たす役割が絶大であった。日本と隋・唐の場合をとってみればよくわかるように、遣隋使と遣唐使という国家が派遣する外交使節が貿易をもおこなっていた。正倉院に納められるのは、商人が運んだ商品ではなく、唐からの贈り物や日本国家が求めた請来品である〔榎本渉、二〇一〇年〕。ところがやがて外交と貿易は切り離され、九世紀になると東シナ海でも海商の往来が始まる。遣唐使は八九四年に廃止されるが、すでにこれ以前から唐の物品は彼らによって運ばれていたのであって、この趨勢は宋になると一層定着するのである。

宋では広州、明州、杭州、さらに泉州などに市舶司という官庁を置き、自国および外国人の出入国と海上貿易とを管理した。市舶司は海外に出る中国商人に証明書を発給し、帰国あるいは入港する船舶を検査し、関税をとった。またこの官庁では外国物品を国家として優先的に買い取り、これを民間人に売ることで莫大な利益をあげた。とくに国家が優先して買い取った香料・薬材などを民間に売りさばき、これによってあがる利益は莫大であった。国家の管理外、監視外で私的に貿易することが禁じられていたことは、言うまでもない。続く元代でも市舶司が置かれ、それがおこなった業務と海外貿易の方式も宋のものとほとんど同じであった。

外国人が宋へ、あるいは元へ入国しようとする場合、それは前の唐、後の明に比べるとはるかに容易であったらしい。北宋の時代に日本から渡った僧侶の一人に、成尋《じょうじん》がいる。一〇七二年のことである。

その克明な日記『参天台五台山記』によれば、彼は中国人商人の船に乗り込み、明州を経由して四月一三日に杭州へ到着している。彼は日本を旅立つに際して国家の渡航許可証を一切持つことなく、密出国したのであった。現代でいえば、パスポートすら持たずに入国したのである。ところが杭州では中国人の海商や日本へすでに五回渡航したことがあるという人物に助けられ、三日後の一六日にははや市舶司関連の官庁を訪れ、まったく問題なしに入国が許可されている。さらにはここで杭州府（都督府）へ行って天台山へ行く許可をもらうように、との親切なアドバイスを受けている。彼はその後、浙江省の天台山へ巡礼し、次いで時の皇帝神宗の招きで開封に赴き、一〇七二（熙寧五）年一〇月に拝謁、さらに山西省の聖山五台山に向かった。これは北宋の時代のことであるが、南宋、元でも数多く日本僧が中国へ渡り、二度の元寇以後も基本的に変わらなかった〔木宮泰彦、一九五五年〕。

『宋史』日本伝ではこの成尋を誠尋として記し、彼が神宗に入見したことを記したあとで「この後、続けて方物（日本の産物）を貢してきたが、来た者はすべて僧であった」と記す。あたかも日本から朝貢したかのごとく記している。ところが『続資治通鑑長編』では一〇八三（元豊六）年に日本の僧快宗ら一三人が同じ神宗に入見したときのこととして、次のように記している。すなわちこのとき、臣下が皇帝に成尋（誠尋）がかつて入見したことを引き合いに出しつつ、「今ふたたび入貢してきた」と言ったところ、神宗はわざわざ「国人の入貢ではない。天台山へ巡礼しようとして、朝廷へ来ただけである」と答えたという（三月己卯）。「国人の入貢ではない」とは日本国家が派遣した使節の朝貢ではないということである。はじめに述べたように中国では伝統的に華夷思想にもとづいて、外国は中国に朝貢してくるべきだと考えていた。清代の法典『光緒大清会典事例』朝貢では、オランダ国王が進貢してきたと記されるだけではない。有名な一七九三年に中国へ来たイギリスのマカートニー使節団も、乾隆帝に謁見したがために「イギリス国王が使節を派遣して進貢してきた」と記されている。神宗の臣下はこのような伝統に則って「入貢してきた」とあえて報告したのであろうが、皇帝は正確に事態を把握していたのであった。宋が「東アジアの一国」でしかないことを、皇帝自身が冷静に受け止めていたのである。

2．明洪武帝の対外政策

貿易は外交に従属する——天帝・皇帝・蛮夷の長

洪武帝による外交姿勢はいま述べた宋の神宗のものとは、まったく違う。

彼が原則とする外交政策は大きくいって二つあった。一つは漠北の地へ追い出したモンゴル族および彼らが建てた国とは戦争するが、その他の国や民族には出兵しない、戦争しないというものである。いま一つは外交と貿易とを一致させる、貿易を外交に完全に従属させるというものである。

第一の原則はこうである。彼は明を「中国」とし、外国を「蛮夷」「夷狄」と呼んではっきりと分ける。蛮夷のうち中国に害毒をもたらす北と西のモンゴル族とは戦争を辞さないが、それをもたらさないと考えるものとは戦争しないと言っている（『明実録』洪武四年九月辛未）。第４章ですでに、洪武帝は悪事をはたらく官僚、あるいは何らかの官職を持つ者たちに対して、自分が護ろうとする人民のことを「吾が民」と呼んだことを述べた。彼の外交政策においては、蛮夷の人民は「吾が民」には含まれない。外国へ送った詔勅には、しばしば「一視同仁」という言葉が見える。そこでは中国の人民も蛮夷の人民も分け隔てなく扱うというポーズを見せるが、実はそうではなかった。その特異な対外政策もまた、「吾が民」を護るべく編み出されたもののようである。「吾が民」とは「中国」すなわち明の人民に限られており、これを統治するのが皇帝であり洪武帝であった。これに対して蛮夷は蛮夷の長が統治すべきものとされ、皇帝は武力によって彼らを統治してはならないと考えていた。元とはまるで逆である。その後洪武帝は、この中国に害毒をもたらさない蛮夷をはっきり次の一五カ国と定めた。朝鮮、日本、大琉球

（琉球）、小琉球（台湾）、安南（ベトナム北部）、真臘（カンボジア）、暹羅（タイ）、占城（チャンパ＝ベトナム南部）、蘇門答剌（スマトラ）、西洋（カリカット＝インド西部か）、爪哇（ジャワ）、彭亨（パハン＝マレー半島東部）、白花（パジャジャラン＝ジャワ西部か）、三仏斉（シュリービジャヤ＝パレンバン）、浡泥（ボルネオ）の一五カ国である。これら一五か国を「不征諸夷の国」と呼び、中国が富強であるからといって征伐の兵を起こしてはならぬ、と子孫に命じた（『皇明祖訓』）。

彼にあっては、中国とこれら蛮夷を合わせたものが「天下」であった。ではこの天下を誰が統轄すると考えたかというと、それは皇帝ではなく「天帝」であった。彼がいかにして武力を使わずに外国を服属させたか、自らその地を統治しないためにこの「天帝」をいかに動員したかについては、のちにその対朝鮮外交として述べるであろう。また洪武帝はいわゆる「倭寇」が中国沿岸を襲うのに頭を悩ませていたのだが、また室町幕府との外交交渉は思うように進展しなかったのだが、しかもなお日本を「不征の国」と位置づけ出兵してはいけない国、言いかえれば中国に大きく害毒をもたらさない蛮夷である、と考えていたのは注意すべきである。元のフビライが日本へ朝貢を促す勅書を送ったところ、これが拒絶されるやただちに遠征軍を派遣したのと、まったく違っている。

第二の原則とはこうである。宋と元とでは外交と貿易を分けて考えていたこと、すでに述べた。中国のことをしばしば「地大物博」という。土地が広くどんな物資でもあるということである。もちろん物資の豊かな中国が相手国に対して貿易を制限し、これで苦しめて外交上優位に立とうとしたことは、どの王朝でも大なり小なりやってきたことであった。宋も元もこの点では例外ではない。しかし洪武帝がやったように、貿易を完全に外交に従属させ、中国に朝貢して来る国と朝貢して来ない国を峻別すること、朝貢して来ることをもって「中国に害毒をもたらさない」証《あか》しであると見なすことは、中国の歴史全体から見てきわめて珍しいことであった。彼は朝貢して来る相手とは国交を維持するが、朝貢して来ない国や民族は敵対国、敵対民族であると見なして国交を絶った。貿易は朝貢にともなうものとされた。すなわち貿易とは中国へもたらされる貢物とこれに対する返礼品の交換、および外国から来た使節がその時その時に運んでくる商品と彼らが中国で買い込んだ商品との交換に限られた。いわゆる朝貢貿易である。中国から商人が外国へ出かけて貿易することは一切許されなかった。日本の江戸幕府がとった外交政策を「鎖国」というなら、洪武帝がとったそれは一層徹底した鎖国政策であった。というのは、江戸幕府の場合、日本人が外国へ出かけることはできなかったが、長崎にはオランダ商人と中国商人が来て盛んに売買することを許していた。外交のない中国とも貿易していたからである。また対馬－釜山ルートで朝鮮とも繋がっていたからである。日本と朝鮮が繋がっていたのは、両国が朝貢関係にあったからでは決してなかった。洪武帝がとった鎖国政策では、中国人が外国へ出ることを許さないだけでなく、朝貢国以外の船が入港することも許さないものであった。

海外貿易を管理していた官庁、すなわち広州、泉州、明州に置かれていた三市舶司が廃止されたのは一三七四（洪武七）年である。明の海禁政策が形成される大きな契機は、これに求められる。中国人が海外へ出かけることを禁じた言葉「寸板も下海するを許さず」、一寸の板切れでも海へ出てはいけないとは、沿岸貿易のために海に出ることをも禁ずるものであったという〔壇上寛、二〇一三年、一二二頁〕。外国との密貿易を防ぐためである。それは徹底した鎖国政策であり海禁政策であった。さらに一三八三（洪武一六）年になると、朝貢使節が正規のものかどうかを峻別するために勘合制度がおこなわれはじめた。明が正規と認めた者に対しては勘合符（勘合文冊）を支給し、朝貢してくるたびに中国側の割符を捺《お》した文書、すなわち勘合符を使節に持参させよというものである。

日本の学界では「冊封体制」という言葉がしばしば用いられる。冊封とはもともと冊《ふだ》に書いた辞令書を意味するが、後世では皇帝が国内で皇后、皇太子、国王などに取り立てることをいった。これが外国国王にも応用され、「何々国国王に封ずる」とはその国の国王として立てた、あるいはその国の国王であることを承認したことを意味した。

「冊封体制」という考えによれば、明による東アジア世界の再編は、冊封体制と勘合貿易体制との結合体として実現したと理解される（西嶋定生、一九八五年、二一三頁）。しかしこの理解は正しくない。というのは、勘合貿易体制とはいうが、たとえば明に対して最も忠順であった冊封国琉球に対しては、洪武年間でも何の問題なしに入国することを認められている。にもかかわらず勘合符を持参しない琉球使節は、洪武年間勘合文冊を支給したようにないからである。要は相手国の使節が忠順な朝貢国のそれであると認定できれば、勘合文冊を与える必要はないからである。朝鮮に対してもこれを支給した記録は見えない。また朝貢国として認定された国の国王すべてが明の冊封を受けたわけでは決してない。たとえば真臘（カンボジア）の場合をとってみれば、『明実録』によるかぎり一三七一（洪武四）年に明への朝貢が始まり、一三八三（洪武一六）年になって勘合文冊が支給されているが、洪武年間は結局その国王を冊封しなかった。真臘国王が冊封されたのはやっと一四〇五（永楽三）年のことであったが、この間、朝貢はすでに十数回おこなわれていた。すなわち明としては相手国が「害毒をもたらさない」ことが朝貢してきたときに判明すれば、それで外交を継続することが確認され、冊封するかどうかは別の問題であった。

外交における神々の動員──対高麗・朝鮮政策

洪武帝による特異な外交政策の一例として、対高麗、対朝鮮に対するものを見てみよう。

高麗国王王顓《おうせん》はかつて元から冊封を受けていたが、一三六九（洪武二）年に明から改めて冊封を受けた。冊封を受けるということはただ朝貢をするという段階から一段階進み、皇帝から国内の臣下に対するのと同様に辞令を受けることであり、はっきりとした君臣関係を持つということである。これによって臣下である高麗国王はその国内における諸権益を基本的にすべて安堵されたことになる。

ところが冊封を受けるということは、これと交換に高麗国王は明が定める「礼」に従うことを意味していた。たとえば高麗国王の交代も、それが本来高麗の国内問題であるにもかかわらず、明の大きな干渉を受けることになったのである。というのは、冊封とは礼に基づいてなされるものであったから、仮に新国王が簒奪つまりクーデターによって王位についたとすれば、旧国王が明の冊封を受けて国王になっていたのだから、明の許しも受けずに反逆したことになった。それははなはだしく礼に背いたものと見なされ、新国王には冊封されない危惧が生まれた。高麗の中頃からこれに続く朝鮮は、歴代国王が中国皇帝の冊封を受けていたから、新国王がこれを受けられないことは致命的な打撃であった。冊封を受けられないことは、新国王が明から国内の諸権益を安堵されないということであり、外交関係は断絶し戦争を覚悟する必要があった。すなわち、単に朝貢することと冊封を受けることとは、その君臣関係、言いかえれば従属関係においてまったく次元を異にすることであった。

高麗では当時、親元派と親明派の争いが重なって王位の簒奪が続いた。明は高麗国王を冊封していたから、簒奪は非礼であるとしてはなはだしい圧力をかけ続けた。また洪武帝は高麗からの朝貢が非礼である、不誠実であるとして、しばしばそれを受け取らずつき返すか、「問罪の師」を送って討伐するぞと威嚇し続けた。問罪の師を送るとは、非礼をはたらいた罪を反省させるために出兵することである。ではなぜここまで彼が高麗に対して圧力をかけたかというと、当時、モンゴルの地には北元の勢力が続いており、洪武帝は高麗がモンゴル勢力と手を結ぶことを心配したからであった。このため礼にそむいていると口実を設けて明への忠誠を誓わせ、問罪の師を派遣するぞと脅し続けたのである。

しかし彼は威嚇するだけで「問罪の師」を出さなかった。圧力に耐えかねて動いたのは、高麗のほうであった。

一三八八年、高麗がすでに占拠している朝鮮（韓）半島北東部は、もと元の直轄地であったと明が主張したのを契機として、高麗は明の領土である遼東へ遠征軍を派遣した。出撃を命ぜられた李成桂は国境にある鴨緑江の中洲威化島で軍を引き返し、さらに高麗国王を退位させた。洪武帝は李成桂が王位についたのはクーデターによることを知っていたが、威化島で軍を返すことによって明と戦わなかったことを評価し、これを「天帝の命による」として問題としなかった。ここに高麗に代わって朝鮮が生まれる。

ところが洪武帝はこの朝鮮に対しても、一貫して圧力をかけ続けた。その国内で反明の動き、すなわち明の領土である遼東へ侵攻しようとする計画があることを知ったためである。

その圧力のかけ方、威嚇の方式が実に奇妙なものであった。先ほど、中国は皇帝の統治するところ、蛮夷の地はその長が統治するところとして、彼がその地の直接統治に乗り出さなかったこと、中国と蛮夷の地とを合わせた「天下」は「天帝」が統轄するところと考えていたことを述べた。では「害毒をもたらさない」と考えていた蛮夷の地の国王が、実際には中国に遠征軍を派遣しようと企んでいる、などの情況が起こったとき、どうするのか。

洪武帝はまず皇帝となった翌年、南京の城南に嶽瀆壇を築き、嶽鎮海瀆および天下の山川城隍の神々を合わせ祀った。「天下」の山川の神々には当然、蛮夷の地の神々も含まれる。その翌年、南京から使臣を派遣して安南、高麗、占城の山川の神々を祀らせた。このとき、各国に立てさせた石碑の銘文によれば、この地の山川の神々を祀る目的はこれによってその地の国王を庇護してもらうためであった。

ところが後年、中国皇帝が外国の山川を祀るというこの奇妙な行為の真の目的が何であったか、明らかになる。李成珪が朝鮮という国号を称しはじめた一三九三年、洪武帝は朝鮮国王に次のような詔勅を送った。

高麗の山川鬼神はお前（李成桂）が禍根を造り、人民に災いを及ぼしていることを知らないであろうか。……朕はまた明らかに上帝（天帝）に告げ、将軍らに命じて東方討伐をさせんとしている。

（『朝鮮王朝実録』太祖二年五月丁卯）

その三年後にも、洪武帝は、これまで「朝鮮国王がしばしば争いの発端をつくったので、嶽瀆山川の神々に告げ、上帝に転達してもらってある」との詔勅を李成桂に送った。これらの史料によれば、洪武帝の構想では国王李成桂が明に対して害毒をもたらしそうなことを企んでいると聞いたとき、彼は南京城南に設けた嶽瀆壇に赴き、そこに祀られた朝鮮山川の神々に対して「李成珪は悪事をはたらかんとしている」と訴えると、それら神々はこれを皇帝洪武帝に代わって「天帝」に告げ口してくれ、天から懲罰が朝鮮国王に下されるようになっていた。そして天帝の命に応じて自ら差し向けるのが「問罪の師」である、と朝鮮国王に伝え脅したのである〔夫馬進、二〇一五年、五六頁、五八〇頁〕。

事実は彼が『皇明祖訓』で述べたとおり、朝鮮は「不征の国」であった。天帝の命をも借りて執拗に脅しただけであり、一度として軍隊を出動しなかったのである。

3．一六〇九年「日本（倭）の琉球併合」以降の対東アジア外交

海禁政策と密貿易、そして海禁撤廃

洪武帝がとった外交政策は、中国と他の東アジア諸国の双方に甚大な影響を与えた。先に述べた第一の原則に従い、『皇明祖訓』で語ったとおり、彼は朝鮮にも日本にも安南（ベトナム）にも軍隊を送るぞと何度も脅しながら、実際には一度も兵を動かさなかった。これは前の元とは正反対であること、す

でに述べた。洪武帝という稀代の専制皇帝のおかげで、中国と東アジア諸国との間で戦争が起こらなかったのだから、この地域に住む各国人民にとってはどんなにありがたかったかわからない。

ところが彼がもう一つの外交原則に従い、貿易を朝貢貿易一本だけとし、民間人による対外貿易を禁止したことは、東アジアの地に生きる人々に計り知れない苦痛を強いることになった。この外交方針が「祖法」として、その後の明皇帝に受け継がれたからである。確かにこの政策は抑商政策とあいまって中国国内では「吾が民」の間で貧富の格差を生み出し増すのを防いだであろうが、一般人民の生活にもたいへんな不便を生じさせた。たとえば宋元時代には民間人が祭祀のときに用いる外国産の香料は、比較的豊富に出回っていたらしい。ところが朝貢貿易だけではこれが品薄となったため、松・柏・楓・桃からつくった代用品だけを使えと命じ、これに違反する者はこれまた処罰するとした(『明実録』洪武二七年正月甲寅)。またそれまで海外貿易に携わってきた者の中で職を失った人々は、どれほどの数にのぼったのであろうか。

最も大きな問題は、密貿易が盛んにおこなわれるようになったことである。これを武力で押さえ込む必要があったことである。さらに深刻であったのは、北ではモンゴル族がより多くの中国物資を獲得せんとして、より有利な「朝貢」を求めて侵攻略奪を繰り返したことであり、南では倭寇が略奪殺戮をほしいままにしたことであった。これは一六世紀中頃が最も激しく、一般に北虜南倭と呼ばれる。

民間人による貿易を禁止することはもはや不可能であると判断され、一五六七年の頃に海禁政策は放棄され、日本との通商以外であれば中国人の海外渡航も黙認されるようになった。三市舶司が廃止されたときから数えるならば、ほぼ二〇〇年が過ぎていた。ポルトガル人はこれより前にすでに東アジア貿易に参入していたし、この頃から東アジアの国際関係は一変するに至る。ここでは琉球を中心としてその変化を説明し、これに対する中国外交の対応について説明しよう。

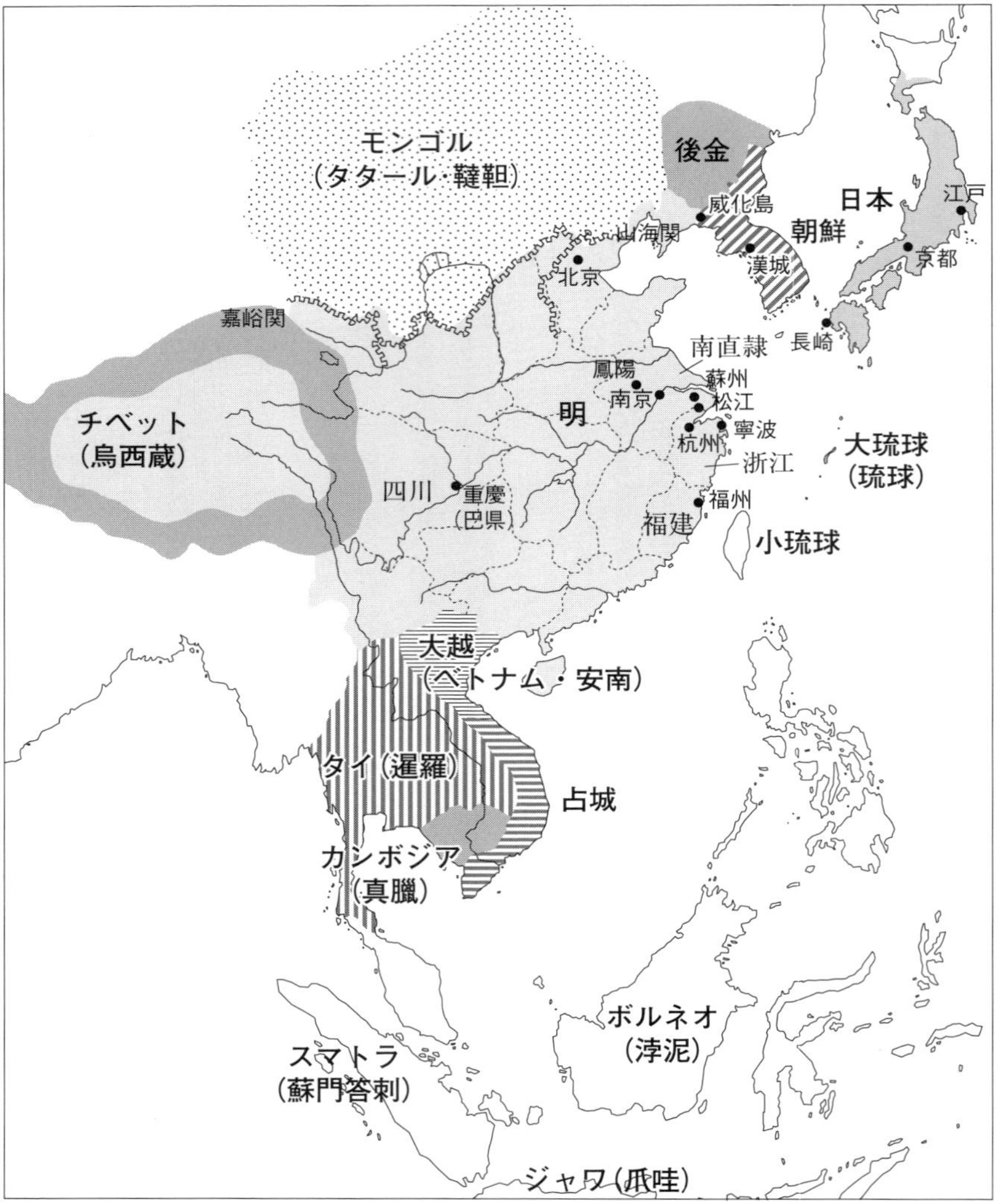

図 5-2　14〜17 世紀の明朝中国とその周辺国

日中外交の杜絶と日本（倭）の琉球併合以後の東アジア構造

一六〇九年、薩摩の軍勢が琉球を侵略した。琉球国王は捕虜となり、翌年には島津家久とともに静岡で徳川家康に謁見、さらに江戸で将軍秀忠に謁見した。この事件は琉球史および日本史では「薩摩の琉球侵攻」などと記される。

ニュースは直ちに中国へ伝わった。しかし中国側の史料ではこの事件を「日本の琉球併合」あるいは「倭（日本）の琉球併呑」などと記すのが普通である。明の人々にとっては、薩摩が琉球を侵略したことよりも、日本がこれを併呑してしまったことのほうが、はるかに重要であり問題であったからである。琉球といえば明にとって、それまで模範的で忠順な朝貢国であり冊封国であった。ところが明の政府が取った対応は、琉球国王に対して従来どおりに貢物を受けつけるのを許すといい、倭乱に遭いながらも朝貢してきたのは「憫《あわ》れである」、との言葉を送るだけであった。日本が併呑している事実を知っての上での言葉であるから、簡単にいえば見殺しにしたのである。

その三年後、一六一二年に琉球が朝貢してくると、もはや見殺しにする態度を取るだけではすまなかった。というのは、今度の朝貢は日本の差し金によるものであることは、誰の目にも明らかだったからである。これ以降、明の対琉球外交は実のところ対日本外交となる。朝貢とは本来、礼のあらわれである。理念からすれば、実際には日本の支配下にある琉球が朝貢してきたのだから、これは不誠実であるとして受け取ってはいけない。ところが、琉球の後ろにある日本の武力を恐れて、貢物を受け入れざるを得なかった。明にとっては、豊臣秀吉による朝鮮侵略はつい先日のことだったからである。

ところで当時、朝鮮と琉球とはどのような関係にあったかというと、双方が明に送った朝貢使節が北京で落ち合い、国書の交換をすることによって友好関係にあることを確認しあっていた。朝鮮側ももちろん、琉球が日本（倭）に併呑されていたことを知っていたが、明がこれを知りながら知らぬこととし、変わることなく朝貢を受けつけている以上、朝鮮も事実を知らぬこととして国書の交換を続ければよかった。この国書の交換が一六三四年まで続いていたことは、琉球側で書かれた『歴代宝案』によって明らかである。ところが朝鮮は一六三六年に満州族清の侵略を再度受けて完全に屈服したため、もはや朝貢使節を北京に送ることはできなくなった。

一六四四年、中国では明から清への政権交代があった。朝鮮燕行使、つまり朝鮮から北京へ送る朝貢使節はここに復活する。さらに明清交代にともなう混乱がおさまると、琉球も清に対して朝貢を始めた。ところが今度は、両国使節が清朝宮廷でおこなわれる正月元旦の祝賀式に一緒に参列し、またこれら式典のリハーサル会場で鉢合わせしながら、決してともに歓談することがなかった。朝鮮、琉球ともに、清朝の朝貢国であり冊封国である。ところが両国使節はかつてのように、北京で国書を交換することはなくなったのである。

朝鮮國王為敦情禮篤交鄰事 ② 崇禎伍年
拾月貳拾貳日敝邦
賀至陪臣金著國回自
京師齎到
貴國咨前事節該披閱來文繹情辭之懇
篤頌起遠贈拜禮幣之侈陳徒增俯攜惶
惶撫心知存厚德顧影落失猥容反思仰
天共戴均雲
九重兩露忘形迴地 ③ 分區家聯萬祺雷陳莫逆
情不殊異義無毀疵稔審飽子其知我也
翊亦常念先人家訓淡交若水長抱古人
風味君子尚之是以不避報酬匪稱蒙愧
特乃承堅道義相成中季用將獻芹鄙意
敢昭寸草微忱茲當
慶賀
東宮盛際敬修咨復聊具土菲儀計開如左著

図 5-3　1634（崇禎 7）年まで朝鮮・琉球両国の国書交換を伝える『歴代宝案』

〔『歴代宝案』（校訂本、沖縄県教育委員会、1992 年刊）より。沖縄県立芸術大学附属図書・芸術資料館所蔵〕

国書を交換しないということは、当時においては国交がないことを意味した。この朝鮮、琉球二国に国交がない状態は、明治政府によって一八七二年からいわゆる「琉球処分」が始められ、琉球を日本に正式に組み入れ一国が消滅するまで、二三〇年以上にわたって一貫して続いた。では、一体何が原因で同じような朝貢国であり冊封国でありながら、しかも敵対すべき問題がまったくないにもかかわらず、国交を再開できなかったのであろうか。

朝鮮の宮廷では一七一七年に一度だけ、両国に国交がないのは不正常であるとして、国交再開をすべきであるとして議論されたことがある。というのは、国交がなく国書の交換がないから、琉球へ漂着した朝鮮人民が救助され、中国政府の仲介の下にリレー方式で琉球から福建省福州へ、福州から北京へ、北京からソウル（漢陽）へしばしば送還されてきているにもかかわらず、琉球国王に感謝の言葉も伝えられなかったからである。ところがこのときの朝鮮国王粛宗が下した判断は、「この問題には意外な心配事があるかも知れない」として、国書を再びは送らない、国交は再開しない、というものであった。

両国が国交を再開できないのは、一六〇九年に起きた日本の琉球併合から一貫して琉球が日本の支配下にありながら、表面的には独立国であると偽って明、清に朝貢し、あわせてその冊封を受け続けていたからであった。それを中国も朝鮮も知っていたからであった。そしてもう一つ、中国と日本とに国交がなかったからであった。明代の一五四九年に日本からの最後の朝貢使節が北京を離れてから、一八七一年に明治政府と清国政府との間で日清修好条規が締結され国交が再開されるまで、三百数十年も両国に国交がなかったからである。

中国と日本に国交がない以上、琉球が実際には日本の支配を受けながら、いかにも独立国であるかのように偽って明と清に朝貢をし続け冊封を受け続け、これがすでに慣例化し体制化してしまったものを覆す必要はなかった。誰も真実をあえて言わなければ、同じような朝貢国であり冊封国が国交を持たないという不思議な国際関係は、永続することができたのである。琉球は一六〇九年以降も実際には日本の支配下にあることを、琉球一国だけが隠しとおしたのではない。明・清中国も朝鮮も公式の場では隠しとおした。日本は中国と国交を持たなかったから、中国に実態を明言することはあり得なかった。朝鮮は日本へ通信使を送っていたから、琉球がずっと日本の支配下にあることは使節が帰国するごとに伝えられたが、これを中国に言う必要はまったくなかったし、言ってはならなかった。

中国では一七世紀の中頃までは、清朝政府の要人たちも琉球が置かれている実態をおそらくは知っていたと考えられる。またそれ以後も琉球へ使節として赴いた者の中には、事実を知る者があった。しかし、中国、琉球、日本、朝鮮の国際関係は琉球の実態を隠すべき相手国に対しては徹底して隠すことによって、すでに安定したものになっていたから、この事実を公言してはならなかった。

「冊封体制」という考え方がある。この考え方によれば東アジアでは各国が明あるいは清から冊封を受けることによってその秩序が成り立っていた、日本だけは冊封体制によって形づくられる国際秩序から離脱していたとされる。しかしこの考え方では、なぜ同様な清の朝貢国・冊封国でありながら、朝鮮、琉球の二国で二百数十年にわたって国交がなかったのかが説明できないであろう。実は日本と中国とがともに朝鮮・琉球に対して国交を持ちながら、しかも日本と中国とはそれ自体として国交を持たないという国際構造こそが、一見すれば「冊封体制」を生み出していた。事実は日本は東アジアの国際構造を成り立たせる一国として、必須の契機として組み込まれていたのである〔夫馬進、二〇一五年、一一二頁〕。

近世中国の対外関係という大きな枠でとらえるならば、明代のように冊封という政策を重視したのはむしろ例外であった。冊封を重視したのは、国交と貿易とを一致させる政策がより有効に働くための手段に過ぎなかった。洪武帝が定めた対外政策で一七世紀以降を語ることはできない。清はいかにその領土は広大なものであれ、唐のように東アジアで圧倒的な国際的な地位をもはや持ち得なくなっていたのである。

研究課題

1.「冊封体制」という概念で東アジアをとらえたのは、西嶋定生である。一七世紀以降の琉球を中心に東アジア諸国の国際関係を見た場合、この概念ははたして有効であろうか。その当否を考えよ。

2．明洪武帝の対外政策に対しては、その視点の違いからさまざまな評価が可能である。たとえば洪武帝と同時代を上海で生きた農民と、一五五〇年代に同じ上海で生きた農民とは、それぞれどのように評価したと考えられるだろうか。洪武帝の国内政策をも考慮に入れて考えよ。

参考文献

夫馬進「朝鮮の外交原理、〝事大〟と〝交隣〟」「明清中国の対朝鮮外交における〝礼〟と〝問罪〟」「一六〇九年、日本の琉球併合以降における中国・朝鮮の対琉球外交―東アジア四国における冊封、通信そして杜絶」「朝鮮知識人による琉球の国際的地位認識―北学派を中心に」「明清中国による対朝鮮外交の鏡としての対ベトナム外交―冊封問題と〝問罪の師〟を中心に―」（『朝鮮燕行使と朝鮮通信使』名古屋大学出版会、二〇一五年）
加藤繁「宋と金国との貿易に就いて」（『支那経済史考証　下巻』東洋文庫、一九五二年）
榎本渉『僧侶と海商たちの東シナ海』（講談社、二〇一〇年）
成尋『参天台五臺山記　上・下』〈藤善眞澄訳〉（関西大学東西学術研究所、二〇〇七年・二〇一一年）
木宮泰彦『日華文化交流史』（冨山房、一九五五年）
檀上寛『明代海禁＝朝貢システムと華夷秩序』（京都大学学術出版会、二〇一三年）
西嶋定生『日本歴史の国際環境』（東京大学出版会、一九八五年）

6　中国近世の訴訟と社会

夫馬　進

《本章のねらい》　中国史上の訴訟についてこれまで普通に考えられてきたことは、近代になるまで中国では訴訟は少なかったというものである。ところが近年、中国ではかつて訴訟が多かったこと、「訟師」と呼ばれる訴訟の専門家が宋代に出現し、彼らには現代の弁護士に似たところがあることなどがしだいにわかってきた。中国近世の訴訟と社会とはどのように繋がっていたのか、見ることにしよう。

《キーワード》　健訟、訟師、訟師秘本、『巴県档案』、寡婦の権利、立愛と応継

1．「中国訴訟社会」

「訴訟は少なかった」という伝説

中国近世の訴訟とはどのようなものであったのかを見る前に、この訴訟の実態と裁判の機構とでも、大枠では秦漢時代のそれを継承していることを見ておこう。

さて中国では近代に入る前には訴訟が少なかったと考えられてきたが、このような見方が長く定着してきたのには二つの要因があったと考えられる。一つは訴訟にかかわる有名な言葉が、『論語』の中に孔子の言葉として見えるからである。あと一つは清末民国初期に中国を観察したヨーロッパ・アメリカ人が、中国の村落は自治的なものであって争いごとが起こってもその内部で解決し、地方官に訴え出て

裁判を起こすことはあまりなかったと記すほか、費孝通という有名な社会学者が民国期に農村実態調査をおこない、『郷土中国』（一九四八年）という著作の中でそこは訴訟の少ない社会であると記したからである。ここでは前者について説明を加えよう。

『論語』に見える言葉とは、「訟を聴くは吾れ猶《なお》人のごときなり。必ずや訟無《な》からしめんか」である。要するに、自分は裁判官としては人と似たり寄ったりである、ただ自分が違うのは、訴訟そのものが起こることをなくしたく思っていることだと言ったというのである。

この言葉は漢代に儒教が国家の統治理念として定着するにともない、地方官が善政をおこなう秘訣の一つとされ、史書には訴訟を少なくするのに成功した事例が、おびただしくあらわれるに至る。これは二千年以上も続き、清代について記した史書『清史稿』にもその事例が記される。たとえば一九世紀後半になっても、ある地方官が裁判で公正であったために、人々は感化されて訴訟は日々に減少し、ついには刑具が朽ちはて、官庁の差役たちは訴訟と裁判がないのでは食ってゆけないからといって、その門前に座して瓜を売って自活するに至った、と伝えている。

後漢における訴訟の多発

ところが次のような史料がすでに後漢の時代にあるのは注目してよい。すなわち王符は「愛日篇」という論説の中で、当時訴訟があまりに多いために、農作業に支障をきたしている、と主張しているのである。「愛日篇」の愛日とは、本来農作業に当てるべき日数を訴訟のために無駄使いしないこと、日々が空費されないように愛《お》しむことである。

では当時、どの程度の訴訟がなされていたかというと、「現在、国都洛陽にある最高官庁から下、州・郡・県・道に至る諸官庁や県・道の下に置かれた郷、亭において、訴訟のため農作業をやめて詰めかける民は毎日十万人である」と記している。当時の戸数つまりおおよその家族数は約一千万戸であったから、かりに一戸から一人が訴訟のために出かけているものとして計算すれば、百戸に一戸が毎日訴訟活動をしていたということになる。

王符の論説にいかに誇張があったにしても、文章のタイトルが「愛日篇」であり、しかも具体的にあげる数値が百戸に一戸の割りで毎日訴訟に詰めかけているというのでは、そこが訴訟の少ない社会であったとは到底考えられないであろう。すでに後漢の時代から、中国は「訴訟社会」となることがあったらしい。

「愛日篇」で注意すべき点があと二つある。一つはすでに漢代から、上は中央官庁から下は県、道に至るまで、各級どの官庁でも訴訟を受けつけていたことである。上訴制度がすでにあったことである。道とは辺境に置かれた県である。全国に置かれた県の数はその後多少の増減があるが、基本的には清代のそれと大同小異である。清代の場合、県から始まった裁判は、判決に不服であれば次は府へ、さらに府をいくつか束ねた道へ、さらに省へ、最後には北京の最高官庁まで上訴することができた。裁判機構でも中国固有の「型」というべきものがすでに秦漢時代に定まっていたのであって、訴訟は万人に開かれていたし、都にまで上訴することができていた。

王符による報告でもう一つ注目すべき点は、県の下の郷や亭という行政単位でも訴訟を受け付けていたことである。後漢では一県当たり三郷余りからなっており、また一郷は三亭か四亭で成り立っていたとされる。宋代から清代にかけて訴訟裁判は県から始まるが、後漢の時代にはさらにその下、すなわち民間人にとってよりアクセスしやすい郷や亭から始まった。このことが百戸につき一戸が毎日訴訟に出かけているというような、二千年前のこととしては途方もない数値になってあらわれたのであろう。

ただ王符が伝える後漢の訴訟は、きわめて暗いイメージをともなっている。というのは都洛陽まで訴え出ても結局は「冤結」する、つまり自分が正しいことを明らかにできず、無実が晴れることなく終わるとされるからである。この点でも宋代は異る。すなわち宋代では訴訟という点でも中国固有というべき「型」を引き継ぎながら、必ずしも暗いイメージをともなわない。

宋代における「健訟」と訟師

まず宋代の文献では「健訟」という言葉がしばしば登場する。健とは壮健の健で、健《さかん》に訴訟することである。宋代の訴訟に必ずしも暗いイメージがともなわないのは、一つにはこの言葉がよく出てくるためであろう。南宋時代に地方官が書いた判決文を集めた史料として『清明集』がある。この中にはしばしば、上級官庁が下級官庁の下した判決を誤審であると指摘したものが見える。このように宋代では上訴することによって判決がしばしば覆ったことが、訴訟を「冤結」に終わらせず、したがって暗いイメージを必ずしもともなわない二つ目の要因であろう。当時上訴がいかに盛んにおこなわれたかは、ある親族の間で相続をめぐって訴訟が延々と続き、初め県へ訴えたあと州へ上げられ、次いで州から路へ、ついには中央の刑部へ訴えられたという事例がある。これは現代でいえば純然たる民事訴訟である。また遺産の分配が不平等であるとして始まったある訴訟では、十数次にわたる判決に対して当事者たちがいずれも不服で、ついに中央にまで至るものがあった。これは宋代の上訴制度がそれまでに比べ、格段に発達したためであろう。

宋代の訴訟に必ずしも暗いイメージがともなわないのは、この時代に「訟師」という一面では現代の弁護士に通ずる者が出現し、彼らが一般庶民の訴訟を助けていたからでもあった。中国では親族でないものが金銭、報酬を取って訴訟を助けるのは、清末まで一貫して禁じられた。ここがヨーロッパと大きく違う。したがって訟師たちは一貫して禁圧の対象であったし、彼らが法廷へ出て弁護することなど、あり得なかった。訟師たちがやったことのおもな仕事は、訴訟文書を代作することと、裁判をする官庁に出入りをして情報をつかみつつ、そこの裁判関係者に渡りをつけることであった。官庁へ出入りして関係者に手数料ないしは賄賂を贈ることは、第3章で述べた官職授与の制度と密接に関連していたし、訴訟文書の代作は第2章で述べたこと、すなわち科挙制度が庶民にまで広く開放されていたことと密接に関連していた。

当時の史料では「教書夫子」と称して訴訟学を教える者が民間にいたという。宋代では挙人にすらなれなかった「下級知識人」、あるいは太学生にすらなれなかった「半知識人」「半庶民」がすでに膨大な数にのぼった。訴状はレトリックを使い要点だけを簡潔に書かねばならない。これは科挙の受験生が答案を書く要領とまったく同じであった。「教書夫子」として訴訟のための文章や技術を教えた者は、これら下級知識人、半知識人、半庶民であった。教書夫子を含めて彼ら訴訟を助ける者すなわち訟師が膨大な数にのぼり、彼らが訴訟当事者たちに「知恵をつける」ようになっていたのであった。

2．明清時代の訴訟と社会

里老裁判制

ところが明代になると、しばらくの間は訴訟が多いという記録はあらわれなくなる。これはやはり洪武帝が特異な政策をおこなったことと関係するから、まずこれを述べよう。それは里老裁判制などと呼ばれているものである。

明代の郷村統治は里甲制という組織を基礎としていた。訴訟と裁判についても軽微な案件であればつとめてこの里甲の内部で、あるいは数里を束ねた行政単位としての都で、さらに数都の上に置かれる郷という単位の内部で判決を出すように命じ、郷の上の県にまで訴訟を直接持ち込むのはこれを「越訴」であるとして禁止したのである。この際に裁判に当たる者として定められていたのは、老人などという職役にあった庶民自身であった。

洪武帝はここでも、里老裁判にかかわる詳細な規定を布告している。一三九八（洪武三一）年に頒布された『教民榜文』がそれである。『教民榜文』の一条によれば、老人は一里の中で三名から一〇名選ばれ、官庁の認可を受けてその任に当たることになっていた。一里は原則一一〇戸からなっていたから、おそらく老人は多く里長と重なったのであろうが、この老人に里甲の者すなわち里長と甲首も加わることになっていたのだから、里老裁判制とは土地争いや遺産争いなど軽微な案件について、まさしく庶民が庶民を裁くシステムであったと考えてよいであろう。

かつて漢代のとき、県の下の郷、さらにその下の亭においても訴訟が受けつけられ裁判がおこなわれていたことは、すでに述べた。里老裁判制は一見すればここへ戻ったかのごとくである。しかし漢の時代に裁判をおこなった郷の嗇夫《しょくふ》や亭の亭長は、あくまで「郡県の属吏がそれぞれ郷亭を統括する者」〔厳耕望、一九七四年、二四五頁〕であった。決して現地の庶民そのものではなかった。しかも里老裁判の場合、口頭で訴えるのではなく訴状を提出することになっていた。この点でそれまでからもよくあった村落内での調停などとはまったく違っていた。これを「郷里の状」と呼んだ。この里老裁判が明末まで続いていたこ

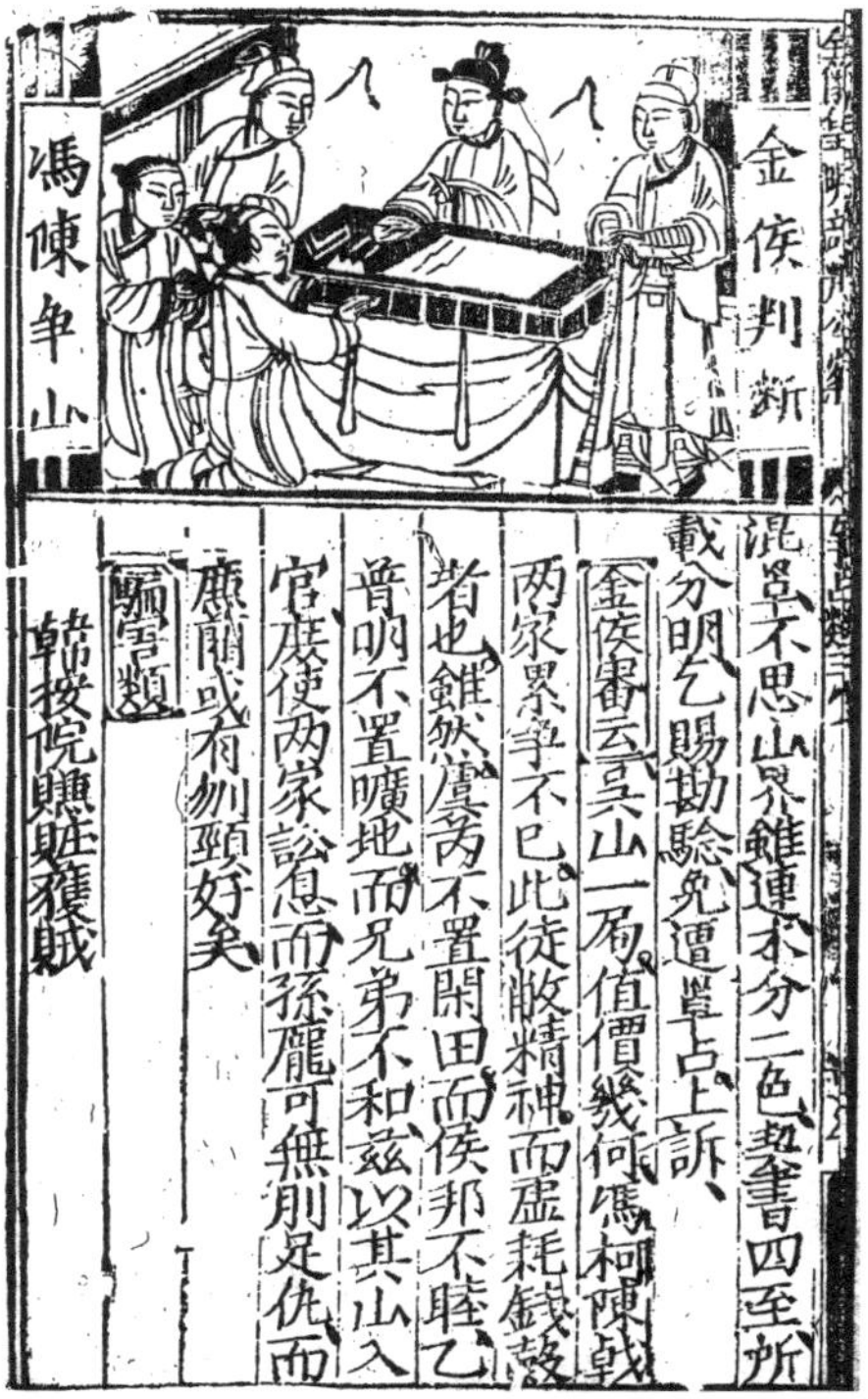

図 6-1　明代の訴訟と裁判

〔『新刊皇明諸司廉明奇判公案』（京都大学法学部図書室蔵）より〕

と、「郷里の状」が明一代にわたって作成され、直接に県へ提出するのではなく先ず里や郷へ提出されていたことは、、それら文書が残存していることから見て確実である〔中島楽章、二〇〇二年、三二七頁〕。

ところが明代永楽年間を過ぎた頃になると、裁判に当たる民間人つまり老人らが私腹をこやす、正しい判決を下さないなど、その弊害を指摘する報告が次々となされるようになる。老人や里甲にまず訴えるのを飛びこして県の官庁へ訴えることは、もと「越訴」であるとされていたが、やがてこれが普通となっていった。洪武帝のやり方は、ここでもあまりに独創的すぎ、現実を無視したものであった。

訟師秘本

「訟師秘本」と総称される模範的な訴状の文例集が大量に出現するのは、明代の嘉靖年間から万暦初年にかけてであったらしい。一六世紀の中頃のことである。たとえば離婚訴訟をしようとする者であれば、これに関連した模範例文がそこにはいくつか記されてあったから、それらの中から訴えようとする内容に最も近く最も相応しい文例を選び出し、これに沿って書けば誰でも簡単に訴訟文書ができあがった。その代表というべきものは、一五九五年に出版された『新《しん》鍥《けい》蕭《しょう》曹《そう》遺《い》筆《ひつ》』であるが、これは飛ぶように売れ何度も何度も版木を彫りかえた。中にはあまりに多く刷りすぎて

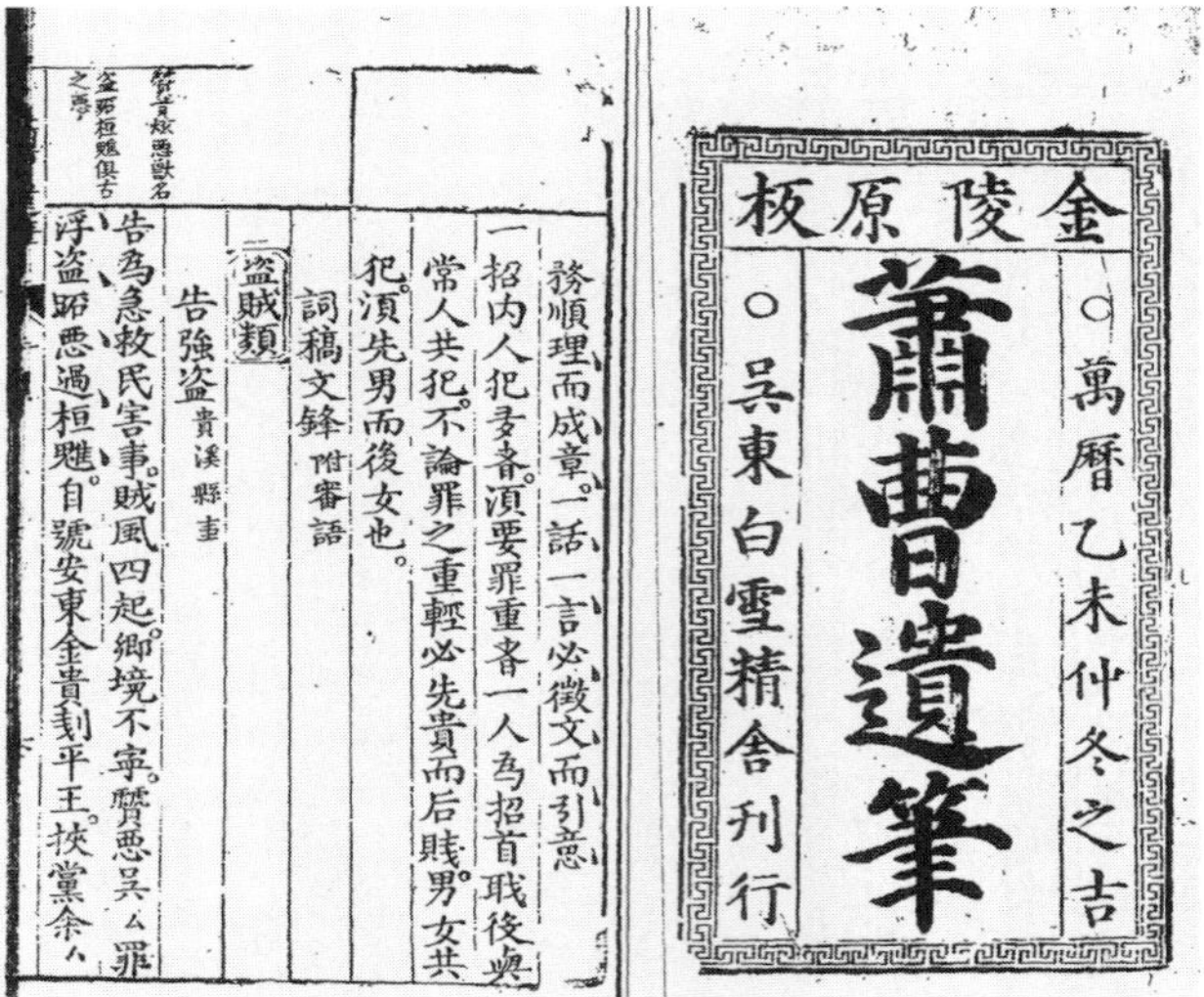

図6-2　1595（万暦23）年刊『蕭曹遺筆』と盗賊を訴える文例
〔名古屋市蓬左文庫蔵〕

板木が摩滅してしまって読めないもの、あるいは改板を重ねるうちに多くの字を彫り誤り、ほとんど判読不可能となったものまで出回っていた。ここにも当時、中国は「訴訟社会」となっていたことをうかがうことができる。このような訴訟のためのマニュアル本、ハウツー本が近代以前に大量に出版されていたことは、ヨーロッパの歴史でも日本の歴史でもその類例を聞かない。ヨーロッパでは各時代を通じて弁護士がいたからであるし、日本の江戸時代では人々が訴訟しようとすれば、訴え出る前にまずは村役人や町役人の許可を取らねばならなかったからである。これに対して中国では古くから一貫して訴訟は万人に開かれており、にもかかわらず訴状を金銭と引きかえに書いてもらうのは、禁止されていたからである。

各種各様の訟師秘本は明末から清初にかけて次々に編纂され、出版された。ところが政府は一件でも訴訟を減らしたいと考えていたから、一七四二（乾隆七）年にその編纂と出版を禁じる厳しい法令が出された。民間では訴訟が多くなり、このようなマニュアル本を必要としていたから、著しく質を落としながらもこれらは秘密裏に出版され続けた。それは清朝が終わる宣統年間まで、すなわち少なくとも一九〇九（宣統元）年まで出版され続けたことが確認されている。

3.『巴県档案』に見える清末四川訴訟社会

年間訴訟件数は？

近年、地方档案という県の官庁などで保管されてきた文書を利用することによって、これまでまったくわからなかった地方社会の実態や訴訟の実態を克明に知ることができるようになった。地方档案の中でも、『巴県档案』は他の档案に比べて格段に多い数量と、清代初め康熙年間から王朝が終わる宣統年間に及ぶというその覆う年代が格段に長いことによって、最も有名であるし利用価値も高い。本テキスト第3章でも、『巴県档案』に見える何輝山という人物を手掛かりにして、彼が生きたスタンダード・マーケットタウンという最下層の農村市場町においてすら、官職授与制が貫かれていたことをすでに見た。ここではさらにこの史料を用い、巴県という四川省の一県がいかにすさまじい訴訟社会であったかを見ることにしよう。

まず同治年間（一八六二〜七四年）前後の訴訟情況を示すいくつかのデータを示そう。第3章で述べた何輝山の場合、一八七一年までの一三年間に彼が直接原告として人を訴えた案件と被告として訴えられた案件とは、『巴県档案』に含まれる一文書によれば合計七八件に及んだ。単純計算すると、彼は毎年六件ほど新しく人を訴えるか訴えられていた計算になる。新しく訴訟となり裁判となった案件は、何年も続くのが普通であったから、何輝山が一年間に抱えていた訴訟の総数はこれよりはるかに多かったはずである。現代日本の弁護士であれば、一年間に六件の訴訟案件を新しく抱えるのは何でもないであろうが、何輝山の場合はすべて彼自身が原告・被告となった案件であった。しかも巴県都市部ではなく片田舎でのことである。これはまさしく「健訟」というほかないであろう。

では巴県一県で年間どの程度の訴訟件数があったのかとなると、統計数値がないから正確にはわからない。しかし『巴県档案』の残存情況から見て、ある程度の推計は可能である〔夫馬進、二〇一一年、六〇頁〕。

『巴県档案』は原則として、訴訟案件の中でも裁判にかけると決まったものしか残存しない。というのは当時、原告が訴状を官庁に持ち込み訴えた場合、第一にこれを読んだ地方官が一見しただけでそこには道理が記されていないと判断したなら、これを受理しないという処置がとられ、この文書はやがて廃棄されたからである。これを「不准」という。准とは受け付けることであるから、不准とは受理しないことである。また第二に、訴状を読んだ地方官が、そこに道理は記されているが正式な裁判にかけるまでのことはないと判断した場合、文書は当面は保管されるが裁判になる前に事案が解決してしまうか立ち消えになってしまえば、これまた一件文書はしばらくして廃棄された。たとえば遺産相続にからむ案件であれば、地方官はただちに裁判に入る前に親族で協議して解決をはかれと指示するのが普通であった。また債権にからむ案件であれば、仲介者や保証人に解決してもらえなどとまず指示した。民間での調停をまず望んだのである。このような処理を「未准」と呼んだ。つまりまだ受理していない、正式に受理して裁判にかけるかどうかは今のところ未定であるということである。不准案件も未准案件も、一件文書は保管されずに破棄されるのだから、これらは膨大な数量にのぼったはずであるが、それらは現存しないから数えようがないのである。『巴県档案』は原則として、訴訟案件の中でも裁判にかけると決まったものしか残存しない、といったのはこれである。

さてこのような限定をつけてであるが、一八六二年から一八七四年にかけて巴県官庁に新しく持ち込まれ、しかも廃棄されずに保管されたものを数えてみると、それは毎年一〇〇〇件から一四〇〇件ほどであった。巴県一県では毎年、一〇〇〇件から一四〇〇件ほどの新しい訴訟案件が、裁判にまで至っていたのである。つまり残存档案によって割り出した数値が新案件であるというのは、年間に新しく起こされた訴訟件数総数から不准と未准のものを除いた数値であり、総数から見ればその基礎数であるとしか言いようがない。しかし訴訟案件の総数はわからないのだから、当時の訴訟情況をあらわすものとしては、これを挙げるほかないであろう。

では新しい訴訟案件が最低で見積もっても毎年一〇〇〇件から一四〇〇件ほど生まれていたということは、当時巴県で生きた人々にとって何を意味していたのだろうか。仮に新しく起こされた訴訟で、ある家族一戸が原告となり、別の家族一戸が被告となる、として計算してみる。当時、巴県の戸数は一二万六六〇〇戸程度であったと推計されるから、単純に計算するなら毎年約四〇戸に一戸から六〇戸に一戸の割合で新しく訴訟に参加したことになるであろう。ただしこれは先ほど見たような基礎数をもとにした数値であって、訴訟に関与した家族数としてほぼ間違いのない基礎的なデータでしかない。借金を返してくれないと人を訴えたところ、それは仲介人や保証人に解決してもらえ、と地方官から返答を受けたような案件は、どれほど多くの数値になるのかわからないが、これらは含まれないのである。とすれば、毎年四〇戸に一戸から六〇戸に一戸が新しく裁判にまで至る訴訟に関与したというのは、全訴訟件数と比較すればきわめて控え目な数量であることがわかろう。これではかつての中国社会が訴訟の少ない社会であったなどとは、到底いえない。

告状不受理

ところで、借金を返してくれないと人を訴えたところ、それは仲介人や保証人に解決してもらえ、と地方官が指令を出したとすれば、原告は何のために訴えを起こしたのかわからない。原告は当然に訴訟に至るまでに、仲介人や保証人を通じて借金返却を督促してきたはずだからである。ではなぜ地方官がこのような指令を原告に出したかというと、一つには『大清律例』にある「告状不受理」の条の規定によって、一見して道理のある訴状であれば、地方官がこれをただちに不受理としてしまえば、逆に彼が政務不履行として罰せられたからであった。中国の国家は裁判という人民の生活や社会の治安にかかわる問題について、あくまでこれを自分が担当して処置せねばならないという姿勢を持っていたのである。

ところがここ巴県のように、裁判まで至らねばやまない案件が毎年新しく一千件を軽くこえるような官庁では、これらすべてを処理しきることができない。地方官としてはまず第一に裁判しなければならない案件、すなわち殺人案件や暴行案件などを数多く抱えていたから、借金問題など現在でいえば民事案件であり重大さを欠くものについては、このような「未准」という指示を出すことによって、体よく門前払いしていたのである。「未准」であれば不准つまり不受理ではないのだから、まだ正式には受理していないことになって、「告状不受理」の罰則を免れることができたからである。

移民社会の荒々しさと人口圧

では、原告が未准として処理され、いわば門前払いされることが予想されるとき、あくまで裁判にまで持ち込みたいと考えたとき、どのような方策をとったのか。彼らがしばしばとったのは、借金返済などの民事案件をあえて国家の治安にかかわる刑事案件に「偽装」して訴えるという方策であった。つまり、借金の返済を迫ったところ、被告つまり債務者から暴行を受けたと偽って訴え出るのである。あるいは実際に暴行を受けるように被告にしむけて、訴え出るのである。この場合、地方官は必ず案件を受理して検傷のために役人を派遣せねばならなかった。

清末の『巴県档案』は、当時いかに多くの訴訟がそこであったかをわれわれに伝えるとともに、その社会がいかに荒々しいものであったかを伝えてくれる。現代アメリカの社会はしばしば訴訟社会であるといわれるが、その要因としてそこが移民社会であることが挙げられる。移民社会独特の荒々しさがあるからだとされる。風俗習慣の異なる各地から流入してきた者が、社会としてのルールがなお定まらず未成熟なところで、ともに共同生活を始めねばならないからである。たしかに四川省は清一代において、すさまじいばかりの人口の流入があった。明末の動乱期に、張献忠率いる反乱軍が四川省で大殺戮をおこなったとされている。ある人口史研究によれば、張献忠による殺害と自然災害が重なり、四川省総人口の九〇%がなくなり、明朝滅亡時のそれは約五〇万人でしかなかったと推計されている。

それがほぼ百年後の一七七六（乾隆四一）年には一六八一万人に増加し、一八二〇（嘉慶二五）年にはさらに二三五七万人に、一九一〇（宣統二）年には四五六三万人まで急増したと推計されている（曹樹基『中国人口史　第四巻　明時期』復旦大学出版社、二〇〇〇年、『同　第五巻　清時期』二〇〇一年）。

したがって清末四川省巴県がはなはだしい訴訟社会となったのは、第一にそこが移民社会であったこと、第二に急激な人口増によって人口圧が高まった社会であったことを挙げねばならない。清末の『巴県档案』を読む者は、そこがエネルギーに満ちあふれた社会でありながら、はなはだ息苦しい雰囲気があることを感じ取るであろう。人口圧によって専制的な統治がもはや不可能となりながらも、しかも出口が見えない社会であることを実感するであろう。

4. 遺産相続に見える寡婦の権利

寡婦の置かれた立場——宋代

中国では古来、父親と母親の遺産は彼らを共同して祀ることとセットで、兄弟全員で平等に相続した。兄弟とはいっても男兄弟だけである。これを承継という。彼ら兄弟は正妻の子供であっても妾の子であってもまったく平等に、厳密に均分相続した。夫を亡くしたいわゆる寡婦に何人かの男の子がいれば、夫在世中に遺産分割しておいてくれるか、そうでなくても自分が適当な時期にすればよく、膳田と呼ばれる老後の収入源も自分で確保しておけばよかったし、自分の死後も息子たちが祀ってくれたから、彼女の生活は安泰であった。一人息子の場合も同じである。

問題であったのは、息子が生まれないうちに夫が死去してしまった場合、あるいは養子もまだ取らずに死去してしまった場合である。この場合、養子は夫の宗族の男子の中から、しかも生まれるはずであった息子と同世代に属するものの中から選ぶというのが、これまた古くからの法であり常識であった。つまり最も普通には夫の兄弟の子供たちの中から選んだ。宗族とは男系の親族である。日本ではあと取り息子がいなくて娘だけがある場合、入り婿といって別の姓の男子を養子とすることが一般的であった。中国の場合、幼い子供の場合でもこれは「異姓不養」といってつとめて避けられたばかりか、承継の場合でも宗族の中から最もふさわしい者を選ぶのが原則であった。

では、寡婦が望む相続対象者が宗族の中にいない場合にはどうなるのか。また寡婦が望む者と亡夫の兄弟などが寡婦の家に相続人として入れ込みたいと思う者とが違うとき、どうなるのか。あるいはすでに宗族のうちの誰かが亡夫の相続人となったのだが、寡婦と仲が悪かったらどうしたらよいのか。これらは中国では大きな問題であり、数多くの訴訟を生んだ。

寡婦が自分の気に入りの者を後継ぎにできたならば、これまた彼女の死後は安泰であった。ところが亡夫の兄弟などが、亡き夫の遺産を狙って自分の息子こそ承継すべきであると言ってきたとき、彼女がこれを気に入らなければ、何とかしてこれを拒否したかったであろう。あるいはすでに寡婦の家に後継ぎとして入ったのだが折り合いが悪い場合、彼女は何とかしてこれを追い出したかったであろう。この場合、宋代では国家の法令によって、彼女が気に入った者を養子に迎えること、気に入らなければ別の者を迎えることを認めていた。先ほど南宋時代の判決文を集めたものとして『清明集』という史料があることを紹介したが、そこでは国家が定めた法令として、「夫が死去し妻がいる場合には、その妻に従う」というのが、判決に当たっての決定的な根拠としてしばしば引用されている。亡夫の兄弟らから、宗族内の某々こそ後継ぎとして適当であるとの訴えに対して、南宋時代の地方官はこの法令を根拠にして、後継ぎの選定は寡婦の意思によるべきであると判決していたのである。この原則は「尊長（同族の長老たち）でも官憲でも、寡婦のこの意思をおさえつけてよい道理はない」と当時は解釈されていた。やむを得ず異姓の子、つまり父系親族ではない者の子供を幼いときから改姓して養っていた場合でも、彼を後継ぎとした寡婦のほうを正しいとする判決すらあった。

明代における寡婦の地位の激変

ところが明代になると、相続をめぐる寡婦の権利は大きく後退する。一三六八（洪武元）年に公布された『大明令』戸令の中に、次のような一条が定められたからである。それは「婦人が夫を亡《な》くして息子がおらず、再婚しないとの志を守ろうとするのであれば、すべて夫の遺産を受け継ぐことができる。宗族の長老（族長）が宗族のうちから同世代の者を選んで、後継ぎとすべきである。寡婦のうちで再婚する者は、夫の家の財産ともと自分が嫁入りのときに持って来た持参金とは、すべて亡夫の家が中心となって処理するのを許す」。ここに宋代では寡婦が亡夫の後継ぎを自由に選定できるという法令から、それは宗族の長老が選定すべきであるという『大明令』へ、寡婦の権利から見るなら百八十度も違う法令へ変化したのである。

さらに『大明令』の中では、次のような規定も書き込まれた。「息子がいない者については、宗族内で生まれてくるはずであったその子と同世代の者を承継させるのを許す。最優先は父を同じくする兄弟の息子、次に祖父を同じくする者、次に曽祖父を同じくする者、次に高祖父を同じくする者とする。もしいない場合に、はじめて遠い宗族や同姓の者を後継ぎとしてもよい」。

すなわち相続順位が亡夫を中心にして、血縁の濃淡に従い同心円的に定められたのである。ここに、後継ぎは寡婦の自由意思で定めると認めなくなっただけではなく、宗族の論理に従ってきわめて機械的におこなうべきだという原理が生まれた。このような法令が出されるに至った背景の一つとして、朱子学つまり宋学が元の時代にはすでに国家の正統儒学となっていたことを、挙げられるであろう。

ところが一方、宋代に見られた「後継ぎは寡婦が定める」という人情のほうも、一概に否定できぬものがあったらしい。明『問刑条例』戸律、立嫡子違法の条例には、「凡そ息子がいなくて後継ぎを立てる場合、律令によるほか、もし後継ぎとなった子供が養父・養母の気に入られなければ、お上《かみ》に願い出て別に立てることを許す。賢能な者や親愛する者を選立した場合、それが同じ宗族内の者で同世代に属するのであれば、宗族の者が後継ぎとなるべき者が有資格者の優先順位どおりではない、との理由で訴訟してくることを許さない。また衙門がこのような訴えを受理することは許さない」と定めている。『大明律』は一三九七（洪武三〇）年に公布されたが、その中の「立嫡子違法」の条にはこのような規定はなかった。これは一五〇〇（弘治一三）年に制定された『問刑条例』の同条になって、はじめて加えられたものである。『問刑条例』はその後、明が滅びるまで『大明律』とともに依拠されたものである。

一三六八年に公布された『大明令』に従い、明代の初めには後継ぎは寡婦ではなく夫の宗族の長老が選定すべきことになったのであろう。少なくとも判決では多くそうであったと考えられる。ところが一方で、これでは寡婦の心情を斟酌していないから不都合である、あるいは逆に『大明令』の規定を盾にとって、宗族内での優先順位どおりに後継ぎを選定すべきである、との訴訟がしばしば起こされるに至ったのであろう。この事態を受け、一五〇〇年の追加となったと考えられる。ここに一見すれば、寡婦の権利を大きく認めていた宋代にもどったかのごとくである。ところが寡婦の立場から見るなら百八十度も違う法令が、一方は『大明令』という根本法典に、また一方は『問刑条例』というこれまた根本法典に併記されたことは、判決に際してこのどちらに軸足を置くかで、寡婦の権利はすっかり違うことになり、きわめて不安定なものになった。

前者の論理を「応継《おうけい》」という。宗族内で順位どおり相続すべきである（継ぐ応《べ》し）という考え方だからである。これに対して後者の論理を「立愛《りつあい》」という。夫と婦人にとって親愛な者を立てるべきだとの考え方だからである。裁判に当たる者は、この両者のバランスを取らねばならなくなった。彼は「応継」の論理に従うならば、寡婦が気に入らない後継者を夫の宗族の者に押しつけられ、これと同居していかざるを得なくなる苦しい胸の内をくみ取り、「立愛」に軸足を置いて判決を下しながら、一方の「応継」の論理、そこにある宗族の論理も無視できないために、寡婦に対しては「立愛」を許すとともに、その代償として「応継」を主張する者に何がしかの金銭を与えよ、と命ずるようになった。

清代における承継―清末一訴訟案件から

清代になると「立愛」と「応継」はともに『大清律例』戸律、立嫡子違法の中に併記されるに至った。「立愛」は寡婦の自然の「情」を重んじるもの、「応継」は宗族の論理、血縁を重んずる「理」の立場に立つものといってよい。「情」を重んずべきか「理」を重んずべきかが同じ『大清律例』で両方とも正しいとして併記される以上、清一代を通じて承継訴訟すなわち遺産相続訴訟は簡単には解決がつかなかった。このため一七七五（乾隆四〇）年には、後取り息子を取った父・母が「応継」の者を気に入らなければ、別に「立愛」するのを許すという条文を再確認するとともに、今後「応継」の立場の者、つまり宗族のうち財産をねらう者が訴訟を起こせば、地方官はただちに彼を懲罰せよ、そしてきっぱりと「立愛」させよと新法令を定めている。

ではその後、この寡婦が後継ぎを選定する権利はここに確保されたのだろうか。清末の情況がどうであったか、『太湖庁档案』（国会図書館蔵『太湖理民府文件』第二二二冊）に見える一訴訟案件を取って見てみよう。

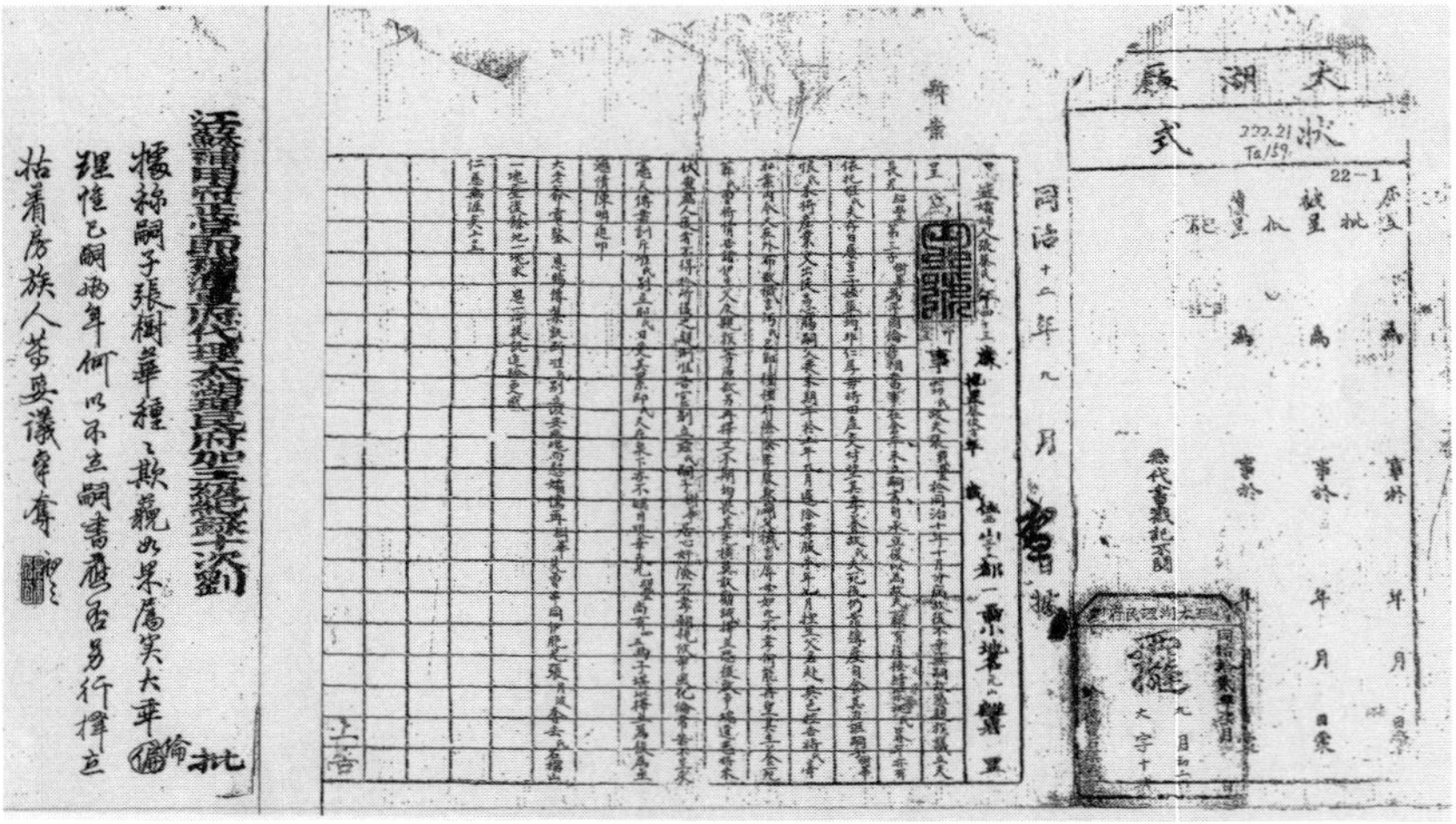

図 6-3　張蔡氏が提出した訴状と地方長官による判断・指示

〔『太湖理民府文件』（国会図書館蔵）より〕

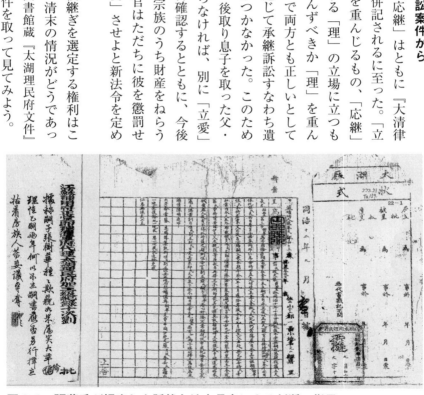

一八七三（同治一二）年九月三日、亡夫張載豊の妻張蔡氏は、すでに後継ぎとなっていた張時華（一名張樹華）が気に入らないとし、彼にかえて別の者を後継ぎにしたいと訴え出た。彼女は四三歳であった。張時華は亡夫の兄張紹豊の第三子であったから、承継順位から見れば第一位であったし、彼を後継ぎとして選定したのは親族による公議の結果であった。「応継」という論理から見れば、張時華が後継ぎとなったことにまったく問題なかった。

ところが張蔡氏と張時華は仲が悪かった。二人の関係がこじれた最大の原因は、張蔡氏が亡夫の遺産をただちに彼に譲らなかったためである。実質的に承継がなされながら、嗣書すなわち張時華を後継ぎとして定めるとの文書がつくられなかったのは、もともと張蔡氏には遺産を彼に与えまいとする意図があったのかも知れない。彼女は訴えるに際して、『大清律例』立嫡子違法の一条「後取り息子を取った父・母が「応継」の者を気に入らなければ、別に「立愛」するのを許す」を引用しつつ、これを根拠にして訴え出た。これは「立愛」の論理によるものであって、これまたまったく問題がなかった。

裁判に当たった当地の長官太湖庁理民府同知は、この問題については房・族の者たち、つまり宗族の者で協議せよと指示した。

五日後の九月八日、張蔡氏は再び訴状を出し、指示はいただいたのだが、宗族の者は張時華を畏れて何も言わない、ついてはやはり法律にてらして裁判で決着をつけてほしい、と再度述べた。これに対する太湖庁理民府同知の意見には、「後継ぎとなった者が常日頃から親愛されないのであれば、おそらく二人とも安心して暮らせないであろう」とある。この「親愛」という言葉はすでに見たとおり、『大清律例』立嫡子違法に見える言葉であり、「立愛」を正しいとする立場をあらわす。裁判に当たった者が人情を重く見て「応継」と「立愛」の二つの論理のうち、ここで「立愛」のほうに軸足を置いていたことは明らかである。さらに彼は亡夫の兄張紹豊に対して、寡婦の意を体して房・族の者を集めて協議し、別の者を立てるようにと命じている。この間、太湖庁の長官は交代したが「立愛」に軸足を置く点では変化がなかった。

一〇月になると関係者が集まり協議がなされた。この協議に参加したのは、族長張紹豊、房長張永貴・張永安、それに張蔡氏本人と彼女の実家側の蔡時香であった。協議による結論が興味深い。その一つは張時華とともにその弟張時正の二人をともに後継ぎとして立てるというものであった。もう一つは亡夫の遺産はその一部を張蔡氏の老後の生活費とする分を除き、張時華・張時正の二人に完全に均分することであった。

「立愛」するとは「応継」を主張する者を斥けて、寡婦がその親愛する者、気に入った者を後継ぎに立てることであるが、「応継」が『大清律例』の一条として生きている以上、寡婦の思いどおりに簡単にはいかなかったのである。かつて宋代であれば、「夫が死去し妻がいる場合には、（後継ぎの選定は）その妻に従う」との法令があった。ところが明代になると『大明令』に「応継」の論理が持ち込まれたため、寡婦は何とか仮に「立愛」できたとしても、「応継」を主張する者を完全には排除できなくなった。すでに見たとおり、明代以降の判決では寡婦に対して「立愛」の立場を是としてこれを認めながら、一方で「応継」を主張する者にも配慮して何がしか金銭で償いせよ、と命じていた。張蔡氏ならびに張氏宗族、蔡氏関係者の間でなされた協議では、一方で寡婦の主張どおり「立愛」を認めるとともに、一方で「応継」を主張する者に対するこの金銭的な償いについては、気に入らない彼を二人の後継ぎのうちの一人にとどめるとともに、亡夫の遺産の半分を与えるという形をとっておこなうことになったのである。「立愛」と「応継」とを見事に両立させる協議であった、といってよいであろう。

ところがさらに話は続く。実際には、この協議は実行に移されなかったからである。張蔡氏は翌年の二月四日付で以上のような協議がなされたことを地方官に報告し、証拠書類としてこのときつくられた後継者選定文書と遺産分割文書の原案を提出した。あわせて、張時華が遺産を独り占めしようとしたため、以上の協議は結局成立しなかったと報告しつつ、自分の主張どおり張時正を後継ぎとすることが許されるよう、関係者を集めて裁判で決着をつけてくれるように求めた。

裁判は二月二五日に開かれた。そこに召喚されたのは張蔡氏、族長張紹豊、房長張永貴・張永安、後継者として名が挙がっている張時華と張時正、張蔡氏に代わってこれまで訴状を提出してきた蔡俊方、それに当地の地保（世話人）唐心田の計八人であった。そこでどのような取り調べがおこなわれ、どのような主張を述べあい、結局どこで合意し判決となったのか。

結論をいえば、やはり張時華を後継ぎとすることで決着した。張時正は兄張時華には何も悪いところはない、張蔡氏と衝突したこともなければ彼女をバカにしたこともなかった、と兄をかばった。張時華本人も張蔡氏には常に孝順であり口喧嘩もなかった、彼女は他人にそそのかされて後継ぎを別に立てたいと願い出たのだ、と述べた。房長の張永貴・張永安はやはり張時華を後継者とするのがよい、今後は孝養をつくすように、と言った。張蔡氏自身、族長・房長の公議に従い、張時華を後継ぎとすると納得した。亡夫の遺産はすべて張時華が受け取り管理することを認め、自分には毎年米四石と銭一二千文（一千文が銭の単位）を支給すべきである、と求めた。地方官は言うまでもなく、以上の合意は関係者全員の合意であるからこれを認め、張時華を後継ぎとする判決を下した。

張蔡氏の完全な敗訴である。法律では「立愛」が認められ、地方官も明らかにこれに軸足を置いていた。しかし彼女自身はこのような結果になることを見越していたのかも知れない。だから前年の一〇月段階では、「立愛」と「応継」を両立させる妥協案を出したのかもしれない。

仮に寡婦の権利という視点に立つなら、中国近世である宋から清までの数百年間で、宋代に最も寡婦の立場を重視した判決がなされていたといってよい。近代主義的な観点に立つなら、この事例は数百年後の清代のほうが社会は後退したのではないかと思わせるものがある。

漢代から清代にかけて、宋代に訟師が登場するなどによって訴訟が「冤結」しなくなったことは、社会の大きな進展を示す。明末になると訟師秘本が民衆のところまで降りて来ていたことも、最も基層にある社会でも文化的に豊かになっていたことを示すであろう。しかし一方で中国ではヨーロッパが生み出したような弁護士制度を自ら生み出すことはなく、訟師を最後まで禁圧したことも忘れてはならない。ここにも中国固有な「型」を見るべきである。そして訴訟と社会においてもまた、宋代に生まれた朱子学が清末まで大きな影響力を与えたことと、明初洪武帝の時代に大きな変化があったこととをここに見るべきである。

研究課題

1.「訟師」は中国近世の政府からどのように扱われていたのであろうか。彼らはどのような業務をしていたのであろうか。現代の弁護士と比較しつつ考えよ。

2.中国明清時代には、寡婦はしばしば再婚を強要されていた。強制再婚にかかわる研究と魯迅『祝福』とを読み、このようなことがなぜ起こっていたのか考えよ。

参考文献

夫馬進「明清時代の訟師と訴訟制度」(梅原郁編『中国近世の法制と社会』京都大学人文科学研究所、一九九三年)
夫馬進「訟師秘本『蕭曹遺筆』の出現」(『史林』第七七巻第二号、一九九四年)
夫馬進「中国訴訟社会史概論」(夫馬進編『中国訴訟社会史の研究』京都大学学術出版会、二〇一一年)

費孝通『支那の農民生活―揚子江流域に於ける田園生活の実態調査』〈仙波泰雄・塩谷安夫訳〉（生活社、一九三九年）
宮崎市定「宋元時代の法制と裁判機構」（『宮崎市定全集』第一一巻、岩波書店、一九九二年）
厳耕望『中国地方行政制度史』上編巻上〔秦漢地方行政制度〕（中央研究院歴史語言研究所、一九七四年）
中島楽章『明代郷村の紛争と秩序』（汲古書院、二〇〇二年）
夫馬進「中国明清時代における寡婦の地位と強制再婚の風習」（前川和也編『家族・世帯・家門―工業化以前の世界から―』
ミネルヴァ書房、一九九三年）
滋賀秀三『中国家族法の原理』（創文社、一九六七年）

7 高麗から朝鮮への王朝転換

吉田　光男

《本章のねらい》　この章では、高麗から朝鮮への王朝転換とその意味を、鄭道伝の国家構想と具体的な政治過程を通して見てゆく。その中で歴史学的手法により、史料に基づく実証を根拠として、従来の政治史理解の持っている問題点を検討し、少しでも実態にせまる道筋を示してみる。

《キーワード》　儒学、士大夫、士族、官僚、中央集権、冊封、クーデタ

1．朝鮮王朝の開創

王朝転換の意味

高麗から朝鮮への王朝転換は、朝鮮史の流れを考える上で、大きな画期となる。それを四つの面から見ていく。

第一に、思想・宗教面の転換である。高麗時代に政界・王家に深くくいこんでいた仏教を政治的舞台の正面から降ろし、儒学（朱子学、性理学）を国家の正統思想としたことである。第二に、軍事力の中央集権化である。高麗時代後期の崔氏政権など、権勢家の手にあった私的軍事力を廃止し、政府軍に一括したことである。第三に、官僚機構の整備と政治の中央集権化である。官僚機構を整備し、国王を最高権力者とする整然とした全国支配体制を形成した。第四に、地方土着勢力の排除である。高麗時代か

ら地方で支配力を持ってきた郷吏階層を排除し、政府と関係を持つ品官に地方支配者の地位を代替させた。

一三九二年、高麗の都開京の寿昌殿で、李成桂（即位後は李旦と改名。朝鮮太祖、在位一三九二～九八）が恭譲王（在位一三八九～九二）から譲位されて、第三四代高麗国王に即位した。ただし、明がこれをただちに認めたわけではない。二代さかのぼる禑《ぐ》王（在位一三七四～八八）が、明皇帝洪武帝から正式に高麗国王への冊封を受けていたからである。李成桂の即位は、高麗国王に冊封した明への叛逆になる。朝鮮側の説明では、

高麗は始祖（王建）開国以来五〇〇年になんなんとするが、恭愍《きょうびん》王が跡継ぎの子がないまま急死したため、時の権臣が政治を壟断してほしいままに妖僧辛旽《しんどん》の息子禑を恭愍王の子供だと称して、勝手に王位にあること一五年になる。こうしてすでに王氏の祭祀は途絶えてしまった。禑は暴虐を尽くし、無辜の民を殺戮したあげく、軍を派遣して遼東地方にいる明を攻撃しようとするに至った。

（『太祖実録』巻一・元年七月丙申、一三九二年）

と、禑王は高麗王家の正統を受け継いでいないので、李成桂が王家の遠縁にあたる第二〇代国王神宗の七代孫（恭譲王）を擁立して王位につけたとする。しかし、これは実際には李成桂らによる国王の追放であり、王位の簒奪であった。このような説明に深い疑念をいだいた明洪武帝は、恭譲王を高麗国王に冊封しなかった。恭譲王は国内的には高麗国王であったが、明からは、権署国事つまり仮に国政をあずかっているというかたちであり、恭譲王も明に対しては高麗権署国事と名乗っていた。李成桂の片腕裵《はい》克廉《こくれん》らは、故恭愍王の妃王大妃定妃に、

現在の国王は愚かで、君主としての徳がなく、人々の心は離れてしまった。もはや国家・人民の主となることはできないので、国王の位を廃止することをお願いする。

（『高麗史』巻四六・世家・恭譲王四年七月辛卯、一三九二年）

とせまり、彼女から李成桂への禅譲が勧められたというかたちになっている。だが、これはあくまでも後に朝鮮王朝が作成した正史『高麗史』の説明するところなので、さまざまな造作が加わっているところと見るべきだが、高麗政府の根幹を李成桂が制御していたことは間違いない。しかし、やはり洪武帝は李成桂即位の正統性を疑問視し、国王号を認めなかった。恭譲王と同じく、仮に国政をあずかっているという意味の権知国事を名乗って新国家と国王位の承認を願い出た李成桂に対して、洪武帝は、

東夷の国号は、朝鮮という名前が最も美しいし、その来歴が長い。

（『明太祖実録』巻二二三・洪武二五年閏一二月乙酉）

として、新国号「朝鮮」を裁可し、事実上、高麗から朝鮮への王朝交替を認めたものの、李成桂を国王に冊封はしなかった。朝鮮国王への冊封は、朝鮮王朝第三代国王太宗（李芳遠、在位一四〇〇～一八）のときになる。明第二代皇帝建文帝（在位一三九八～一四〇二）の三年（一四〇一）であった。

建文帝は、朝鮮権知国事李芳遠が、父と兄（太祖と定宗）の時期から安定した国土支配を実現し、その間、明に朝貢を続けて礼を尽くしてきたことをもって、朝鮮国王へと冊封し、国王印を授与した。当時、北方を支配していた燕王（永楽帝）を牽制するために、北京に近い朝鮮の建国を認めたと考えられる。

鄭道伝の国家構想

朝鮮王朝の開創は、李成桂の軍事的圧力によって実現したが、政治面における転換の枠組みを準備したのは、鄭道伝（一三四二～九八）であった。

鄭道伝は一代の碩学李穡《りしょく》（一三二八～九六）の弟子で、一時期、孟子に傾倒していた。李成桂が高麗の東北面（咸鏡道地方）を基盤とした武人時代に知己となった。李成桂と手を結んだ士大夫の重鎮鄭夢周（一三三七～九二）によって流罪に処せられていたが、李芳遠が鄭夢周を暗殺することで復権し、李成桂の推戴を支えた。朝鮮王朝開創最大の功労者として、開国功臣第一等を授与され、門下侍郎賛成事、判都評議使司事、判義興三軍府事など文武の要職を占め、政府最高の権力者となった。新宮殿と新王都漢城の坊（行政区画）の名称をすべて定めるほど、李成桂の信頼が厚く、それだけの実力を持っていた。

鄭道伝は李成桂の要請により、中国にならって、政治を吏・戸・礼・兵・刑・工の六典に分けて国家運営をおこなうべく、王朝開創二年後の一三九四年に『朝鮮経国典』を著して政治の理念と枠組みを提示した。これが朝鮮王朝の基本法典『経国大典』（一四八五年完成）の基礎となり、朝鮮王朝最後まで、国家的枠組みを規定していくことになる。

その翌年、鄭道伝は、『朝鮮経国典』の要諦をまとめた『経済文鑑』で、国家の基礎としているのは、宰相、言官（台官と諫官）、軍隊、地方官の四つであると規定した。そこで目指されたのは、官僚主導による行政と軍事の中央集権的支配体制であり、君主（朝鮮国王）の絶対的な権力は認めていない。

国家の要《かなめ》は宰相であり、宰相たる者は、

天理の所在を求め、自らの心を正しいところに置き、そこから君主の心を正すのである。（『経済文鑑』上）

という。

国王といえども、臣下の正しい言葉は聞かなければならないという。それを具現化したものが、言論を掌る言官の力である。官僚の監察や綱紀粛正を担当する台官（司憲府官僚）と、国王に諫言を呈する諫官（司諫院官僚）である。この二つの官職の存在によって政治の不正腐敗を防ぐのである。台官の制度は中国から移入され、朝鮮王朝においては、国王を制約する大きな力を持った。

軍事については、兵農一致による府兵制を義興三軍府によって再建することを提案する。高麗が滅亡したのは、元の支配を受けて以来、軍隊が私兵化して権力者の走狗になったからだとして、文を上位におく考えを否定する。

『朝鮮経国典』において鄭道伝は、

六典すべてが政治である。しかしひとり兵典だけはこれを政典というのは、軍事力が人の不正を正しくするゆえんだからである。己を正しくするものだけが人を正しくすることができる。『周礼』をよく読むと〔中略〕聖人が軍事を重視する意味が見てとれる。

と軍事の重要性を強調しているが、『経済文鑑』ではさらにこれを敷衍して、

文（学問）が政治をおこない、武（軍隊）は戦乱を巻き起こすというが、文武両職は人間でいえば両肘のようなものである。どちらかに偏ってはならない。だからわが王朝はすでに多数の官庁を設置するとともに、各種の軍隊を設置している。これは文武の職を平等にするためである。府兵の制度は、高麗時代の旧制を踏襲しているが、高麗の最盛期の府兵は唐の制度を取り入れており、高く評価することができた。しかし時間が

経つとともに制度が大きく損なわれ、ついに国を失うに至った。

と述べている。

朝鮮王朝は、李成桂の軍事力を背景に成立した王朝である。「武」がつくった政権であることは間違いない。問題は、その「武」をどのように制御するのかであった。それをよく理解していたのが儒学者であり、同時に軍を率いて李成桂政権樹立に貢献した鄭道伝であった。

地方官は、政府権力による中央集権的地方支配の貫徹のための要《かなめ》である。中央の官僚機構を整備するだけではなく、地方にも政府官僚を守令（地方長官）として派遣し、政府の一貫した支配体制の末端に位置づける。そのときに排除すべき対象は、高麗時代以来、地域に土着していた地域権力である郷吏勢力である。高麗時代初期から中期の郷吏勢力の人々は、地域支配実務を担当する一方、政府官僚の供給源であった。科挙などを通して中央政界へ進出したが、官僚退任後は故郷に戻って郷吏になるなど、郷吏と官僚は階層的に画然と分けられるものではなかった。政府官僚は地方勢力という基盤の上に政界に進出していたのである。

高麗後期になると事情が変化してくる。中央政界にとどまって官僚として再生産する人々があらわれ、貴族化的傾向が出てくる。一方、元による支配に抵抗する中で功績をあげた郷吏たちが、報償として名目上の官職である添設職を授与され、郷吏に残った人々との間で確執を生み出した。これら、官位官職を持ったまま地域社会にとどまる人々を留郷品官と呼び、政府は地方支配を進めるための協力者として位置づけていった。土着的な支配者である郷吏たちは、仏教、道教、巫教という土俗的な世界に生きていた。鄭道伝は、その彼らの力を奪い、王朝に直結する士大夫を国家経営の根幹に据えるべきだとした。とりわけ仏教は排撃される。それは、仏教が、子として父を父とせず、臣下として君主を君主としない。〔中略〕人倫を棄てる。からだと激しく攻撃し、「仏法」が入って以来、中国では梁の武帝をはじめ「仏に事えて禍を得」てきたのではないかと力説する。釈迦の教えは「虚」であるのに対して、吾が儒は「実」である。儒学を修めた士大夫が政治を独占し、仏教は政治から排除し、宗教としての枠に閉じ込められなければならないとした。

（『経済文鑑』下）

李芳遠の権力掌握

鄭道伝は一三九八年、突然の死をむかえる。

この年、李成桂の後継者をめぐり、王子の間で軍事衝突が起こった。李成桂が後継者（世子）として李芳碩を指名したことに対し、李成桂の片腕として辣腕をふるっていた異母兄李芳遠が決起し、王子たちが私兵を動員して戦闘を繰り返した結果、李芳遠が勝利した。鄭道伝は、李芳碩側についたため、李芳遠に殺害された。李成桂は退位して上王となり、王位は李芳遠の同母兄李芳果に譲った（定宗）。しかし、これは李芳遠に対する反感を緩和するための措置であり、一四〇〇年、最後まで強く敵対した同母兄李芳幹を武力で排除した後、李芳果を上王におしやって第三代国王に即位した（太宗）。軍事力の勝利である。

李芳果の位置は微妙で、李成桂から正式に国璽を渡されて王位につきながら（『太祖実録』巻一五・七年九月丁丑）、後々まで李成桂の正統的な後継者として認められず、諡号である恭靖大王と呼ばれ、廟号定宗が賜与されて正式に第二代国王と認定されたのは、死後三〇〇年近くたった一六八一年（粛宗七年）のことである。王朝創始時期は不安定要素に満ちていた。この点で、明の建文帝・永楽帝時代と似ている。すなわち、建文帝は、洪武帝死去の後を受けて即位したが、永楽帝（燕王）に王位を簒奪されて廃位され、明の皇帝位は永楽帝の子孫に受け継がれたため、明末期まで、皇帝であったことを認められなかった。皇帝に追認されたのは、三〇〇年以上を経た一七三六年（乾隆元年）のことであった。

軍事力で敵対勢力を圧倒した李芳遠は、王権への権力集中政策を実行に移す。

第一は、官僚機構の整備による行政の中央集権化である。高麗時代から引き続いて臣下たちの権力基盤であった三司を廃止して、議政府を官僚機構の最高位に置いた。さらに、その議政府が官僚を動かそうとする議政府署事制を強化するや、重要政策は官僚が国王に直接、判断を問うシステムである六曹直啓制を実施して対抗しようとした。

第二に、王族や功臣たちが所有していた私兵を廃止し、軍事力を義興三軍府に一元化して国王の支配の下に置いた。朝鮮政府はそれまでにない大きな軍事力を傘下に収めることができ、国家経営の基盤を固めることができた。

第三に、政界から仏教を放逐し、儒教を国家の基本思想とした。こうして、国王の下に儒学を修めた士大夫官僚群が国家を支え、軍事力を統括した中央集権国家の基礎が定められた。

鄭道伝を排除し、王権の強化を追求したのが太宗李芳遠である。彼の中央集権的政策はほとんどが鄭道伝の引いた設計図の上にあったが、国王を官僚に対して絶対的に優越させようという点で、鄭道伝とは決定的な対立があった。太宗は在位一九年で息子世宗（在位一四一八～五〇）に王位を譲って上王になり、裏面から政治をコントロールした。すでに自分の傀儡として擁立した定宗の治政期に設置していた宝文閣を拡充して集賢殿とし、優秀な若手官僚を選抜して知的・政治的エリートとして養成した。集賢殿出身者たちは、有能な官僚として世宗時代の政治を支えると同時に、『訓民正音』（正音、諺文、ハングル）の創製をはじめとする各種文化事業を推進した。集賢殿出身者たちは世宗にとって最も信頼できる臣下たちであった。まさに子飼いの優秀な部下たちになるはずであった。

2. 王権と臣権

幼年の国王端宗

末松保和は、朝鮮時代初期の政治を、王権と臣権のせめぎあいと見た。先の太宗と鄭道伝の間の矛盾と確執は、王朝開創後、約半世紀して政府内に大きな権力闘争を生み出した。

世宗の死後、王権は厳しい状況に置かれる。一四五二年、世宗を継いだ文宗（在位一四五〇～五二）が在位二年で急死したからである。その長男端宗（在位一四五二～五五）が第六代目朝鮮国王として即位するが、わずか数え一一歳の少年であり、国家運営は、文宗から端宗を輔弼せよとの遺命をうけた顧命大臣である金宗瑞《きんそうずい》（一三八三～一四五三）、皇甫仁（?～一四五三）らの手に委ねられることになる。

世祖のクーデタ

官僚に国政の主導権を掌握され、王族が排除されるという危機感を持ったのが、文宗の弟首陽大君（後の世祖）である。首陽大君は一四五三年、韓明澮《かんめいかい》（一四一五～八七）、申叔舟（一四一七～七五）らと手を結び、金宗瑞、皇甫仁らを武力で排除し、彼らが後ろ盾としようとした弟安平大君を流配刑に処して一挙に権力を掌握した（これを癸酉靖難《きゆうせいなん》という）。

首陽大君はさらに二年後の一四五五年、不徳の故をもって端宗に禅譲させて王位に上り（世祖、在位一四五五～六八）、端宗は江原道寧越の山中に流配させた。翌年、成三問らを主導者とする端宗復位謀議が発覚し、関係者七〇名ほどが処刑され、端宗は国王となった叔父世祖（首陽大君）から賜与された毒薬をあおいで自決に追い込まれた。端宗は死後、悖徳《はいとく》の王として宗廟に祀られず、魯山君という国王庶子の王子称号で呼ばれることになった。現在、端宗と呼ばれているが、これは一六九八年（粛宗二四年）に廟号端宗を追尊されて宗廟に祀られたからである。

このように、不徳・悖徳のゆえをもって国王が廃位に追い込まれることが朝鮮王朝の一つの特徴である。この後も、第一〇代国王燕山君と第一五代国王光海君は、臣下の武力によって王位から追放され、死後、宗廟に祀られていない。つまり王位にあったことが否定されるのである。魯山君としたところに、世祖ないし世祖政権に参加した官僚たちの意志があった。世祖は死後、宗廟に祀る際に、太祖に続いて二人目になる「祖」を廟号として付与されたが、悖徳の君主によって危機に陥った王朝を中興させたと評価されたからである。

端宗は、少なくとも首陽大君周辺の人々から見れば、王朝創始以来初めての幼い国王であり、基盤の固まりきっていない朝鮮という国にとって大きな不安材料であった。しかも、顧命大臣への権力集中により、文武に優れた力量を認められていた首陽大君が政治権力から排除される状況にあった。金宗瑞、皇甫仁らによる権力独占でもある。癸酉靖難は、これに対して首陽大君が、弟譲寧大君の協力も得て、顧命大臣派に属さない官僚グループも巻き込んで一挙に権力を掌握した政変である。

そのような国内的危機とともに、朝鮮にとって最も重要な外交相手国である明が存亡の危機に至るという危険な状況にあった。一四四九年、明は、オイラート部を率いてモンゴル高原から来襲したエセン汗の軍に大敗北を喫し、土木堡の戦いで皇帝英宗がオイラート部の捕虜となるという混乱時期にあり、朝鮮ではその波及に備えるに幼い端宗では力不足であるとの不安があった。時代が世祖のような強力な支配者を必要としていたともいえよう。

兄の子で幼い端宗を放逐した上に死に追いやったとして、世祖は悪評が高い。その過程で抵抗した多くの官僚士大夫が処刑されたり、政界から追放されたり、あるいは自ら二君に事えるのは潔しとしないで下野していった。世祖は、正統的な地位にあった端宗に不徳・悖徳の汚名を着せて権力を簒奪した者としてその後、多くの士大夫から批判を受けた。

一方、端宗の復位をはかったとして処刑された金宗瑞や成三問ら六人が、命を懸けて端宗に忠義を尽くした「死六臣」として忠臣の代表と評される。しかし、「六臣伝」を著してこの評価をつくり出した南孝温（一四五四〜九二）は、金宗瑞の門下生であった。死六臣は、金宗瑞に対する彼の尊崇の念の塊であるともいえる。後世、その評価は政府の認めるところとなり、ソウル漢江南岸の露梁津の地に建てられた死六臣廟に位牌が奉安されている。

世祖を批判する両班士大夫の側には大きな矛盾がつきまとった。それは、系図（図7-1）を見れば一目瞭然のように、その後の国王はすべて世祖の子孫たちである。各時代の国王に忠臣であろうとすれば、世祖の政権簒奪を正統な王位継承と認めることになる。それゆえに、端宗は死後一世紀以上にわたり、魯山君のままであった。儒教原理主義的な傾向が強くなった粛宗代になって一つの修正がほどこさ

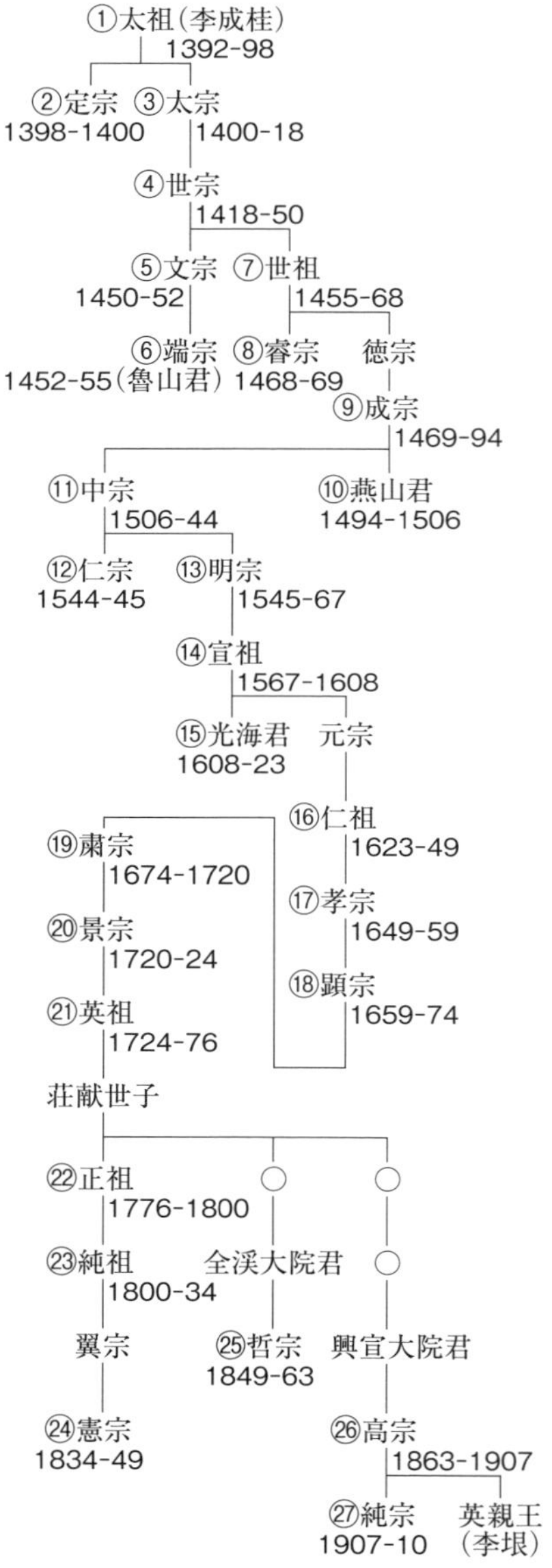

図 7-1　朝鮮王朝略系図

れたのである。

3．士禍

士林派と勲旧派

一般的な政治史理解では、一五世紀後半の世祖政権を成立させた権力者たちが、士林と呼ばれる、性理学を身につけた地方出身の儒者たちを弾圧し、さらに燕山君（在位一四九四～一五〇六）と中宗（在位一五〇六～四四）の二人の国王の時代に「士禍」と呼ばれる大弾圧がおこなわれたとされる。儒者たち士林派を弾圧した既成権力者たちは、勲旧派と呼ばれ、政治を壟断して国家の方向性を誤らせたとされる。

世祖政権は、武力によって国王（魯山君）から権力を簒奪して成立し、そのときに功績をあげた人々が功臣として権力層を構成したといわれている。近世政治史の中では、彼らおよびその子孫を勲旧派と呼び、弾圧を受けた儒者たちを士林派と呼ぶ。

しかしここで前提として考えておかなければならないのは、史料上に「勲旧派」と「士林派」という用語が出てこないことである。いまそれらの初出を明確に指摘することはできないが、近代になってから分析概念として提案されたことは間違いない。

「勲旧」という用語は『朝鮮王朝実録』に頻出する。『朝鮮王朝実録』は、国王の死後に次の政権を担う人々によって編纂されたものであるから、厳密な意味で同時代史料とはいえない。しかし「実録」とあるように、実際の記録をもとにして記述されており、しかも、国王死後まもなく編纂が開始されるから、そこで使われる用語は、同時代のものと見て大過ない。

『朝鮮王朝実録』における「勲旧」の初出は太祖元（一三九二）年七月一八日、つまり、朝鮮王朝が出発したその日であり（『太祖実録』巻一・元年七月丁酉）、これ以来、各王代ごとに頻出する。いずれも、「かつての功績」という意味であり、政治史でいうところの勲旧派とは異なる。

世祖政権成立に功績のあった人々は、靖難功臣・佐翼功臣の称号を授与され、政権の中で重きをなした。それを『世祖実録』では「勲旧大臣」、「勲旧之臣」といい、後の『睿宗実録』や『成宗実録』になると、それに加えて彼らの子孫である人々が「勲旧之裔」、「勲旧之後」として出てくる。そこにはほとんど批難されるような表現はない。あくまでも、国家・国王に対して功績をあげたことが「勲旧」である。一四九八（燕山君四）年に、『成宗実録』編纂に当たって、師である金宗直（一四三一～九二）の書いた世祖の政権簒奪を批判する文言をすべりこませようとした金馹孫《きんにっそん》は死罪に処され、すでに死亡していた金宗直は墓を暴かれて屍を切り刻まれる剖棺斬屍の刑に処された。

金宗直自身、世祖政権成立後も高級官僚として高い地位にあり、成宗代には、国王の秘書官庁である承政院の高官である左副承旨、さらに文官人事をおこなう吏曹の次官である参判、儒学の最高権威である芸文館と弘文館の次官である提学などを歴任した。勲旧に頼らなくとも、あるいは世祖政権の成立に批判的であっても、政権の中でその能力が認められていた。「勲旧派」だけが権力者であったとはいえない。

「士林派」についてもこれと同様で、同時代史料には用語として出てこない。出てくるのは士林という表現である。『朝鮮王朝実録』では、太祖元年八月一九日という政権成立一か月後（『太祖実録』巻一・元年八月戊辰）から、儒学を身につけた者という意味で士林が頻出する。少なくとも勲旧派が士林派を抑圧したとされる世祖・睿宗・成宗代の『朝鮮王朝実録』には、「勲旧」と「士林」との対立はうかがわれない。勲旧派と士林派の対立という従来の政治史の理解には疑問が残るのである。

また、勲旧派と士林派の戦いの頂点として、勲旧派が士林派を弾圧した「士禍」という概念での政治事件のとらえ方がある。そのうち、戊午《ぼご》士禍（一四九八年）、甲子《こうし》士禍（一五〇四年）、己卯《きぼう》士禍（一五一九年）、乙巳《いっし》士禍（一五四五年）の四つを代表的なものとして四大士禍と呼ぶ。

しかし、これを子細に見てみると、果たしてこれらを同列に並べてよいのか強い疑問が湧いてくる。戊午士禍は、燕山君が、『成宗実録』編纂の際に、世祖の政権簒奪を批判した文章をすべり込ませようとしたことに対して懲罰を加えたものであり、「史禍」とも呼ばれる。弾圧されたのは、記述の担当者金馹孫と、元の文章を書いた故人金宗直であり、士林一般に累が及んだわけではない。死罪に処されたのは、六人でいずれも金宗直の門人である。その外は、金宏弼《きんこうひつ》（一四五四～一五〇四）などの金宗直門下にあった大物も含め、二〇人余りが杖刑か流配刑に処されている（『燕山君日記』巻四〇・四年七月庚申）のみである。戊午士禍の実態は、燕山君の祖に当たる世祖に対する批判をおこなった金宗直一派に対する弾圧であり、決して大弾圧、それも士林派全体への大弾圧があったとは言い難い。

甲子士禍は、燕山君が、生母である宣祖妃斉献王后尹氏の死に関与した人々に対して報復をおこなった事件であるが、死刑に処されたのは、金宏弼など一〇人余りで、そのほか、過酷な拷問で死亡したり、流罪後に処刑されたりした人々を入れても、死亡した人はそれほど増えない。それより、注目すべきは、すでに死亡していた、韓明澮など成宗代の重臣たちが八人、剖棺斬屍の刑に処されていることである。とりわけ韓明澮は、世祖政権成立の最大の功労者であり、科挙文科に及第しないまま、官僚としての最高位である議政府領議政に就いて権勢を振るい、成宗政権最大の後ろ盾となった勲旧派中の代表的な人物である。この士禍は、燕山君の個人的な怨恨を晴らすことが目的であり、弾圧されたのは、士林派・勲旧派を問わない。勲旧派による士林派の弾圧とはいえない。

己卯士禍は趙光祖（一四八二～一五九二）一派に対する弾圧である。趙光祖は金宗直の門下であり、若くして秀才の誉れ高く、中宗に登用されたが、原理主義的な色彩の濃厚な道学政治を実行したことに対する反発と、中宗擁立に対する功績で靖国功臣号を授与された一〇七人の重臣の中、七六人を虚偽であるとして、功臣号の剥奪を要求した（『中宗実録』巻三七・一四年一〇月乙酉）ことによる反発により、失脚した。重臣たちから排除されて流配の後、王から毒薬を賜与されて自決し、関係の深い人物数名が流配されて配地で死去したほかは、官職を罷免されるにとどまる事件である。

乙巳士禍は右の三つとは様相が異なる。中宗の後継者をめぐり、世子（後の仁宗）を擁立する尹任（一四八七〜一五四五）と慶源大君（後の明宗）を擁立する尹元衡《いんげんこう》（?〜一五六五）をそれぞれ中心とするグループ間の闘争が発端であり、一五四四年、いったん仁宗（在位一五四四〜四五）が即位したものの、その翌年病死して明宗（在位一五四五〜六七）に代わったため、権力を掌握した尹元衡が仁宗擁立派を弾圧した事件である。士林派と勲旧派の問題ではなく、本質的には外戚同士の権力闘争に周辺が巻き込まれた事件であった。大方の論者もこの士禍の性格がほかの士禍とは異なることを認識しているが、勲旧派も時代とともに士林派に転換したなどと、合理化して理解しようとしている。この事件に直面した李滉《りこう》（李退渓、一五〇一〜七〇）は身の危険を感じて下野して故郷に戻って学究生活に入り、李滉が尊敬してやまない李彦迪《りげんてき》（一四九一〜一五五三）は、尹元衡から要請された両班士大夫の身元調査を嫌って下野した。

以上のように検討してみると、勲旧派が士林派を弾圧したという常識的な「士禍」の姿が浮かび上がってこない。弾圧対象を見てみると、戊午士禍は金宗直の門下生、甲子士禍は燕山君の生母殺害関係者で多くは金宗直の門下生、己卯士禍は金宗直門下生のうち趙光祖一派、乙巳士禍は反尹元衡派の人々である。

こうしてみると、四大士禍といわれるものは、とうてい勲旧派による士林派の弾圧事件とはいえなくなる。弾圧されたものとして浮かび上がってくるのは、金宗直の流れを汲む人々である。

勲旧派と儒学・科挙

表７-１は、官僚として最高位にあった議政府議政（領議政・左議政・右議政）が官界に入った経路をまとめたものである。圧倒的に科挙文科出身者の多いことがわかる。ただ、クーデタで政権を掌握した世祖のときは、蔭叙で官界に入ったものの比率が高い。しかし彼らは、父祖が高位高官に就いていたことのお蔭で任官できたのであるものの、儒者としての教育を受けていたことは間違いない。それより逆に、国家・国王に対する功績のみによって議政になった者がいないことが重要である。つまり、「勲旧派」と呼ばれる人々の実態は、儒学官僚のうち、世祖政権樹立の功績によって政権の要職に就いた者たちである。出自は「士林派」と同じだと見てよい。

実態を通して見ると、勲旧派と士林派の戦いという政治史的理解は再検討の要が出てくるであろう。いわば、政権与党と野党との関係、あるいは主流派と非主流派という概念で見ることのほうが正鵠に近いのではなかろうか。

そこで鍵となるのが、燕山君時代に始まる政治弾圧事件を「士禍」と一律にとらえる視点の批判的解明である。

朝鮮政府の公式歴史記録である『朝鮮王朝実録』で「士禍」という用語がはじめて出てくるのは、すでに四大士禍が終わってから五年後の一五五〇年に完成した『中宗実録』（巻二八、一二年六月己巳）である。そこで述べられているのは己卯士禍のことである。直前の乙巳士禍の初出はそれより半世紀以上遅くなる。その他の士禍が初出する『朝鮮王朝実録』の完成年代を見てみると次のようになる。

戊午士禍・一七二八年（『粛宗実録』巻六〇、四三年八月己酉）
甲子士禍・一七八一年（『英祖実録』巻四二、一二年一二月己巳）
乙巳士禍・一六一〇年（『宣祖実録』巻八、七年二月己未）

表 7-1　議政府議政への経路

（単位：人）

王代	文科	武科	蔭叙	功勲	学行	生進	なし	王族	合計
太祖	1		1				2		4
定宗	4		1						5
太宗	6		4	2					12
世宗	10	2	4						16
文宗	5								5
端宗	1		1					1	3
世祖	9		5			2		1	17
睿宗	2	1							3
成宗	7		4						11
燕山君	8		1	2		1			12
中宗	21	1				1			23
仁宗	2								2
明宗	11					1			12
宣祖	31					1			32
光海君	6		1			1			8
仁祖	18		1			1			20
孝宗	5	1	2						8
顕宗	8	1		1					10
粛宗	26				3	1			30
景宗	4								4
英祖	42					3			45
正祖	21								21
純祖	18								18
憲宗	7								7
哲宗	5								5
高宗	23							1	24
合計	301	6	25	5	3	12	2	3	357

いずれも、「士禍」が起こってから五〇年ないし二〇〇年ほど後のことになる。つまり、後世における過去回想的言説なのである。しかも、士禍の出発点と見られる、燕山君時代の戊午士禍と甲子士禍という言葉が出てくるのは、一八世紀になってからである。

『中宗実録』を編纂した人々にとって切実な問題は、趙光祖たちが弾圧された己卯士禍であった。『中宗実録』を編纂したのは明宗政権をつくった人々であり、彼らには趙光祖たちの衣鉢を継いだとの意識が強かった。その意識を継いだのが、李滉という大儒者である。独学で朝鮮性理学の新たな展開をした李滉は、己卯の士禍で弾圧された趙光祖と李彦迪を尊崇してやまなかった。その李滉は、明宗・宣祖の二王に高く評価され、大きな影響を与えながら、官職に就いた期間は短く、人生の大部分を自己の学問の研鑽と弟子の育成につとめた。一五九二年に始まる豊臣秀吉軍の侵入のとき、滅亡の寸前にまで至った朝鮮を領議政として支えた柳成龍（一五四二～一六〇七）など、多くの門下生が宣祖政権の中枢部に入り、政治の実権を握っていった。

後世の「士林派」「士禍」に対する評価は、李滉以後の士大夫が、自分たちが正統的な存在であることの歴史的根拠の表明であった。

研究課題

1. 一人の人物に焦点をしぼり、高麗王朝から朝鮮王朝への政治体制の変化の歴史的意味を具体的な政治過程に即して分析してみなさい。
2. 朝鮮近世が成立するうえで、士大夫が果たした役割を、政治的側面と社会的側面からまとめてみなさい。

参考文献

高橋亨『高橋亨朝鮮儒学論集』〈川原秀城・金光来編訳〉（知泉書館、二〇一一年）
李泰鎮『朝鮮王朝社会と儒教』〈六反田豊訳〉（法政大学出版局、二〇〇〇年）
岸本美緒・宮嶋博史『明清と李朝の時代』（中央公論社、一九九八年）
末松保和『末松保和著作集第三巻（高麗朝史と朝鮮朝史）』（吉川弘文館、一九九六年）
有井智徳『高麗李朝史の研究』（国書刊行会、一九八五年）

8 朝鮮社会と士族

吉田 光男

《本章のねらい》 前章で見たように、朝鮮近世の社会的特徴の一つとして、「士」と呼ばれる階層が、政治・文化・経済面で支配力を持ったことがあげられる。すでに朝鮮王朝は出発点から、学問知を立身出世の基礎としていた。その中で、士族と呼ばれることになる人々が出現する。本章では、「士」の歴史的性格を通して朝鮮時代後期社会を考える。

《キーワード》 士、ソンビ、士禍、身分、族譜、氏族

1．士とソンビ

士林派政権

いわゆる「士禍」を乗りこえた士林たちは、一五六五年に政権を掌握したといわれる。この年、明宗代に権力をふるった尹元衡《いんげんこう》（一五〇九～六五）が、後ろ盾である姉、中宗妃の文定王后が死亡することで失脚したからである。これを士林派政権という。だが、尹元衡と同時期に政府中枢部にいた人々のほとんどは、その後も権力を牛耳っていた。尹元衡が領議政（正一品）として官僚の最高位にあったとき、領中枢府事（正一品）だった李《り》浚慶《しゅんけい》が新政権の中心となって、趙光祖の名誉回復をおこない、尹元衡と対立して官界から追放されていた人々を復帰させた。彼らは、いずれも、金宗直《きんそうちょく》・金宏弼《きんこうひつ》・李彦《りげん》

迪《てき》・趙光祖の学統を引いている。士林派政権の成立といわれているのは、尹元衡執権時代に追放されていた金宗直・趙光祖系統の人々が政権中枢部に復帰したことを意味していると見ることができる。

従来の、士禍を乗りこえて士林派政権が成立した、という図式は再検討を要するであろう。前章で見た勲旧派といい、尹元衡らといい、いずれも儒学の中でも朱子学を信奉する性理学徒であることでは共通している。今までとは異なった角度からこの時代の政治史を考えてみる必要がある。

士とソンビのあり方

士のことを朝鮮固有語ではソンビという。学問上の先輩として尊敬すべき人物に対する尊称であり、深い敬意がこめられている。朝鮮固有の漢字辞典である各種『玉篇』では、「士」の意味をソンビとしている。このソンビは単なる学者ではない。世俗に背を向け、学問の道に精進して、儒学の教えを実践する学者である。官途に就こうと否とにかかわらず、野にあって批判精神を持っていてこそソンビであると考えられていた。

そのソンビたちが尊敬してやまない儒学者が、嶺南地方（現慶尚道）の大儒李滉《りこう》（李退渓）である。李滉は科挙に合格して将来を嘱望される有能な官僚として朝鮮政府に仕えたが、明宗政権樹立前後の政界の動向に見切りをつけて野に下り、故郷に戻って学究生活に専念することになった。大儒者としての名声は日を追って高まり、多くの官僚・儒者たちが李滉の書斎を訪れ、教えを請い、学問的対話をした。その中には、後に李滉とならぶことになる若き日の李珥《りじ》（一五三六〜八四、号は栗谷《りっこく》）もいた。一六世紀から一七世紀前半の朝鮮儒学界を主導する多くの人材が李滉の影響を受けた。李滉は、明宗と宣祖の二代にわたる度重なる出仕要請に、ほんの短期間、政府の要職に就任しては野に下るという生涯を送った。彼にとっては、世俗そのものである政治の世界は自分の身を置くところではなかった。しかし、彼自身が科挙に合格していったんは政界に身を投じ、野に下った後も、国王の強い要請によって何度か政府の要職についているように、その学問の世界は政治と無縁ではなかった。弟子たちの多くが、科挙に合格して両班（官僚）となり、政界・官界で活躍した。柳成龍に至っては、官僚の最高位である議政府領議政として宣祖の片腕となり、日本軍侵略期の苦境にあって政府・国家を支えた。政府も、あえて科挙に合格せずとも、学識と徳行が優れた人物は、野賢（野に隠れた賢人）として積極的に官僚に登用した。

ソンビとしてこれらの行動が矛盾しているわけではない。李滉の尊敬してやまなかった趙光祖や李彦迪は、自らの学識をもって政府に仕え、道学的政治をおこなおうとして、道半ばにして反対派に放逐された。彼らの儒学は「修身、斉家、治国、平天下」を目指す道学であり、政治に関与して国を正しい方向に導くことは、学問探究の究極の目的になる。李滉たちの目指したのは、道学の探求と実社会における実践であった。

2. 士と身分

四身分論

朝鮮近世の身分に関して、両班・中人・常民・賤民という四つの区分があり、最上位にある両班は世襲で官僚を独占した特権階級であるという広く知られた言説がある。しかし、韓永愚は両班について、それが「特権的な世襲身分ではなく、不断に移動する支配階層に過ぎない。」（『韓国社会の歴史』）とし、身分は良民と賤民に二分され、良民の「最上層は文武の官員」だとする。この韓永愚の身分理解は、朝鮮王朝が誕生してからほぼ一世紀がたった一四八六年、軍政最高機関である兵曹が、国王に対して言上した

わが国の人々は、良でなければ賤という二種類しかありません。

（『成宗実録』巻一八九・一七年三月戊辰、一四八六年）

という同時代人の認識と一致する。この見解は、現在の歴史学研究において定説的な説明になることは間違いない。一般的な身分理解とは大きな懸隔がある。

両班は、文班と武班の総称で、文武の官僚を意味している（『太祖実録』巻一・元年九月己亥、一三九二年）。両班となるには、科挙文科に合格して仕官するのが正統的で最良の道である。その科挙文科合格への道は、士族たちによってほぼ独占されていた。士族こそ両班の母体であったといえよう。

なぜ、本来は政府官僚である両班が、身分の頂点にあるという理解ができてきたのであろうか。これは、歴史における実態と理解という観点から興味深い事例となる。しばらく、それを見てみよう。

士族と両班

朝鮮政府の正式見解では、士族は士大夫の族であり、五品以下を士、四品以上を大夫（『世宗実録』巻五二・一三年五月戊辰、一四三一年）としていた。朝鮮時代初期には、士も大夫と同様、官僚を意味しており、五品以下の官僚個人に対する呼称だった。士族となるには、本来、科挙の生員科または進士科の合格者とその子孫、あるいは父・祖父・曽祖父および外祖父（母の父）という内外四祖の中に、東西班五品以上の顕官（高位高官）を持っていることが必要であった（『受教輯録』刑典・推断・嘉靖庚戌・承伝、一五五〇年）。

国王の秘書官庁である承政院の同副承旨（正三品堂上官）という要職まで昇った柳寿垣（一六九四〜一七五五）は、

現今のいわゆる士族は、五六親等の親戚の官職を借りて士大夫を任じ、世の中に幅をきかせている。一族の官職が何で自分の身分の高下に関係があるのだろうか。

と、本来の士族は官職を持ったものであるはずなのに、親戚に官職保持者がいれば、士族の名をほしいままにしていると嘆いている。ここでは、士が血縁関係によって士族という集団になったことが問題になっている。一六世紀後半、李珥は、地域の多様な身分の住民が集まる郷会における座席順というかたちで「西原郷約」に、忠清道清州における身分序列を示した。

> 座席の順序は、契長と役員が東壁に、その他は西壁に、それぞれ年齢順とする。ひとえにこれを通常の座席順とし、特別に議論をして紛争の種にしてはならない。庶人以下は、北から南に座って行く。庶人の官職保有者が前に座る。士族の庶孽《しょげつ》（妾の子とその子孫）もまた一列とする。庶人の官職保有者は東側で西向きに、庶孽は西側で東向きに、それぞれが両列の先頭となる。一同の中に郷吏がいれば、その次に東向きにそれぞれ座る。庶人の官職を保有しない者と公奴と私奴は最末尾とする。庶人が東側で西向きに、公奴と私奴は西側で東向きに、それぞれ年齢順に座る。色掌は庶人の官職保有者の列に入り、別に東側に座る。別検は郷吏の列に入り、別に東側に西向きに座るが、一同の中に郷吏がいない場合は別に東向きに座る。庶類の中に老人がいれば、西壁の後列に別に座る。

明確には書いていないが、庶人の官職保有者の次に士族の庶孽とあることから、役員の次に並ぶ庶人の官職保有者が士族であることがわかる。つまり、士族が最高位に位置づけられているのである。朝鮮時代中期以降、両班になるのが事実上、士族の子孫に限られたため、「今の士族が俗に両班とするところ」（『承政院日記』英祖即位年一〇月三日、一七二四年。柳馨遠『磻渓随録』教選之制上・郷約事目）とされ、一八世紀前半には、一般人たちは士族を両班と呼ぶようになっていた。それを朴趾源は、「両班は士族の尊称である」(『燕巌集』「両班伝」、一八世紀末)といった。社会的に見れば最高の身分とは、両班であったが、実際には士族たちのことである。

3. 士族と氏族

系譜の構築

一六世紀半ば頃から、『朱子家礼』の浸透にともなって、士族の間で、男系血縁に対する意識が強くなっていく。それまで、士族階層の人々にとって、婚姻では男性が女性の家に「婿」として入ることが基本であったが、この頃から女性が男性の家に「嫁」として入ることが増加し、一七世紀にはそれが常態化した。男系血縁で結びついた集団を「氏族」といい、氏族の系譜をまとめて「族譜」が盛んにつくられるようになった。それを下の図8-1で見てみよう。

族譜には、氏族全体をまとめた大同譜と、その一部をまとめた派譜の二種類があるが、この図8-1は、大同譜について、氏族ごとに、いつ頃はじめて作成されたか、族譜が説明するところに従って、五〇年ごとにまとめたものである。大同譜は、人々が所属している氏族全体を把握し、さらにその中で個々の位置を跡づけることができる。大同譜がつくられるということは、氏族としてのまとまりができたということを示している。一四六七年の安東権氏大同譜を始発点にして、時間を追って大同譜創譜数が増加し、一八世紀にピークがくる。つまり、氏族

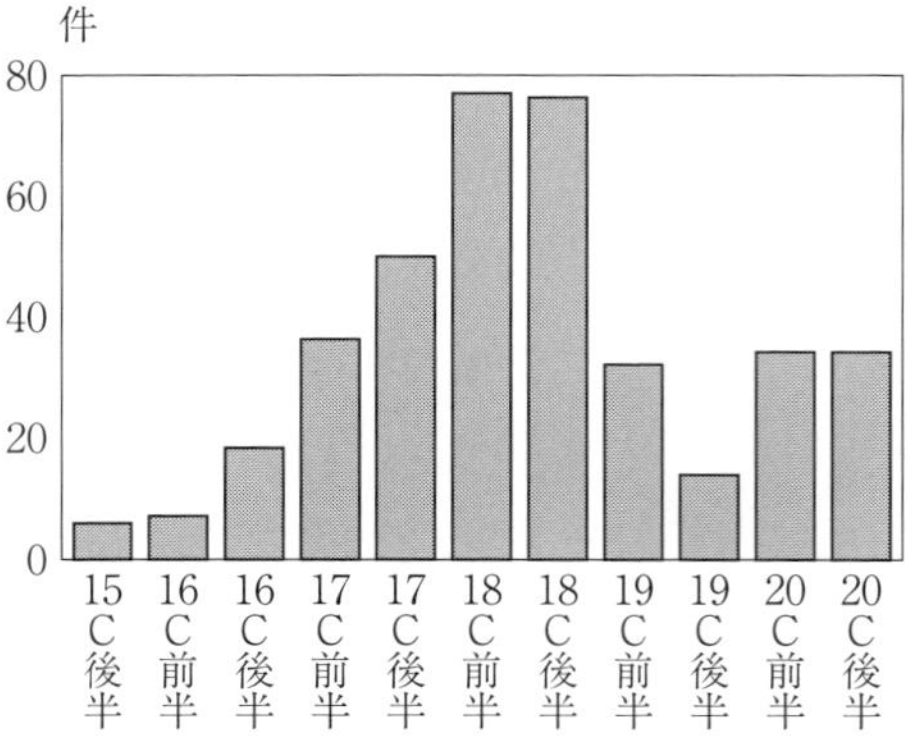

図 8-1　大同譜の創譜状況

的結合は、朝鮮においては近世中期に始まり、近世後期に全体へと拡大していった。族譜創始の動きは一八世紀を中心とした一種の社会運動であり、それは現在でも続いている。氏族は、決して固定的なものではなく、常に形成し拡大しているものである。

これを現存最古の族譜を持っている安東権氏《ごん》で見てみよう。

安東権氏は一〇世紀前半に安東地方を拠点にして勢力を伸長した軍事・政治勢力であり、王建に協力して高麗王朝成立に功績をあげた権幸《ごんこう》という人物を始祖とあおぐ一族である。この一族は、高麗時代に多くの政治家・官僚を輩出した名門であり、朝鮮王朝開創時には、一族の権近は、鄭道伝とともに王朝枠組みを定めるに当たって中心的な役割を果たした。

その安東権氏が一四六七年、はじめて大同譜をつくった。その後、一七〇一年、一七三四年、一七九四年と、一八世紀に三回の制作をおこなった。次頁の図8-2は、各年次の第一世から第一〇世までを系図化したものである。これを見ると時間を追って一族の範囲が広がっていくことがわかる。第一世が一〇世紀の人物であるから、一七〇一年ではすでに八〇〇年ほど経過している。一七九四年に至っては、九〇〇年近くが経過している。それにもかかわらず、時代をさかのぼって「先祖」が発見され、その子孫たちが安東権氏の一族だと認められていく。ここでは、一〇世までを見たが、その下の世代でもこのような「発見」がおこなわれ、安東権氏は拡大の一途を続けていくことになる。

系譜の継続

(1) 先祖祭祀

系譜の継続は、先祖祭祀を相続することでおこなわれる。この先祖祭祀の継承は、戸首（戸主のこと）として父系血縁を受け継ぐ男子のみが有資格者である。女子では継承することができず、もし男子継承者がいなければ、その系譜は途絶えてしまう。それを防ぐためにおこなわれるのが養子縁組である。一

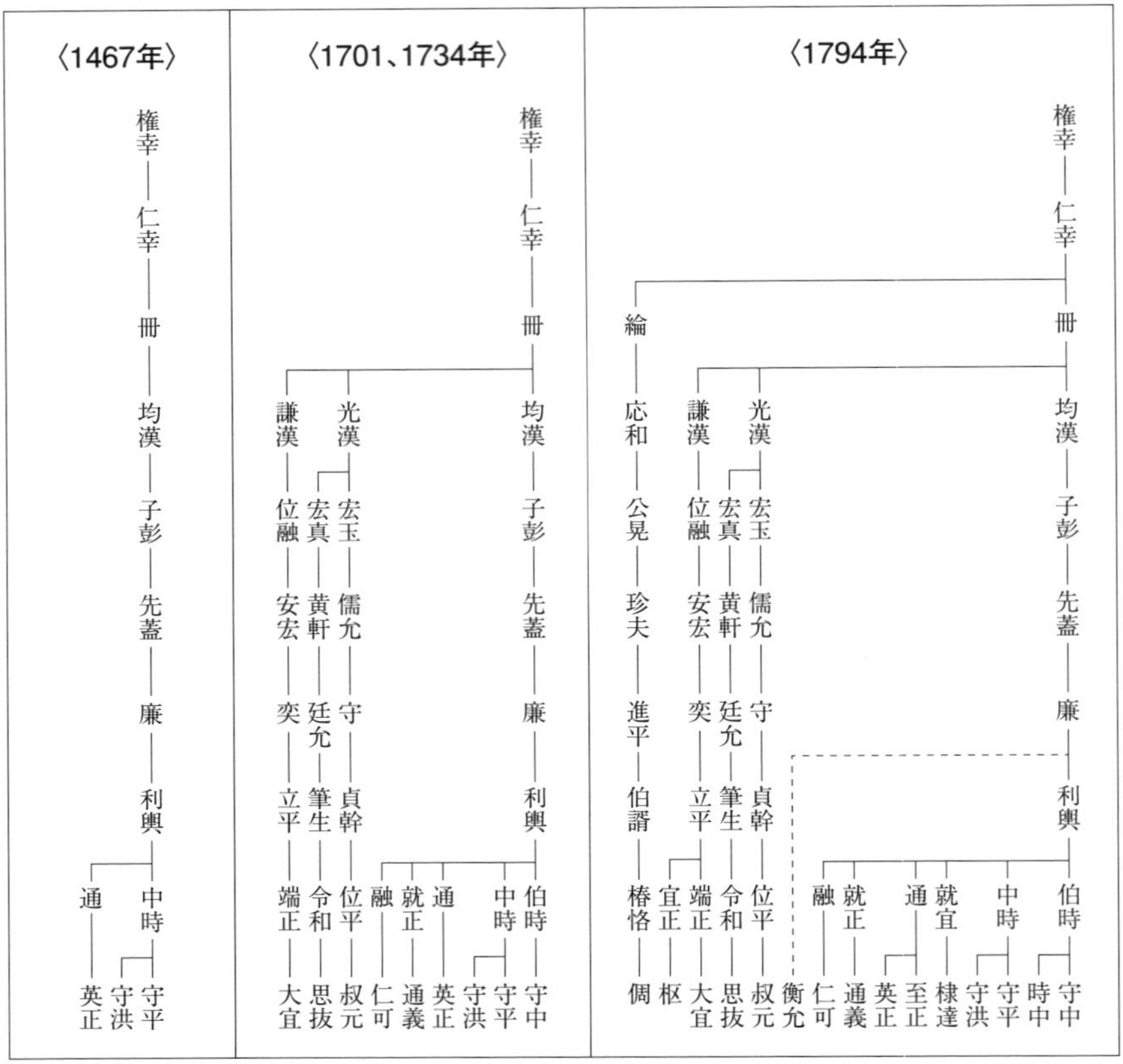

※男子子孫がいない者（「無后」とされる）および出家した者は除いた。

図 8-2　安東権氏大同譜系図の変化

家の戸首が死亡した場合、財産は基本的に男女を問わず子供の間でかなり平等に分割されるが、先祖祭祀だけは男子に限定され、男系男子血縁の継続がはかられる。士族にとっては、自己の属する氏族、とりわけ近い間柄である、「家門」が社会関係の中では重要な役割を果たしており、家格の維持と向上が威信に結びつき、政界・官界あるいは地方社会において、自分の勢力背景として力を発揮する。

（２）養子

男子が生まれない場合、男系男子の家系が途絶えてしまう。それを防ぐためには養子をとることになるが、その範囲は、同じ氏族で、必ず自分より一代下の者になる。氏族が異なれば男系男子の血縁が別になり、血縁的継続が切れてしまう。また、自分と同じ代数または上の代数のものを養子にすれば、一族の中の秩序が乱れてしまう。

しかし、すでに崔在錫《さいざいしゃく》（『韓国農村社会研究』）が指摘しているように、それは、朱子家礼が普及し、嫁入り婚によって男子が家系を継ぐことが恒例となった士族たちの問題であった。では、社会的に士族たちはどのように一族を再生産してきたのか、それをよくうかがわせるのが、後継男子がいない場合に、家系断絶を防ぐためにとられてきた養子である。先祖の祭祀を相続し、位牌と墓所を守り、先祖からの男系男子血縁の継続を守る。このような、社会的共通意識ができており、頻繁に養子がおこなわれた。

養子は、すべての社会階層で同じようにおこなわれたわけではない。そこには大きな差異があった。社会階層を以下のように三つに分けて見てみよう。

①漢城にあって代々、両班（高級官僚）を輩出してきた門閥士族（これを当時、閥閲士族、閥閲世族などといった）
②地方に土着して、地域の支配権を握っていた一般士族
③地方在住の非士族

①門閥士族としては、朝鮮時代後期の名門、延安李氏館洞派を事例とする。

延安李氏は、七世紀の人物李茂《りも》を始祖とあおぎ、黄海道の延安を本貫とする一族である。李茂は、七世紀に唐の太宗が新羅と連携して百済を攻撃した際に、熊津道大総管として唐軍を率いた蘇定方に従って朝鮮半島に入ってそのままとどまり、新羅国王から延安を本貫として賜与されたとの伝承がある（『延安李氏判小府監公派譜』、一七二九年）。

館洞派は、延安李氏一〇派といわれる一〇の大分節の一つ、小府監公派の下位分節に当たる派である。族譜では、李茂から数百年間の記録が欠けており、一〇派の間の血縁関係は不明であるとしながら、各派ごとに、特定の人物を派祖（中始祖ともいう）として分節を構成している。判小府監公派は、高麗毅宗（在位一一四六～七〇年）代に判小府監知茶房事に就任した李賢呂を派祖とし、彼を第一世として代数を数えることにしている。延安李氏は、氏族全体を対象とした大同譜が作製されていない。おそらく、李茂を始祖として延安李氏を名乗る一〇の集団が、あるときに氏族的結合をつくろうとして延安李氏一〇派という意識は持ったものの、いまだ氏族的一体感の造成に至っていない（二〇一六年の調査時点現在）。士族社会の中でまとまる必要性がなかったのであろう。しかし、それ以上は不明である。

判小府監公派といっても中は多くの下位分節に分かれている。その中で最も高い社会的威信を持っているのが館洞派である。館洞派は、一五世紀後半の世祖代から成宗代にかけて政府中枢部で活躍した第九世李石亨（一四一五～七七年、号は樗軒《ちょけん》）を派祖とする樗軒派の一分節であり、李石亨から四代下がった第一三世李廷亀（一五六四～一六三五年、号は月沙）の子孫たちで構成される。李廷亀は、宣祖・光海君父子二代に仕え、最高の学者として芸文館弘文館大提学を勤め、官僚として最高位にある議政府左議政に上りつめて、日本軍の侵略による王朝滅亡の危機に宣祖を支え、その後の復興の時期に光海君を支えた政治家・官僚・学者である。

一八六一年に完成し、朝鮮王朝後期における館洞派成員の状況をよく伝える『癸亥譜』に記載された男子成員は六六八人になる。うち、官職経験者は二一九人で三二・八%を占めており、名目だけではなく実際に官僚生活を経験した者は一八六人で二七・八%となる。また、定期試験は三年ごとで、一回の合格者は三三人という狭き門である科挙文科大科の合格者が六四人（九・六%）で、武科合格者も一一人（一・六%）いる。そのほか、大科の前段階である司馬試合格者も合わせると一七三人になり、男子成員全体の二五・九%にのぼる。

館洞派は、朝鮮時代後期、各世代から継続して科挙合格者を輩出して官界に人材を送り込んできた。延安李氏一〇派の一つである判小府監公派の一分節である楞軒派のまた一分節という小分節である館洞派の科挙文科大科合格者六四人は、全州李氏・安東金氏・安東権氏などの大氏族に次ぐ二五〇人の合格者を誇る延安李氏全体の四分の一を占めている。この数は、李滉の所属する真城李氏全体の五八人よりも多い。延安李氏自体が中小氏族であることを考えると、館洞派の科挙合格者の多さというのは、氏族の小分節としては際だっている。しかも館洞派は、派祖李廷亀以降、六人の議政府議政（領議政二・左議政四）、八人の弘文館芸文館大提学のほか、多数の六曹判書・参判、司憲府大司憲、司諫院大司諫などの高位高官を輩出した。まさに代表的な閥閲である。朝鮮時代後期、館洞派の人々は常に政界・官界の中心にいた。それを支えたのが科挙文科の合格者たちであり、一族が常に要職を占めていることによる政治力であった。

②地方在住士族として、慶尚道丹城県の安東権氏を見てみよう。

丹城県は、慶尚道南部（現慶尚南道）山間部の小盆地に開けた小邑である。安東権氏はこの地で、一七世紀以来、地元名門士族として権勢を誇ってきた。『安東権氏大同譜』（後甲寅譜、一七九四年）の記述によれば、一五世紀に丹城と隣接する三嘉から婿入りしてきた権継佑という人物の子孫たちのうち、一六世紀後半から丹城に定着を始めた人々によって、一八世紀後半には一大グループが形成され、丹城県の名門士族として確固とした力を持った。

一方で、士族たちの中にも移動で他地から移住してくる者も出てきた。そこで一七世紀から一八世紀はじめにかけて、丹城県の士族たちの有力者は、自分たちの威信を保つために、他の地域と同様に、「郷案」という名簿をつくって弱小士族や一般住民の上に君臨しようとした。その「郷案」には二二の氏族に属する三〇一名の人物が記載されているが、そのうち安東権氏は六八名を数え、三六名の星州李氏や三四名の晋州柳氏などを押さえ、最大の勢力を誇っていた。

丹城県で安東権氏一族が名門士族となるのには、大きく二つの契機があった。一六世紀末の日本軍侵入時に、第二二世に当たる権世春と権世倫をはじめとする多くの安東権氏一族の人々が義兵として戦い、戦後、儒教の大義を守った模範的人物として壬辰倡義と讃えられた（『連芳輯録』巻五・丹城壬辰倡義録）。さらに、一七世紀前半に、一族の三人が相次いで科挙文科に合格するという快挙をなしとげ、「三権」と称され安東権氏の威信は大いに高まった。科挙文科に合格することは、儒学の学識が最高水準に達したことを国家が認定したことになるからである。こうして安東権氏は、丹城県の中で、地域の名門士族として確固とした地位を保持したのである。ちなみに、その後、丹城県の安東権氏から科挙文科合格者が出るのは、一八〇四年まで二〇〇年近く待たなければならなかったが、丹城においては、一族が士族であるとの評価は微動だにしなかった。

安東権氏は一〇世紀に安東地方で大きな勢力を持ち、王建の高麗建国に協力した権幸を始祖とする氏族であり、その系譜の構築については前に見たところである。安東権氏は後に第一〇世を派祖とする一四派に分かれた。丹城グループは、一四派の中で最大分節である僕射公派に属し、さらに同派の中で第一五世の一二人を派祖とする一二派に分かれたうち、権継佑の曽祖父権嗣宗を派祖とする宗正公派に属している。

丹城県の安東権氏は、一九世紀中頃には六つの派に分節していたようだが、それ以前の状況はよくわからないし、共通の祭祀もおこなっていない。そこで、便宜的に彼らを丹城グループと呼ぶことにする。一七九四年に完成した『後甲寅譜』に記載された丹城グループの男子構成員は七二一人である。このうち、養子経験者は七〇人で、養子経験率は九・七％となる。

③非士族としては、丹城県の住民全体について、一六七八年と一七八六年の戸籍台帳を資料として見ていこう。

この戸籍台帳は、断続的ながら、一六七八年から一八八八年までが存在する慶尚道丹城県（現慶尚北道山清郡南部地域）のものである。一九八〇年代初め、釜山大学の研究チームによって、丹城郷校に保管されていた一七～一八世紀の戸籍台帳一三冊が発見され、戸籍研究・地域研究資料として注目された。ほとんどの地域のものが湮滅した中で、奇跡的ともいえるかたちでひと固まりの台帳群が発見されたのである。関連資料も多数が発掘され、現在では、丹城学とでもいうような研究がおこなわれ、この山間部にある小盆地の農村地帯に朝鮮近世史研究者の目が集まった。筆者も一九八三年から、いわば丹城詣でともいえるほど足繁く通い、戸籍台帳に記載されている村をすべて回り、子孫に聞き取りをおこなうなどした、思い入れのある地である。現在、この地域は、人口三〇万人を数える晋州市の郊外として、水田耕作を中心としながら、ビニール・ハウス等により、都市部に供給する野菜や果実類を栽培している都市近郊型農業地域である。地域の中心部を高速道路が通り、旧国道と合わせて、交通の要衝ともなっている。

分析の対象となるのは、一六七八年一九四七人、一七八六年二八九一人の男性戸首である。戸籍には養子そのものに関する記述はないが、戸首の四祖に「父」と並んで出てくる「生父」が手がかりとなる。単に「生父」とあるのは、実父を示しており、これが記載されている人物は、「父」のところに養子として入ったことになる。生物学的な父である「生父」が記載されている場合の「父」は法的な父である養父をあらわす。

生父は、一六七八年には六人の戸首に記載があり、一七八六年には四二人の記載がある。それぞれ、全男性戸首の中で〇・三%と一・五%を占めている。これが、丹城県全体における養子経験率ということになる。

これを詳しく見ると、一六七八年の六人のうち、五人が士族家系に属し、一人が良民上層部に属している。一七八六年の四二人のうち、三六人が士族家系に属し、六人が良民上層部に属している。したがって、これを非士族層だけで見ると、一六七八年では一人、一七八六年では六人が養子経験者ということになる。全戸首を士族と非士族に分けることは、資料的限界があり、現在の段階では不可能なので、それぞれの戸首数を算出することはできないが、士族人口が最大でも一〇%以下であるという一般的な推計から、その最大値一〇%を採用すると、非士族戸首は、一六七八年が一七五二人、一七八六年が二六〇二人になる。これに対する養子経験率は、一六七八年が〇・〇六%、一七八六年が〇・二三%となる。しかも、これはすべて良民上層部に属する人々であり、良民中下層部や賤民層に属する人々の間に養子経験

表 8-1　養子経験率

	構成員	養子経験者	養子率
①延安李氏館洞派	668 人	126 人	18.9%
②安東権氏丹城グループ	721 人	70 人	9.7%
③丹城県非士族住民（1678 年）	1752 人	1 人	0.1%
同上　（1786 年）	2602 人	6 人	0.2%

者は一人も発見できない。以上の結果をまとめたのが表8-1である。

養子経験率において、門閥士族と地方士族の間には約二倍の差がある。また、非士族ではほとんど養子そのものが存在していなかった。これを言い換えると、系譜の継承は、国家（官僚）に近いほど重要性を増していくのである。非士族たちにとっては、系譜継承そのものが重要な関心事ではなかった。しかし、その非士族たちでも、時代が下がると徐々に養子が増えてきている。近世の朝鮮社会は深いところで着実に変化をしているのである。

研究課題

1. 朝鮮近世において士大夫が支配エリートとして継続できた理由を、政治・経済・社会・文化の各側面からまとめてみなさい。
2. 丹城地方における安東権氏を一例として、士大夫の地域定着と家門継承が可能となった条件についてまとめてみなさい。

参考文献

高橋亨『高橋亨朝鮮儒学論集』〈川原秀城・金光来編訳〉（知泉書館、二〇一一年）
嶋陸奥彦『韓国社会の歴史人類学』（風響社、二〇一〇年）
李泰鎮『朝鮮王朝社会と儒教』〈六反田豊訳〉（法政大学出版局、二〇〇〇年）
金宅圭『韓国同族村落の研究―両班の文化と生活』〈伊藤亜人・嶋陸奥彦訳〉（学生社、一九八一年）
崔在錫『韓国農村社会研究』〈伊藤亜人・嶋陸奥彦訳〉（学生社、一九七九年）

9 朝鮮時代後期の地域社会——良民化と氏族化

吉田 光男

《本章のねらい》 本章では、朝鮮時代後期における地域と住民の関係について考える。中央集権的な朝鮮王朝の支配システムの中で、住民との関係で地域空間がどのような意味を持っていたのかをとらえることで、当時の歴史社会的性格を読み取る。本章では、史料に基づいて地域の状況を復元し、数量的な側面を重視して歴史を考えてみるという方法論を提示する。

《キーワード》 良民、士族、集落、戸籍、氏族、移動

1．地域空間と住民

朝鮮時代後期の地域は、道・邑・面・里（洞、村ともいう）の四段階に分けられていた。一七八九年の戸籍調査結果をまとめた『戸口総数』によると、その数は表9-1のようになる。この他、都の漢城府に、部五、坊四七、契三三八があった。ただし漢城における洞の数はわからない。

面はもともと、邑を行政上の必要から機械的に地域分割したものであり、地方住民の生活上では大きな意味を持っていなかった。住民生活に密着していたのは、邑と里である。邑は若干の合併・吸収・分割があったものの、朝鮮時代全時期を通じて三三五前後で大きな変化がない。邑は高麗時代後期に淵源を持ち、朝鮮時代における基礎的行政区画であった。氏族の発祥地名（本貫）の多くには邑の名が使わ

れているのは、このような歴史経緯が背景にある。政府が基礎的行政区画として設定した邑は、人々にとっては血縁的過去を現在につなぐ土地である。歴史的な存在を政府が行政の基礎としたのである。

邑の行政は士族の監督下、郷吏たちが遂行していた。郷吏は身分階層的には良民上層部に当たるが、世襲的に邑の支配実務を義務労役として負担していたので、士族に対して吏族とも呼ばれる。邑行政の最高責任者は長官として派遣される政府官僚である守令だが、実務は郷吏をはじめとする地元民が担当していた。

表 9-1　1789 年の邑・面・里数

	邑	面	里
京畿道	38	482	2452
江原道	26	231	1549
忠清道	54	569	7856
黄海道	23	303	1475
全羅道	56	775	2542
平安道	42	504	3850
慶尚道	71	830	8761
咸鏡道	24	281	2239
合計	334	3975	30724

2．良民化への道

前章でも用いた丹城の戸籍台帳に記載されている戸首（戸主のこと）の職役を手がかりとして住民の階層身分を見てみよう。職役とは、主として良民の成人男子に賦課される役務で、国家に対してどのような労働力提供の義務を負っているかをあらわしている。たとえば「水軍」とあれば、水軍の兵士として働くことを義務づけられているのである。

この職役によって、寺院を除く丹城県の全戸の戸首を、良役免除＝免役、良役負担＝良役、良役除外＝賤民という、三つに分けて、その数と比率を比較してみると表９-２のようになる。

丹城では、この一世紀の間に、村の数が六〇から一一〇へと二倍近くに増えたが、戸首の職役構成の面ではさらに大きな変化があった。免役戸首が四倍以上に、また良役戸首が一・七倍にそれぞれ増加したのに対し、一六七八年に比率が最も大きかった賤民戸首は五分の一強に縮小し、最も少なくなった。戸首を単位として見た丹城におけるこの一世紀の間の変化は、免役戸首と良役戸首の増加、とりわけ免役戸首の激増と、その一方で賤民戸首の激減である。これは、賤民戸首たちが良役戸首に変化し、良役戸首が免役戸首に変化したと解釈できる。士族戸首が増加したわけではない。

朝鮮時代の基本法典である『経国大典』の規定によれば、免役戸首も良役戸首も等しく良民身分に属している。つまり、一七世紀以降の朝鮮社会では、賤民身分の者たちが大挙して良民身分へと上昇したのである。

しかし、この間、大々的に賤民の身分解放がおこなわれた形跡はうかがわれない。とすると、戸籍作成の際の虚偽申告が考えられるが、常に面識のある農村社会においてこれだけの大量の虚偽が認められることは不可能である。

賤民といっても、当時、必ずしも賤視されていたとは限らず、むしろ良民の中下層と賤民との間には大きな障壁がなかった。それを端的にあらわすのが、良賤身分の間で婚姻がおこなわれていたことである。李俊九（『朝鮮後期身分職役変動』）の計算によれば、一七世紀末の丹城県では、良賤身分間の婚姻が全婚姻の一八・一％を占めており、一八世紀末にはそれが四二・一％に増加している。

政府は法律の頻繁な改定により、良賤婚姻における所生（子）の身分を、①母の身分に従う、②父の身分に従う、③父母いずれかが賤であれば賤、④父母いずれかが良であれば良、という四つの方式の間を行きつ戻りつした。この結果、①または②で父母が良の場合、および④の場合に、生まれてきた子どもは良となった。単純計算で、良賤間の婚姻による所生は五〇％が良身分となる。同じような婚姻が続いた

表 9-2　職役による階層別戸首数の変化

	村	免役	良役	賤民	合計
1678 年	60	310	801	989	2100
1786 年	110	1307	1360	218	2885

とすれば、第二世代では良身分が七五%、第三世代ではそれが八七・五%に達することになる。実際にはそのように単純にはいかないが、世代が下がるごとに良身分の所生が増加したことは間違いない。良賤間の婚姻が増加することと相まって、一七世紀から一八世紀にかけて急速に良身分が増加していくという結果を生じた。

政府にとって、良役負担者の確保という意味で、身分変動は財政問題であり、良身分の増加は財政健全化という好ましいものであった。一方で、政府官僚である両班や士族たちは私奴婢の主たる所有者である。奴婢の所生が良身分とされることは、彼らの財産の減少を意味している。政府と両班・士族の間の矛盾と葛藤をかかえながら、良賤間の婚姻による所生の身分決定に関する政府の政策は、いくどかの揺り戻しをしつつ、最終的には良身分の増加という結果に結びついた。

3. 氏族化への道

戸籍台帳の記載に従うと、丹城県では、多くの人々が急速に姓と本貫を持つようになっていった。姓と本貫別に戸数の多いものを1位から10位まで並べたのが表9-3である。

一六七八年では、最大は姓と本貫が記載されないもので六三三戸あり、これに姓なしと本貫なしを加えたものを合計すると、九六六戸となり、全体の四九・六%を占める。一方一七八六年には九五%が姓と本貫を持つようになった。

ただし、戸籍上、姓と本貫を持っただけで、氏族の構成員として認められたわけではない。あくまで僭称である。族譜編纂時には、申告があると、文書や証言などの資料に基づいて一族に入れるか否かの審査がおこなわれ、それに合格してはじめて氏族の一員として認められる。しかし、姓と本貫を持つことは氏族に参入するための基礎的条件である。それを満たす人々が増加してきたのが朝鮮王朝後期社会の特色であるが、おそらく朝鮮時代前期からこの傾向は続いてきたものと推測される。

氏族の一員と認められるためには、血縁的系譜関係が明確でなければならない。それが戸籍の記述でこの一〇〇年間に大きな変化を見せた。戸籍には戸首の四祖（父・祖父・曽祖父・外祖父）が記載される。父を一世代、祖父と外祖父を二世代、曽祖父を三世代として、何世代まで遡って記載されているのかを計算したのが表9-4である。父までしか書かれていなければ一になり、曽祖父まで書かれていれば三になり、これが最高値ということになる。この数字は祖先記述の詳しさを示すのである。

記述世代数の平均は、一六七八年で二・二、一七八六年で二・九である。一七世紀末には曽祖父が記入されない事例が五三・一%と半数をこえていたのに対し、一八世紀末には大部分の戸首が曽祖父まで記入するようになったからである。つまり一七世紀末から一八世紀末までの一世紀間で丹城県の全身分に

表 9-3　丹城県における姓貫の変動

〈1678 年〉

順位	姓貫	戸数	%
1	姓本なし	633	32.5
2	姓なし	290	14.9
3	金海金	111	5.7
4	密陽朴	81	4.2
5	陜川李	57	2.9
6	本なし	43	2.2
7	安東権	40	2.1
8	晋洲柳	39	2.0
9	晋洲鄭	30	1.5
10	晋洲姜	28	1.4
	姓・本貫あり	981	50.4
	姓・本貫なし	966	49.6
全県合計		1947	100.0

〈1786 年〉

順位	姓貫	戸数	%
1	金海金	323	11.1
2	密陽朴	232	7.9
3	陜川李	179	6.1
4	安東権	155	5.3
5	晋洲柳	135	4.6
6	星洲李	98	3.4
7	慶洲崔	81	2.8
8	姓なし	78	2.7
9	晋洲鄭	61	2.1
10	坡平尹	59	2.0
	姓・本貫あり	2775	95.0
	姓・本貫なし	146	5.0
全県合計		2921	100.0

おいて、系譜上の記述においてほぼ一世代分の深まりが見られるのであるが、これも姓・本貫と同様、階層身分別にかなりの偏りが見られる。

士族戸首の場合は一六七八年ですでに、すべての戸首が曽祖父まで記入されていた。良役戸首の場合も、一六七八年ですでに二・七とかなり三・〇に近いが、曽祖父が記入されていないものが一七・五％あった。これが一七八六年には二・九と、九五％の戸首が曽祖父まで記入するようになった。一方、最も大きな変化を示したのは賤民戸首で、一六七八年の一・六という数字は、祖父までわかる者が半数をきっていることをあらわしている。それが、一七八六年には二・七と一世代分深まり、八五％が曽祖父まで記入するようになった。つまり、この一〇〇年間で起きたのは、大部分の戸首が四祖を「発見」することであった。とりわけ賤民戸首においてそれが顕著だった。こうして、大部分の戸首がそれまで明確でなかった、血縁的系譜関係を「発見」したのである。

一六七八年から一七八六年までの丹城県において、大多数の戸首が姓と本貫、そして四祖を獲得していった。その趨勢はこれ以後も続き、一九世紀後半にはほとんどすべての人々が姓と本貫を持ち、血縁的系譜関係を明確にするようになった。こうして、氏族的関係の中に参入する基礎ができ上がったのである。

4. 住民の移動

定住する人たち

階層身分によって、居住する村との関係は大きな違いをみせる。これも、丹城県の戸籍台帳で見てみ

表9-4 丹城県戸首類別記載世代数

年次	免役戸首	良役戸首	賤民戸首	全体平均
1678年	3.0	2.7	1.6	2.2
1786年	3.0	2.9	2.7	2.9

るが、県全体では規模が大き過ぎるので、八面のうち、比較的に士族の居住者が多かった新等面について観察してみよう。

一六七八年に七村だったのが、一七八六年には、丹渓村が上村・中村・下村の三つに分かれたほか、合わせて一〇村となり、三村が増加し、戸数は二四三から三五八（他に詳細不明の二戸）へと増加した。戸首の類別で見ると、免役戸首と良役戸首が増加し、賤民戸首が減少しているのは、当代社会の全体と同じ傾向を示している。その結果、免役戸首の比率が二〇・二%から三八・〇%へと、約二倍に増加し、免役戸首と良役戸首を合わせた良民戸首が三三・八%から八六・〇%へと激増している。これは丹城県全

表 9-5　新等面における村別身分別戸首数

〈1678 年〉

村	免役戸	良役戸	賤民戸	合計
丹渓村	35	15	117	167
島内村	6	1	5	12
水清洞村	1	4	4	9
杜谷村	3	3	13	19
艮公谷村	0	3	2	5
村名不明	0	4	12	16
丘坪村	4	3	8	15
合計	49	33	161	243
%	20.2	13.6	66.3	100

〈1786 年〉

順位	免役戸	良役戸	賤民戸	合計
丹渓上村	32	19	18	69
丹渓中村	29	12	14	55
丹渓下村	14	34	10	58
倉内村	0	18	4	22
陽前村	16	11	2	29
杜谷村	16	9	1	26
艮公村	4	18	0	22
古瓮店村	13	26	0	39
射亭村	8	19	0	27
丘坪村	4	6	1	11
合計	136	172	50	358
%	38.0	48.0	14.0	100

体の動向と同じであるが、この地域は比較的に両年度とも免役戸首の率が高い。これは、安東権氏など明確に士族と認識されていた戸首が、丹渓を中心として多く居を構えていたからである。

各村における戸首類別の分布状況に注目していただきたい。一七八六年で一村に免役戸首がおらず、また一六七八年では全村に存在した賤民戸首が一七八六年では三村でゼロとなっているが、全村に二～三種の戸首が存在している。各村とも、複数の種類の戸が混住しているのである。

一九三〇年代に、国勢調査結果と朝鮮総督府の行政機関経由のアンケート調査をおこなった社会学者善生永助は、朝鮮農村に広く「同本同姓の一族若くはその関係者のみを以て構成され、或は同族戸数が部落の大部分を占めている」集落があることを「発見」し、それを「同族部落」と名づけ、その存在が日本や中国と異なる朝鮮社会の特色だとした（『朝鮮の聚落』）。ただし現在では、「同族」といい「部落」といい、いずれも日本の農村社会の概念であるとして、「氏族村」あるいは「同姓村」などと呼ばれている。

善生が丹城県において「同族部落」とした新等面丹渓里を見てみよう。善生が調査した当時、丹渓里は、全三四二戸中、安東権氏が七八戸、順川朴氏が二六戸を占めていた。

これを戸籍台帳で見てみると、全戸数は、一六七八年の一六七戸から、三つの村に分かれた一七八六年には一八二戸で九・〇％が増加している。丹城県における氏族中最多を占めるのが、一六七八年には晋州柳氏の一四戸で、次いで安東権氏の一二戸であり、そのほかは一～三戸にとどまっていた。これが一七八六年には晋州柳氏は一三戸を数えているが、最多を占めるのは安東権氏四一戸であり、それに次ぐのが金海金氏二〇戸であり、そのほか多いのが密陽朴氏一一戸であった。金海金氏と密陽朴氏は系譜から見ると士族ではなく、一般良民層の人々である。善生永助に従えば、丹渓村は安東権氏と晋州柳氏の「同族部落」ということになる。しかし、善生の調査の当時出てきた順川朴氏は一戸も見えない。

一九世紀以降に他地から移動してきたのである。また、同姓同本の数は、一六七八年の四八から一七八六年には一〇七に増えており、この間にかなりの移動があったことを示している。

丹城県の名門士族である安東権氏と晋州柳氏は、丹渓村にかなりの集住をしていた。だが、一六七八年でそれぞれ全戸の七・一%と八・四%、一七八六年で二一・五%と六・九%に過ぎない。また善生の調査時点でも安東権氏は二二・八%であり、丹渓村は到底、善生のいうような「同本同姓の一族若くはその関係者のみを以て構成され、或は同族戸数が部落の大部分を占めている」（『朝鮮の聚落』）集落にはならない。しかし現地では、丹渓村は現在に至るまで、安東権氏の集住村として「氏族村」「同姓村」と考えられている。この点、全国の他の「同族部落」でも共通している。善生の「同族部落」論は、実態と概念が無意識のうちに混同されている。

集落はさまざまな身分階層の人々が混在している空間である。士族はその数に関係なく、邑をテリトリーとして非士族の人々を支配していたのであった。邑を単位として、地域社会を見ることが必要である。

移動する人たち

面や集落に目をやると、頻繁に移動をする住民の姿が見えてくる。それを、丹城県中央部にある、悟洞面という地域で見てみる。

悟洞面は、小河川沿いに南北に細長く開けた盆地で、河岸段丘上に農村が散在していた。表9-6のように、他の地域と同じく、免役戸が激増し、賤民戸が激減し、良役戸は比較的に安定した数があった。免役戸のうち、一六七八年の一二戸は、士族であることがほとんど疑いないところだが、他年次のものは士族か非士族であるかを判断することは困難である。

この悟洞面において、戸を単位として住民がどのように変動したのかをまとめたのが表9-7である。

　この表では、戸首本人またはその子孫が居住することをもって、戸が継続して居住したとして、その変化を見たものである。残存する戸籍台帳のみが資料であるため、年次間隔が三年から三九年とばらつきが大きく、単純な平均数値で考えることはできない。しかし、継続数を見てみると、恒常的に戸の出入のあることがわかる。

　一六七八年に存在した一四〇戸のうち、最も長く継続したのは一八八八年まで存続した一戸だけである。一〇〇年後の一七八〇年で見ると、全体戸数は九二戸増えて二三二戸となっているが、継続しているのは八戸なので、この間、一三二戸が転出し、代わりに二二四戸が転入してきたことになる。この時点で、継続しているのが五％になるが、現在

表 9-6　悟洞面における戸首身分の変動

年次	免役	良役	賤民	計
1678	12	45	64	121
1717	26	60	51	137
1720	67	53	62	182
1729	66	60	77	203
1732	67	61	72	200
1735	70	37	54	161
1750	75	38	69	182
1759	95	45	56	196
1762	92	51	53	196
1780	100	59	34	193
1783	98	69	27	194
1786	103	78	22	203
1789	110	88	18	216
1825	144	66	2	212
1846	150	43	3	196
1849	160	35	1	196
1864	164	23	2	189
1888	87	2	0	89

表 9-7　悟洞面における戸の継承

年次	継続戸数
1678	140
1717	47
1720	44
1729	39
1732	35
1735	31
1750	19
1759	13
1762	15
1780	8
1783	7
1786	6
1789	5
1825	4
1846	3
1849	1
1864	1
1888	1

*一七六二年が一七五九年に比べて増えているのは、他所に移転した戸が戻ってきたことによる。

居住している二三二戸に対しては三％に当たる。つまり、この一〇〇年間で、九五％以上の戸は入れ替わったことになる。これを一七〇年間に延ばせば継続した戸は一戸だけとなる。

この悟洞面で見たように、朝鮮時代後期において、地域では住民の頻繁な移動があった。それも戸をあげての移動であった。住民は集落という単位に縛りつけられることはなかった。では彼らはどこに移動し、どこから移動して来たのだろうか。戸籍台帳だけからは詳しいことはわからない。年次間隔が開き過ぎており、また邑内での移動先を特定することは困難だが、判明する限りでは、丹城県内で移動した例は多くない。他邑に移動していき、その穴を埋めるように、他邑から丹城へ、そして悟洞面へと人々が流入してきた。

士族は、いったん居を構えるとその集落に定着し、子孫の段階では、同じ集落に別に居を構えるか、邑内の別集落に新たな居を構える。それに対して、非士族は邑の境界をこえて移動をしていた。同じく集落・邑といっても、士族と非士族にとっては居住地としての意味が異なる。士族にとってはわが集落・邑であるのに対して、非士族にとっては、たまたまの居住地だともいえる。

集落はこのように、短い期間で邑の境界をこえて頻繁に移動をする多数の非士族の人々と、移動をしないか、移動をしても邑の中で他集落どまりの士族の人々が混住する空間であった。階層身分も居住年数も大きな隔たりを持った人々が混住していたのが朝鮮時代後期の農村集落である。

研究課題

1. 歴史事実の解釈に対して数量分析が果たす効用と限界について、具体的な事例をもとにして、考えてみなさい。

2．朝鮮近世における身分変動を、同時代の中国・日本など他地域と比較してその特色を考えてみなさい。

参考文献

吉田光男『近世ソウル都市社会研究―漢城の街と人―』（草風館、二〇〇九年）
速水融『歴史人口学の世界』（岩波書店、一九九七年）
善生永助『朝鮮の聚落』第三巻（龍渓書舎、一九九六年復刻）
李俊九『朝鮮後期身分職役変動研究』（韓国語、一潮閣、一九九三年）
服部民夫『韓国―ネットワークと政治文化―』（東京大学出版会、一九九二年）
四方博『朝鮮経済史研究（中）』（国書刊行会、一九七六年）
田川孝三『李朝貢納制の研究』（東洋文庫、一九六四年）

10 清朝の動揺と社会変動――一九世紀の中国

川島　真

《本章のねらい》　一八世紀に全盛期を迎えた清朝は、一九世紀に入るとその開発も限界に達して、社会にさまざまな問題が拡がった。イギリスのもたらしたアヘンは不安の拡がる社会に浸透し、それがきっかけでアヘン戦争が起きて、清は欧米諸国と新たな関係を築くことになった。一九世紀半ば以降、世界全体が条約に基づく関係を結ぶ中で、清は「近代」という時代に向けてどのような対応をしたのか、把握したい。

《キーワード》　白蓮教徒の乱、アヘン戦争、太平天国、アロー戦争、同治中興、洋務、清仏戦争、冊封朝貢関係

1．清の成長の限界とアヘン戦争

清の全盛期の終焉

一八世紀、清では政治の相対的安定と経済発展によって、山間部などでの開発が進み、人口が三億にほぼ倍増した。山間部では、トウモロコシやサツマイモなど山間部でも栽培可能な作物が植えられて、それが人口増を支えた。だが、そうした開発も人口増加にともなって限界に達し、土地の不足や森林伐採などの環境破壊によって新開発地域の生活条件は悪化し、自然災害などもあいまって、社会不安が増大した。以後、中国の人口増加は鈍化した。だが、それでも一九世紀前半の中国の人口は世界最大であったし、ＧＤＰでも世界最大級であったと考えられる。

一八世紀の新開発地域の一つであった湖北と四川の境界地域の山間部では、世界の終末を唱えていた白蓮教が社会不安も相まって拡大し、一七九六年から九年におよぶ反乱が生じた(白蓮教徒の乱)。また、こうした新開発地域だけでなく、経済の中心地であった江南でも抗租や抗糧運動が生じた。抗租は、佃戸が地主に対する小作料の減免を求めるものであり、抗糧は地主が土地税の減免を求めることである。清は、こうした運動を鎮圧しようとし、巨額の経費を費やすことになった。また、地方では郷紳などの有力者が、自衛組織である団練を組織して、清と協力しつつ秩序を保とうとした。一九世紀を通じて、中国の基層社会では、しだいに自衛のために自ら武装するようになり、社会全体の「軍事化」が生じた。このことは、一九世紀末から二〇世紀前半の中国において、軍事力が重要な政治資源となる背景となっていった。

清の対外貿易とアヘン

一八世紀中葉以来、清は広州でイギリスなど西洋諸国と貿易をおこなっていた。これは、冊封や朝貢を必ずしもともなわない貿易関係である、「互市」の一部だった。西洋商人たちは澳門に居住し、定められたときに広州の珠江に面した沙面にて貿易をおこなった。清からは茶や生糸、陶磁器、絹織物などが輸出され、イギリスなどは銀でそれを購入した。銀は秤量貨幣であったが、メキシコ銀が質、量ともに安定しており、取引に多く用いられた。メキシコ銀は形状が円形であり、円銀はまさに東アジアで信用ある通貨として流通していた。現在になっても、日本の円、中国の元(発音は円と同じ)、韓国のウォンなど、いずれも「円」が通貨の単位となっていることもこれと関係していよう。

清と西洋諸国の貿易では清が出超であり、清に銀が流入したが、ラテンアメリカ産の銀の世界市場への供給量が銀鉱の枯渇や独立運動などの余波で減少をはじめ、イギリスは銀を支払わずに清から商品を輸入する方法を考案した。それが広く知られる三角貿易である。イギリスの植民地となっていたインドからアヘンを清に輸出し、清からは茶がイギリスに渡り、イギリスからは綿織物がインドにもたらされるというものであった。取引には手形が用いられたが、これはロンドンのシティが国際的な取引の決済の場として機能するようになることとも結びついた。清が輸入したアヘンは麻薬の一種で、常飲すると心身に大きな問題が出るものであった。中国では、以後百年にわたりアヘン問題が最大の社会問題の一つとなった。

このアヘンの貿易を担ったのは当初、イギリス東インド会社であったが、一八三〇年中頃、東インド会社の独占権が廃止され、アヘン貿易はカントリー・トレーダーというイギリス商人をはじめ、アメリカの商人や華人商人も加わることになり、拡大していった。アヘン貿易の拡大は清での常飲者の増加をもたらし、社会に深刻な影響を与えた。また、経済面でも、清にもたらされる銀が減少し、逆に清からアヘン購入代金として流出することにもなったため、清国内の銀の価格が上昇した。それは、税を銀納していた農民にとって税負担の増加を意味したのだった。

アヘン戦争

銀が流出することによる貿易赤字、またアヘンの流通による社会問題に対して、清朝は対策を講じようとした。清の科挙官僚たちは、経済問題や社会問題解決のために積極的な提言をおこなっていた。科挙の官僚は、四書五経などの古典を暗記し、韻文を書き記す能力を持つだけでなく、現実的な問題に有職故実や形式を踏まえて対応する能力が求められていた。

アヘンをめぐっても多くの官僚が意見を公にしたが、その中ではアヘン厳禁論と、実態に即していったんは公認して官が管理して減らしていくという弛禁論があった。時の皇帝であった道光帝は、厳禁論採用を決断し、林則徐という厳禁論を支持していた漢人の大官を、アヘン問題を担当する欽差大臣（皇帝の命令で特定の案件を扱う全権大臣）に任命した。林は一八三九年に広州に到着し、アヘンを没収して、化学処理するなどして処分した。これはイギリス商人などから強い反発を生んだ。

イギリス議会では、アヘンを理由にして清と戦争をおこなうことについて反対論もあったが、最終的に清の広州での管理貿易に反対し、自由貿易の障害を除くという論理で、戦争を認めた。戦争は、ナポレオン戦争などを経て、大砲の精度、弾頭の飛距離などの面、武力に勝るイギリス側の有利に進んだ。とくに艦隊の半数前後が蒸気船であったイギリス側は、風や潮の流れにかかわりなく清側を攻撃することができ勝利を収めた。また、イギリスは艦隊を天津方面に派遣して、清に圧力をかけた。清は林則徐を解任したが、戦争は終わらず、イギリス軍は中国沿岸部だけでなく、長江沿いの鎮江をも攻撃した。鎮江は北京に食糧を運ぶ大運河の要地であった。清はイギリスと一八四二年八月に南京条約を締結し、アヘン戦争はイギリスの勝利に終わった。

図10-1 アヘン戦争の図 必ずしも蒸気船から清の艦船に砲撃がされているわけではない点に注意。蒸気船は、他の帆船や、この図の右端にあるように砲を積んだ小舟を、風や潮流にかかわりなく動いて、引っ張っていた。その点、海流と風、あるいは人力に頼る清朝の艦船に対して有利だった。〔PPS通信社〕

清の敗北は日本をはじめ近隣諸国に大きな衝撃を与えた。世界の地理書である、魏源の『海国図志』などは日本でも翻刻され、世界情勢への関心が高まるとともに、自国をいかに欧米諸国から守るのか、あるいは開国するのかといった課題に各国が直面するようになった。

南京条約

アヘン戦争の結果、清はイギリスと南京条約や虎門寨追加条約などを締結し、フランスとは黄埔条約、アメリカとも望厦条約を締結した。これらの条約は、総じて不平等条約と呼ばれ、欧米側に清での治外法権があり、清がこれらの国の合意なくして関税を変えられないことになり（協定関税、関税自主権の喪失）、そして片務的な最恵国待遇が約された。

また、【史料】にあるように、清は沿岸部の広州、上海などの五港を開港し、そこに外国人のために租界を置き、イギリスなどが領事を駐在させることを認めた。そして、香港島をイギリスに割譲したのであった。だが、史料にあるように、決して北京に外国の公使館をおいて「外交」関係を持つというのではなく、商業や居留民を管理する領事を開港場に置いて、地方官僚とやりとりさせるということに過ぎなかった。また、香港は一九九七年に返還されることになるが、南京条約に基づいて清からイギリスに割譲され、本来はイギリスに返還義務のなかった香港島なども、一八九八年に九十九年期限で租借された、租借地・新界などとともに返還されたことに留意したい。

なお、この南京条約の締結を、条約体制の朝貢体制に対する勝利だと見なすこともある。だが、清とイギリスが争ったのは、そうした対外関係の形態や体制についてというよりも、冊封や朝貢を必ずしもともなわない「互市」に分類される広州貿易をめぐってであった。そのため、南京条約は、「互市」の変容を意味しており、アヘン戦争の後も、周辺国との冊封や朝貢の関係は継続したのである。清の対外関係においては、冊封や朝貢関係のほうが、条約に基づく関係よりも上位に置かれていたのだった。

【史料】南京条約

二、今後、清の皇帝はイギリス人が家族を連れて、沿海部の広州、福州、廈門、寧波、上海の五港に居住し、貿易通商などを滞りなくおこなうことを認める。また、イギリス君主はこれらの五港に領事や管事を置き、商業を管理させ、清の地方官と公の文書を用いて往来することも認める。(以下、略)

三、イギリスの商船は遠路訪れ、船の損壊を修繕する必要があるため、沿海の一所において船舶の修繕や必要な物資の保存が必要となる。清の皇帝は、香港一島を大英国君主とその後の継承者に対して与え、イギリスという遠方からではあるが、それを主管し、法を立てて統治することを認める。

不平等条約の持つ意味

清とイギリスの結んだ南京条約などは、欧米諸国がオスマン=トルコなどと結んでいた条約を基礎としたもので、日本とアメリカが結んだ条約も清米間の望廈条約を基礎としていた。西洋諸国とアジア諸国が締結した不平等条約には一定のフォーマットがあったのである。そして、アジア諸国は、この不平等条約の撤廃のために努力していくことになる。日本と異なり、清は戦争での敗戦によって不平等条約を締結した。そのため、中国は条約改正に際して、近代国家建設とともに強国化して戦勝国になることを求めるようになっていった。

また、南京条約締結当時、清は必ずしもこれを〝不平等〟条約だとは認識していなかった。外国人は外国側が裁き、本国人は自国で裁くということは東アジアで従来から見られたことであり、そもそも清は自国民の海外渡航を認めていなかったので、海外での治外法権は問題にならなかった。また、協定関税についても、欧米諸国も関税を納税するのであり、さまざまな特権が与えられる朝貢に基づく貿易よりも不利だと認識されていたと思われる。最恵国待遇についても、一視同仁の観点からして、〝夷狄〟を同等に扱うことは、それまでの清の常識に照らして問題なかったであろう。

2. 太平天国の乱からアロー戦争へ

太平天国の乱

前世紀の乱開発や人口の増加によって一九世紀初頭の清ではしだいに社会問題が生じていたことはすでに述べたが、そこにアヘン問題が加わり、また沿岸部で五港が開港されることなどによって、経済社会の状況にさらなる変化が生まれはじめた。そして、清から銀が流出したことは、銀の高騰を招き、税が銀納であったこともあり、実質的な増税となった。

イギリスなどの列強は、沿岸部五港の開港によって自国工業製品の販売拡大を望んだが、順調には進展しなかった。また、沿岸部の諸港間の交通が活発になって、運河や陸路での交易には一定の限界が見られはじめた。他方、清の統治にも問題が見られはじめた。アヘンの流通に見られるように社会不安が拡大しただけでなく、アヘン戦争の敗北によって清の威信は揺らいでいった。そして、民衆の側は重税苦などに直面する中で、宗教などを媒介とする結社をつくって相互に生活を保とうとした。とりわけ、新開発区などではそうした動きが強くなった。

そうした状況の中で、一九世紀半ばに太平天国の乱が発生した。中国南部の広西省金田村は客家の居住地域であるが、そこでも社会不安が高まり、イエスの弟を自称する洪秀全を指導者とし、土着の民間信仰の論理もとりいれた宗教結社（上帝会）がその活動を拡げた。彼らは、一八五一年に反乱を起こして太平天国を建てた。太平天国は、社会のさまざまな不満を吸収してその勢力を拡大させながら北上し、一八五三年には南京を首都として天京と改めた。

このような反乱は太平天国だけではなかった。貴州の苗族の反乱、雲南、陝西、甘粛などの回族の反乱、安徽の捻軍の反乱をはじめ、各地で反乱が起きた。これらの反乱により、とりわけ中国南部は混乱に陥った。これらの反乱を鎮圧したのは、清の正規軍ではなく、各地域の自衛集団、とりわけ基層社会の有力者が武装し清にも認められた団練、あるいは漢人官僚を中心に組織した郷勇という軍隊組織だった。これらはいずれも、中国の基層社会が軍事化していたことを背景としていた。太平天国は一八六四年に天京が陥落して滅亡し、また他の反乱も一八七〇年代にはおよそ終息したのだった。

アロー戦争

太平天国の乱などが生じていた頃、清はふたたび西洋諸国との戦争に直面していた。アヘン戦争後、期待どおりに貿易の伸びなかったイギリスは、一八五六年にイギリスが香港船籍だと見なしていたアロー号という船の中国人乗組員を、清が海賊容疑で拘束した際に、イギリス国旗が清の官僚によって侮辱されたことを口実に戦争を起こした。実際のところ、この船の香港船籍の登録期限は切れていた。イギリスは、広西での宣教師殺害事件により清と対立していたフランスとともに清と開戦した。これはアロー戦争、または第二次アヘン戦争といわれている。英仏軍は、沿岸部を北上し、天津に迫って、一八五八年には天津条約を締結した。これは、中国における欧米諸国の地位を包括的に定めたものであった。だが、この条約の批准書の交換がうまくいかず、再び戦端が開かれ、英仏連合軍は北京に攻め込んで円明園などで略奪をおこない、一八六〇年には改めて北京条約が結ばれた。

この二つの条約では、英仏の外交使節の北京常駐、天津など一一港の開港、英仏船の長江航行権、キリスト教の内地布教権、外国人の内地旅行権、などを清が認めた。また、清は香港の九龍半島南部をイギリスに割譲した。また、この戦争の過程で、ロシアと清は一八五八年には愛琿条約を締結してアムール川以北を清がロシアに割譲、一八六〇年に両国は北京条約を締結して、沿海州を清がロシアに割譲したのだった。ロシアは、ウラジオストクに軍港を建設して、日本海、太平洋進出への拠点とした。

一八六一年、清は北京に開設された英仏米露の公使館に対応する窓口として、総理各国事務衙門（総理衙門）を設けたのだった。清と周辺国との冊封・朝貢関係は維持されていたが、かつての「互市」関係は、しだいに通商、「外交」関係へと展開していった。

同治中興と洋務

アロー戦争や太平天国の終了後、清は統治の再建に乗り出した。当時の皇帝の名をとって、同治中興といわれる。ここでは、富国強兵が目指され、西洋の軍事、技術などを導入しようとする動きが起きた。同治年間からそれに次ぐ時期（一八六〇〜九〇年代）の各地の大都市では、兵器、紡績、造船、製鉄などの工場が建設された。また、鉄道の敷設や鉱山開発が進み、電信事業も進められて、北京を中心とする電信網も整備されていった。そして、西洋式の軍隊も編成されるなどして、統治の再編がはかられた。このような西洋式の軍事、産業、技術を導入する動きや、対西洋業務全般は洋務といわれた。この洋務を主導したのは、曾国藩、李鴻章、左宗棠などの漢人有力官僚や、地域の実力者である郷紳などであった。

この時期、さまざまな政治制度や思想面での改革も提起された。だが、「天朝の定制」などといわれた、それまでの諸制度や考え方の変革には時間がかかり、思想や制度はそれまでのものが維持され、実際の変化は軍事や技術面に限定された（「中体西用」）。また、制度や思想に変化がある場合でも、従来のものが完全に変わるのではなく、それまでの考え方に近代的な思想が結びつくことが多かった。たとえば、少し時代が下るが、一八八〇年代に藩部への直接統治を拡大して、新疆を中央直轄である省にしたりする場合でも、それは近代国家への移行というよりも、皇帝の徳の辺境への徹底とか拡大だと解釈された。

また、農村などの基層社会では、所によっては教会が展開し、その教会の庇護下に入れば、重税などからも逃れられ、官憲に捕まることもないと考えられたりした。そのため、農村部ではキリスト教会の庇護下に入る人々と、清の統治下に残る人々に分かれるなどの混乱が見られ、既存の秩序を乱す存在として教会が敵視される仇教運動が起きた。これらのキリスト教や教会関連の案件は「教務・教案」などと呼ばれ、しばしば外交問題に発展した。

3．東アジア国際政治の中の清朝

東アジアの国境の画定

一九世紀の後半、東アジアでは国境がしだいに明確になっていった。清は、北方の国境を一七世紀末のネルチンスク条約や、一八世紀前半のキャフタ条約で定めていたが、一九世紀半ばには東北方面でロシアとの愛琿条約、北京条約で国境線を確定した。一八七〇年代末にはロシアが新疆方面に進出、一八八一年のイリ条約で清がロシアを押し戻すかたちで国境線が引かれた。清はその後、新疆に省を置いて藩部から直轄統治へと変更した。

清の東では、日本が明治維新を経て、近代国家として国境線を画定しようとしていた。一八七〇年代半ば、日露間で千島樺太交換条約が締結され、千島列島が日本領、樺太全体がロシア領とされた。また、一八七〇年代を通じて、日本は琉球処分などを実施して、沖縄県を設置した。これによって清は冊封・朝貢関係にある国を一つ喪失することになった。日本は沖縄県設置に至る過程で、自らの主権がこの地域に及んでいることを示すために、一八七四年に台湾に対して出兵した（台湾出兵）。これは、一八七一年に八重山の漁民が台湾南部のパイワン族に殺害される事件（牡丹社事件）が起きた際、日本が「国民保護」を理由に清に厳重抗議するなどして、日本の主権が琉球全域に及んでいることを清や世界に認めさせようとして起こした。牡丹社事件の交渉の過程で、清のある役人が漁民の犠牲になった地域について、そこを清にとって「化外の地」、つまり統治（皇帝の徳）の及んでいない地域だと表現したことに日本が注目して、この地を無主地と見なし、出兵したのが台湾出兵である。無論、清の交渉担当者は琉球を日本領だとも認めていなかったが、日本は日本の沖縄領有を既成事実化すべく出兵したのであった。この事件により、清は、日本の存在を警戒するようになり、台湾を含めて沿岸部を防衛する議論が起きた（海防論）。それに対して、ロシアの新疆への侵入などに対して、内陸部防衛を重視する議論もあったが（塞防論）、清は海防、塞防の双方を実施していた。

清の南では一八八四年にベトナム侵出をねらうフランスと清仏戦争が勃発し、戦闘それ自体での勝敗は明白でなかったが、講和交渉で清はベトナムがフランスの植民地になること認めた。これらによって、ベトナムやビルマは清との冊封・朝貢関係を停止した。また、フランス領となったベトナムと清との国境線、またイギリス領となったビルマ（現ミャンマー）との国境線もしだいに定められていった。このように、一八七〇〜八〇年代に清の国境線は列強や日本との間で定められていったが、それにより定められた国土はもともとの清の版図よりも小さくなっていた、といえるだろう。それに対して、沖縄や北海道、千島、小笠原などを国土に編入した日本は、江戸幕府の統治領域よりも、明治政府の統治する国土のほうがより大きくなったということもできる。

一九世紀末の台湾をめぐる状況

一八七〇年代ににわかに注目された台湾であるが、この段階には一七世紀から台湾西部の平野部に漢族が多く移住していた。漢族の多くは福建省南部の漳州や泉州からの閩南系、また広東系といわれた広東省梅県出身の客家などが中心であった。山間部や東部地域には、タイヤル族やパイワン族などのいわゆる「原住民」がいたが、漢族との接触を通じて、その生活習慣を受容し、平野部に近いところに住む平埔族もいた。前者は生蕃、後者は熟蕃ともいわれる。

この台湾の開発は一八八〇年代に本格化する。一八八〇年代半ばには、従来福建省の一部であった台湾が省に昇格し、台湾巡撫となった劉銘伝は台北に省都を置いた。それまで北部と南部は必ずしも強い結びつきを持っていなかったが、しだいに台湾西部では南北が結びつきを強め、台北と開港場であった基隆との間に鉄道も設けられた。このように、日本が台湾を領有する前の十年で、台湾の開発が急速に進み、北部の炭鉱業、南部のサトウキビ、あるいは樟脳生産など、産業の発展も見られたのであった。

他方、台湾内部の治安は必ずしもよくなく、頻繁に「械闘（武器を用いた闘争）」があり、また漢族と「原住民」との間にもさまざまな紛争があった。中国大陸にも社会の軍事化という現象が見られたが、漢族にとって開発のフロンティアであった台湾でも、基層社会の軍事化という現象が顕著に見られた。これは、日清戦争後に日本が台湾統治を始めるのに際して、現地住民との間で戦闘が多々発生したことの一つの背景であった。

「強国」としての清王朝

一八八〇年代に入ると、清はこれまでの制度や思想を維持しつつも、しだいに世界情勢に適応した動きを示すようになった。官僚や知識人は、さまざまな洋務、あるいは政治や制度を変える変法のアイディアを提起するようになった。彼らの中には、外国事情、万国公法、軍事など、特定の分野の知識や経験を持つ専門家もあらわれていたが、そうした専門家は漢人の大官の下で幕僚となることが多かった。その大官を通じて彼らの提案が政策として実現することもあった。

この時期に清は、前述のような国境画定と同時に、藩部などの直轄化を進め、列強から領土や主権を侵害されないようにする努力を見せるようになった。また、洋務を引き続きおこない、電信網を整備して内外から北京に電報を通じていち早く情報が集まるようにした。また、陸軍とともに海軍を増強し、北洋艦隊は東アジアでは最強となった。

一八八六年に長崎で発生した長崎清国水兵事件は、北洋艦隊が修理のために長崎に寄港し、その水兵が長崎で暴力を用いて死傷者を出した事件だが、その際にも日本政府は彼らに対して断固たる姿勢をとることができなかった。これは一面で当時の日清間の海軍力の状況を示しているが（日本劣位）、また他面でこの事件が日本の国民世論に与えた刺激は大きく、しだいに海軍力増強へと世論は傾いていった。

対外関係の調整―清の朝鮮政策

また、清は対外政策の面でも調整をおこなった。冊封・朝貢を対外関係の主軸に据えつつも、しだいに西洋的な国際関係のあり方をも吸収していったのである。清は藩屏などといわれた朝鮮に対する方針を、一八八〇年代前半に変更した。一八八〇年には駐日公使であった何如璋らの意を受けた、参賛官黄遵憲の『朝鮮策略』という文書が朝鮮側に渡された。そこでは、南下するロシアへの対抗を視野に、「親中国、結日本、聯美国」、つまり清との冊封関係は維持しつつも、日本と結び、アメリカと連合することが説かれていた。実際、朝鮮は一八八二年にアメリカと不平等条約ながら条約を締結して国交を開いた。この対米交渉は、実質上清が担当した。冊封関係にある国々の外交権を自ら有するということを、この頃の清は自覚し、表現するようになっていた。

当時の清は無論冊封・朝貢関係を対外関係の基本に据えていたが、それでも欧米や日本とは条約関係にあった。これは対外関係が冊封・朝貢関係と、条約関係とのダブルスタンダードを採用していたことを示すが、同じことを朝鮮にも求めたといえる。また、一八七〇年代から八〇年代にかけて自らと冊封関係にあった国々が、相次いで列強の植民地になったり、国土の一部が編入される事態となったことも、清の朝鮮に対する政策の変更の背景にあった。さらに、朝鮮が満洲に隣接し、北京防衛の上でも重要であったことも清の朝鮮への関与強化の一因だった。

一八八二年、清と朝鮮は商民水陸貿易章程を締結した。これによって、これまで同様冊封関係は維持されるものの、貿易については基本的に朝貢によらず、仁川、釜山、元山などに中国の専管租界を設けるなどして、いわば「自由化」した。また、清の側は領事裁判権を行使できた。また、清は袁世凱を朝鮮に派遣した。駐箚朝鮮総理交渉事宜という袁の役職は、ソウルに駐在していた公使などの外交官とは異なっており、朝鮮内外政にわたって幅広く政策を朝鮮王朝に提言した。従来、冊封関係では、内政不干渉が大原則であったが、ここに至って、清は朝鮮の内外政に対する干渉を事実上開始した、と見ることもできる。

これに対して朝鮮内部では、攘夷派と改革派の対立があり、さらに改革派の中にも、日本に接近して急進的改革を求める人々と、清との関係を維持して漸進的な改革を試みる人々とに分かれていくことになる。前者には金玉均、後者には閔氏がいた。こうした対立の下、一八八〇年代には、朝鮮の軍隊が大院君を擁立して閔氏の要人を殺害し、日本公使館を襲撃した壬午軍乱は清軍に鎮圧され、急進的な改革派が日本の武力を頼みに閔氏政権を倒した甲申事変も清軍に鎮圧された。このような混乱を受けて、日清は一八八五年四月に天津条約を締結した。

この天津条約は、日清両軍の撤兵、出兵に際しての相互通知などを約したが、距離的に山東省威海衛に海軍基地を持つ清のほうが有利であり、朝鮮をめぐる日清間の角逐は、最終的に清の優勢となった。福澤諭吉の言論とされる『脱亜論』は日本が朝鮮半島で清に対抗できず、清が優勢となっていったタイミングで『時事新報』に出されたものであった（一八八五年三月一六日掲載）。

一八八〇年代半ばから十年後の一八九四年に日清戦争が生じるが、一八八〇年代後半には清の軍事力、とりわけ海軍力は日本よりも優勢だった。日本は、陸軍を鎮台制から師団制に転換し、また帝国憲法が発布されて議会が開設され、財政も安定してくると、議会も軍事費の拡大を認めるようになっていった。

他方、中国では海軍建設費用を頤和園の造営費に西太后が繰り入れたことなどによって軍備拡張が遅れたと指摘されることもある。確かに北洋艦隊については一八八〇年代後半以降十分な補充がなされていない。だが、広東海軍（水師）などに艦船を補充していったのであった。日清戦争には、広東の艦船も参加したので、清もまた一八八〇年代半ば以降、海軍の拡充に努めており、その新たに増強された艦船も戦争に投入されていた。そのため、西太后をただ批判することには再検討が必要となるだろう。

■コラム：西太后の評価

西太后《せいたいごう》は、慈禧太后、老仏爺とも呼ばれた清末の満洲族出身の女性で、咸豊帝の長男（のちの同治帝）を産んだことで、懿貴妃となり、一八六一年の同治帝の即位後は皇太后となって、咸豊帝の正室である東太后に対して西太后と呼ばれた。一八七四年の同治帝の死後も、妹の子であった皇子を皇帝の座につけ（光緒帝）、一八六一年から一九〇八年のその死（七二歳）まで、ほぼ半世紀にわたって、清廷の中枢にいつづけた。幼帝の玉座の背後に御簾を垂らし、その背後で女性の皇太后などが政務を執ることを一般に垂簾聴政というが、西太后もその一例とされる。西太后の権力は、一八八一年の東太后の死や皇族の実力者であった恭親王奕訢を清仏戦争の処理をめぐって失脚させたことを通じて確立された。最後は光緒帝の後継者として溥儀（のちの宣統帝）を指名して世を去るのだが、同治中興から洋務、清仏戦争、日清戦争、変法、義和団、そして預備立憲に至る時期に清廷の中枢にいただけに、さまざまな風聞が西太后にはつきまとう。日清戦争開戦前には、頤和園の造営費に海軍の経費を充当してそれが清の敗戦の原因になったとか、一八九八年の戊戌変法を妨害したなどとされるし、さらに東太后の暗殺疑惑など、さまざまな指摘がある。これは、清朝を伝統的、腐敗した頑迷固陋な王朝で、近代化の流れについていけなかった王朝だとする価値評価が、西太后という清末の実力者に集中的に投映されたものであって、必ずしも実態を示してはいない。昨今、清に対する評価が調整される中で、西太后が西洋諸国の外交官夫人とも多く交流し世界の事物に関心を示していたことや、政治的な面でも清朝の安定と存続を願いながら、その案件ごとに政治決断をしていたと見る評価もあらわれている。

研究課題

1. 清とイギリスの貿易関係はどのように変化していったのか、またアヘン戦争はなぜ生じたのか、まとめてみよう。
2. 冊封・朝貢関係とはどのようなもので、一九世紀にそれはどのように変容していったか、考察してみよう。
3. 一九世紀に中国で生じたさまざまな反乱について、それがどこで生じたかを調べた上で、その原因を中国社会の変容の面から考えてみよう。

参考文献

岡本隆司『李鴻章 東アジアの近代』(岩波書店、二〇一一年)
吉澤誠一郎『清朝と近代世界 19世紀』(シリーズ中国現代史①、岩波書店、二〇一〇年)
和田春樹・後藤乾一・木畑洋一・山室信一・趙景達・中野聡・川島真『岩波講座 東アジア近現代史 第1巻 東アジア世界の近代 19世紀』(岩波書店、二〇一〇年)
三谷博・並木頼寿・月脚達彦編著『大人のための近現代史 19世紀編』(東京大学出版会、二〇〇九年)

11 辛亥革命と「中国」の国家建設

川島　真

《本章のねらい》 この章では、日清戦争で敗れた清が、戊戌変法で挫折しながらも、義和団戦争後に近代国家建設を本格化させたものの、そのやや拙速な近代国家建設が一つの原因であった辛亥革命により滅亡し、中華民国が建国される過程を扱う。この過程で浮かび上がった政治的な対立軸は、二〇世紀前半の中国政治を理解する上で重要なものである。これらを学習することで、混乱していると思われがちなこの時代の中国を見据える視座を涵養したい。

《キーワード》 日清戦争、義和団戦争、光緒新政、日露戦争、辛亥革命、中華民国

1．日清戦争と新たな国家像

日清戦争と下関条約

一八九四年、朝鮮半島で全琫準らが指導する東学党の乱が発生した。東学というのは、キリスト教を中心とする西学に対置され、民間信仰や儒仏道など朝鮮の価値観を重視する思想を意味し、崔済愚が創始したものとされる。東学党の反乱に際して日清両国は天津条約に基づいて出兵した。だが、両軍が到着したときには乱はほぼ収束しており、朝鮮も両国に撤兵を求めた。

しかし、日本軍は撤兵せずに逆に日本の影響力強化を求めて朝鮮に対して改革を要求した。朝鮮がこ

れを拒否すると、日本は朝鮮の王宮に攻め込み、朝鮮が清に救援を求める事態になった。それを受けて、日本は清の軍隊を先制攻撃し（豊島沖海戦）、一八九四年八月一日に日清双方が宣戦布告をおこなって、日清戦争が始まった。戦場は黄海、あるいは遼東半島などであったが、陸海軍ともに日本優勢であった。清の北洋艦隊は多くが撃沈、あるいは日本軍に鹵獲されたが、最終的には威海衛の劉公島などに集まって戦ったものの日本軍に降伏した。一八九五年一月、日本は尖閣諸島を沖縄県の一部とし、三月に李鴻章が講和交渉のために下関に到着した後に、台湾・澎湖方面を攻撃したのだった。四月、日清下関条約が締結された。

【史料1】下関条約

第一條　清國ハ朝鮮國ノ完全無欠ナル獨立自主ノ國タルコトヲ確認ス因テ右獨立自主ヲ損害スヘキ朝鮮國ヨリ清國ニ對スル貢獻典禮等ハ將來全ク之ヲ廢止スヘシ

第二條　清國ハ左記ノ土地ノ主權竝ニ該地方ニ在ル城塁、兵器製造所及官有物ヲ永遠日本國ニ割與ス

一（省略）

二　臺灣全島及其ノ附屬諸島嶼

三　澎湖列島即英國「グリーンウィチ」東經百十九度乃至百二十度及北緯二十三度乃至二十四度ノ間ニ在ル諸島嶼

第四條　清國ハ軍費賠償金トシテ庫平銀二億兩ヲ日本國ニ支拂フヘキコトヲ約ス（後略）

第五條　日本國ヘ割與セラレタル地方ノ住民ニシテ右割與セラレタル地方ノ外ニ住居セムト欲スルモノハ自由ニ其ノ所有不動産ヲ賣却シテ退去スルコトヲ得ヘシ其ノ爲メ本約批准交換ノ日ヨリ二箇年間ヲ猶豫スヘシ但シ右年限ノ滿チタルトキハ未タ該地方ヲ去ラサル住民ヲ日本國ノ都合ニ因リ日本國臣民ト視爲スコトアルヘシ（後略）

第六條　日清兩國間ノ一切ノ條約ハ交戰ノ爲メ消滅シタレハ清國ハ本約批准交換ノ後速ニ全權委員ヲ任命シ

日本國全權委員ト通商航海條約及陸路交通貿易ニ關スル約定ヲ締結スヘキコトヲ約ス而シテ現ニ清國ト歐洲各國トノ間ニ存在スル諸條約章程ヲ以テ該日清兩國間諸條約ノ基礎ト爲スヘシ又本約批准交換ノ日ヨリ該諸條約ノ實施ニ至ル迄ハ清國ハ日本國政府官吏商業航海陸路交通貿易工業船舶及臣民ニ對シ總テ最惠國待遇ヲ與フヘシ（後略）

下関条約第一条にあるように、清は朝鮮の独立を認めた。これは清の対外関係全体に大きな影響を与えた。清は冊封関係を主とする対外関係を改め、条約に基づく近代的な国家関係を主とする対外関係を想定するようになる。次に、第二条にあるように、清は台湾・澎湖を日本に割譲した。日本は植民地帝国となったのである。なお、第二条第三項で澎湖諸島の範囲を限定していることに留意したい。清側は、日本が澎湖諸島の範囲を、西方の福建沿岸部まで拡大することを恐れたのであった。その台湾・澎湖の住民には第五条にあるように、二年間の国籍選択の猶予が与えられた。また、第二条で遼東半島の日本への割譲も決められたが、ロシア、ドイツ、フランスの三国干渉によって、日本は三千万両と引き替えに清に遼東半島を返還した。このような列強の干渉、とりわけ三年後の一八九八年に遼東半島南端の旅順・大連を租借地としたロシアに対しては「臥薪嘗胆」といった感情が国民に残された。そして、第四条にあるように清は賠償金として日本に二億両を支払うことになった。これは、日本の工業化、金本位制移行の上での原資となった。さらに、第六条にあるように、日本は中国において列強と同じ地位を得ることになった。これは一八七一年の日清修好条規という平等条約の下にあった日清関係が、日本に優位な不平等条約関係になることを意味していた。

日清戦争での日本の勝利は、東アジアで日本が台頭していることを内外に印象づけるだけでなく、明治維新評価を高めることになった。清でも若手官僚を中心に、日本の国家建設を学ぼうとする動きが強まったのである。彼らは、国内での立憲君主制度に基づく近代国家建設を目指したが、同時にその世界観は冊封関係というよりも、主権国家が並び立つ近代的国際関係に基づくものになりつつあった。

台湾の植民地化

一八九五年に日本の台湾・澎湖領有が決まったが、台湾統治を始めるに当たって日本軍は台湾西部の鎮定に約半年を要した。台湾の基層社会で外来者への警戒感があったこと、また張之洞の意向もあって清朝が台湾民主国を建国して日本の植民地となることを防ごうとしたことなどに因る。西部を統治下に収めた日本は、台北に台湾総督府を設けて統治することになった。山間部の「高砂族」の居住区をも統治下に組み込んだのは一九一〇年代だと考えられる。日本の植民地統治は、インフラ建設、あるいは砂糖や樟脳などの産業開発などの経済建設面でも進展した。

二年間の猶予期間を経て日本国籍を選択した台湾住民は、日本人の通う小学校ではなく、ほとんど台湾人向けの公学校で学んだ。優秀と評価された台湾人学生は、中学校から高等学校、そして帝大へと進むこともあった。だが、台湾人エリートにとってすべての職業が開かれているわけではなく、多くは弁護士や医者など特定の職についた。官僚となっても、台湾人であることを理由に一定の地位以上には上がれなかったのだった。国家の制度においても台湾人は、日本帝国内部では徴兵制度の適用外になり、台湾での参政権も抑制され、議会も設置されないなど、本土の〝日本人〟とは異なる扱いを受けた。だが、海外では日本のパスポートを持ち、中国では治外法権などの特権を享受できた。彼らはしばしば台湾籍民などといわれた。これらは、日本人とも中国人とも異なる台湾人意識を育む一つの背景となったとされる。

また、台湾統治に際して、日本ではこれを内地延長主義で統治するか、内地とは切り離して統治するかという議論があった。日本政府は、一八九六年の六三法によって台湾総督に対して一定の制限の下での立法権を与えた。これは台湾と内地とを分離することを意味するが、時限を定めたので将来の内地延長主義への含みを残した。また、この法律は帝国憲法が台湾に及ぶのか否かという問題を残しており、この点は一九〇六年の三一法によって台湾総督の立法が勅令に抵触しないことにして回避しようとしたが、憲法との問題が解決するのは、一九二一年の法三号によってであった。

日本の台湾統治は、台湾の生活習慣や価値観（いわゆる旧慣）を重視するものであったともされるが、それは一面で治外法権撤廃に成功しつつあった日本が、台湾という空間において、日本人と台湾人を法的に区別し、西洋人を日本人と同様に扱おうとしたことのあらわれでもあった。

「瓜分の危機」と戊戌変法

日清戦争を契機として、清の国内では国内改革の声が官界からもあがるようになっていた。とくに、一八九五年の下関条約締結前に、康有為ら科挙の受験者たちが皇帝に対して建議した「公車上書」が広く知られる。ここで康有為らは条約締結に反対したが、下関条約締結後は根本的な制度変革（変法）によって、近代国家建設、清の強国化を促すような上書を繰り返した。

こうした中で、清には新たな危機が訪れた。清が日清戦争に敗北すると、それまで「眠れる獅子」として恐れられていた清に対して、列強が鉄道敷設や鉱山開発などの利権獲得を求めるようになった。南下政策を進めるロシアは、三国干渉の代償として、一八九六年に露清密約を締結して東清鉄道の敷設権を得た。これによってシベリア鉄道の支線としての東清鉄道が、清の領土内の満洲里から綏芬河を経てウラジオストクに結びつき、さらにハルピンから旅順・大連に至る支線が敷設されることにもなっていった。また、この密約は日本を露清の仮想敵としていた。他方、朝鮮でも、日清戦争で日本が勝利したとはいえ、ロシアの影響力が強まり、一八九六年二月からの一年間、高宗がロシア公使館で政治をおこなうまでになった（俄館［露館］播遷）。

一八九〇年代後半には、ヴィルヘルム二世統治下のドイツや、米西戦争に勝利してフィリピンを領有するなど太平洋にその勢力を拡げたアメリカが、中国をめぐる国際政治に登場した。とくにドイツは、宣教師が山東半島で殺害されたことを口実として、一八九八年に山東の膠州湾を租借地とした。それに対し、ロシアは遼東半島の先端の旅順・大連を、イギリスは山東半島の北側の威海衛、香港の九龍半島の北部、九龍から北側、周辺の島嶼から成る、「新界」を租借した。一九九七年にイギリスが香港を返還したのは、一八九八年の租借時での租借期限が九九年だからであった。また、フランスも一八九九年に広州湾を租借した。租借地は租界とは異なり、主権そのものを租借するもので、各国は海軍基地をそこに建設し、さらに租借地を起点に鉄道を敷設したり、周辺を勢力範囲として、鉱山を開発したりした。勢力範囲は、その地域に対する爾後の優先的な利権獲得を、清とのあいだで、あるいは列強同士で約したものであり、その空間の支配を意味はしない。だが、ロシアが東北地方、ドイツが山東半島、イギリスが長江流域、フランスが広東西部と広西、日本が台湾の対岸の福建を勢力範囲とし、それが図や絵とともにメディアで

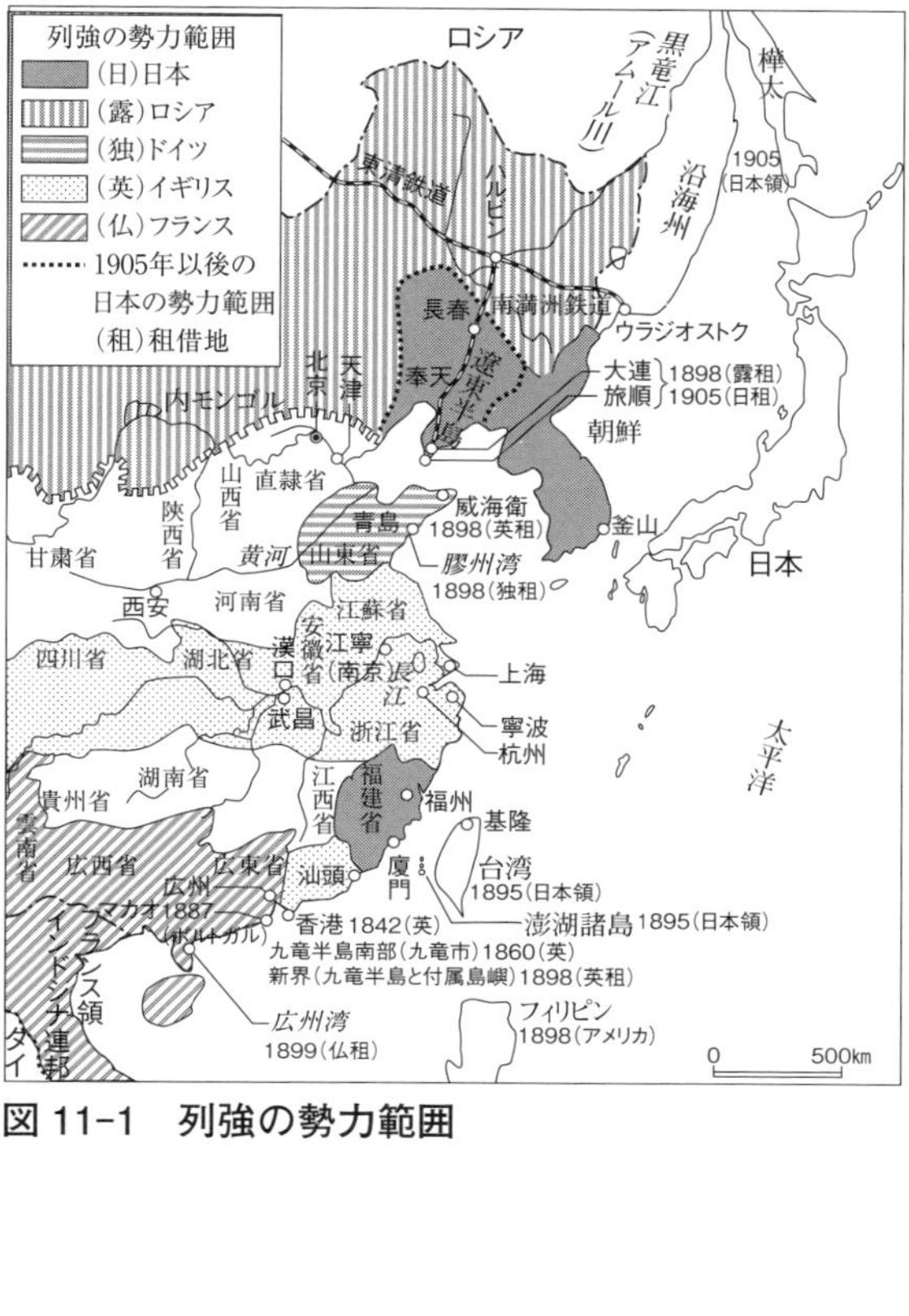

図 11-1　列強の勢力範囲

紹介されると、中国が列強によって分割されたような印象を内外に与えた。中国でも、中国を瓜にたとえて、「瓜分の危機」と認識されるようになった。加えて、当時、社会進化論が広まり、国際関係も弱肉強食などの概念で理解されていた。中国はまさに列強に分割、支配される弱国だと認識され、「救国」が知識人共通の目標となった。

こうした状況の中で、すでに改革を提唱していた康有為やその弟子である梁啓超は、一八九八年、光緒帝の賛同を得て政治改革をおこなった（戊戌変法）。康有為らは公羊学を信奉し、『春秋』の注釈の一つである「公羊伝」に基づいて孔子の教えを理解し、その教えを、現状を変えようとしない保守的なものではなく、むしろ積極的な社会変革を強く求めるものとして理解した。これは当時の知識人の理解からすると異端に近かった。また、康有為は西洋との関係では中体西洋論に近い理解をしており、いわゆる附会論者でもあった。この戊戌変法の目指すところは、清を世界に伍していける強国にすべく、立憲君主制などを採用して、近代国家としての諸制度を調えることであった。対外関係の面でも、冊封関係などの上下関係ではなく、「列国並立」、つまり主権国家体制の中に清を位置づけようとしていた。

しかし、この改革は最終的にわずか三カ月で頓挫した（そのため百日維新ともいわれる）。西太后は当初、この改革に対して強く反対はしていなかったが、官界で維新推進派と穏健な改革派、また保守派などがしだいに分裂すると、西太后の側に維新反対の意見が集約された。清廷の安定を求める西太后は、栄禄を直隷総督兼北洋大臣に任命するなどしたが、光緒帝も袁世凱を抜擢してそれに対抗した。その袁世凱は、西太后との対立を恐れて、西太后に接近した。合意形成に失敗した維新派はしだいに孤立していき、光緒帝は幽閉され、康有為や梁啓超は海外逃亡、また維新推進派の六名が処刑された（戊戌六君子）。

戊戌変法は頓挫したが、その改革の方向性は光緒新政や民国の国家建設に継承された。また、この時

存続した。の施策はほとんど一旦は白紙に戻されたが、一八九八年に設けられた京師大学堂（のちの北京大学）は

2. 義和団事件と光緒新政

義和団戦争と北京議定書

華北の農村社会でのくらしは、経済の低調、重税などによって厳しいものであったが、同時に前章の記述のとおり社会の軍事化も進んでいた。そうした中で自衛組織が基層社会につくられたが、官憲から承認された自衛組織は団練などと呼ばれた。義和団もまた社会秩序を回復するため、宗教と義和拳という武術を媒介にして結集した社会集団で、かつ官憲に認められた「団」であった。

また山東では、ドイツの膠州湾租借のきっかけになった宣教師殺害事件にもあらわれるように、キリスト教の布教がおこなわれ、農村部にも教会ができていった。教会は一面で農村社会から歓迎された。外国人宣教師は治外法権の下に置かれており、その庇護下に入れば、重税や、官憲の取り締まりから逃れられるのではないか、と期待されたからである。他方で、教会とは距離をとり、従前の清の統治システムに残る人々もいた。そのために家族、親戚の間も含めて、基層社会が教会側と非教会側に引き裂かれることになった。そのため、その亀裂を修復し、教会の庇護下に入った人々を既存の秩序に取り戻すべく、排外的な要素をともなった運動が生じたのであった。これが、義和団が山東など華北で拡がった背景にあり、各地でキリスト教への反対運動である仇教運動が起きていた。

義和団の人々は、教会、電線、外国商品など外国に関連するものを破壊し、外国人を襲撃した。これに対して、ドイツをはじめ列強は抗議したが、当初、「扶清滅洋」を唱え、清による秩序回復を目指す義和団を清は積極的に取り締まることができなかった。

列強の圧力の中で、清は袁世凱に義和団の取り締まりを命じたが、義和団は山東を離れて直隷（河北）に移動し、北京に迫った。清内部では、この事態にいかに対応するか議論がなされた。そこでは、義和団を「賊」と見る向きもあれば、国家の危機に立ち向かう民だと見る向きもあって対立した。西太后が後者の立場に立つこともあった。結局、清が結論を出す前に、八カ国連合軍がタークー（大沽）の砲台を攻撃し、それを受けて清は日本を含む八カ国に宣戦布告をしたのだった（義和団戦争）。

義和団と清の正規軍は、列強の公使館のある東交民巷を包囲し、ドイツ公使や日本公使館の書記官をはじめとして死傷者を出したが、最終的には日本軍を主力とする八カ国連合軍が北京に到着して、八カ国連合国の勝利に終わった。この戦争の過程で、山東以南の沿岸部の各省の地方大官は、戦争準備が遅れていることなどを理由に戦争をおこなわないとして、管轄範囲の外国人に危害を加えないこと、その財産を保護することを約していた（東南互保）。また、この戦争の戦場は天津から北京に至る地域であったが、ロシアは満洲を占領しており、北京議定書を締結しても、撤収しようとしなかった。

一九〇一年、八カ国と清は北京議定書を締結した。そこでは、ドイツへの謝罪使の派遣や外国軍隊の北京周辺から沿岸部での駐屯、そして四億五千万両に至る賠償金の支払いなどが定められた（日本では団匪賠償金といわれている）。この条約締結の背景には、一八九九年からアメリカのジョン＝ヘイがおこなってきた二度にわたる門戸開放宣言の一定の影響もあって、これ以上列強が利権獲得争いをおこなわずに一八九〇年代後半段階での利権を相互に確認し、以後は対中政策をめぐって列強どうしで協調すること、また中国の保全に務めることなどがあった。だからこそ、この北京議定書は一八五八年の天津条約、一九二二年の九カ国条約と並んで中国と列強との関係を規定する基本条約としての位置づけを与えられていた。

光緒新政と「中国」意識

義和団戦争での敗北を受けて、清の光緒帝は新政をおこなうことを決定した（光緒新政）。これは、基本的に戊戌変法同様に、法や制度を整えて近代国家建設をおこなおうとするものであった。外交の面でも総理衙門にかわって外務部を設け、六部の上に置いた。また、科挙制度を一九〇五年には廃止することにして、官吏登用制度を改め、大学卒業などの学歴に基づくものとした。これによって、西洋式の新しい学問をおさめることが官吏に求められるようになった。また、軍事面でも日本やドイツに留学生を派遣して人材養成に努めるとともに、西洋式軍隊をさらに調えた。とくに北洋軍は清軍の中でも最強であった。

清は同時に、近代主権国家たるべく、版図全体に対する一元的な統治を模索するようになった。この時期には学校教育も始められたが、そこでは官僚の共通語であった北京官話が国語として採用され（基本的に現在の中国語はこの北京官話を基礎としている）、満洲にも省を設けるなどして直轄地を拡大した。また、財政など、さまざまな面での中央集権を推し進め、中央－地方、国家－社会関係は変容していった。従来は自立性が強かった藩部でもこの傾向は顕著で、モンゴルやチベットでは清の中央集権政策に対する反発が強まった。これが近代中国での民族運動の一つの契機となった。

また、官となるのに学歴を必要とした若者たちは海外留学を試みた。中でも日本は、中国から近く、学費も廉価で、漢字を使用していることから人気があった。また、日本の私立大学の中には、在学年限を短縮して卒業資格を与えるところもあらわれ、日本留学に拍車がかかった。中国人留学生は日本で、多くの場合、中国語の通訳を介して法や国家の諸制度を学んだが、日本が生み出した「訳語」を身につけ、帰国することになった。その訳語には、法律、経済、社会などがあった。現在の中国語にも、この時期に日本から輸入した語彙が数多く含まれている。また、留学生たちは西洋の近代的諸制度を日本で学んだのであり、日本そのものから学んだのではないとはいえ、纏足《てんそく》していない日本人女性の足に驚き、また当時の日本の民族主義的色彩の強い国家像からも留学生は影響を受けることになった。そして、東京は中国だけでなく、朝鮮半島や東南アジアからも政治活動家が集まり、留学生とともに、さまざまな政治運動が展開される場であった。

このころ、清が主権国家としての体裁を整えようとする中で、知識人の間にはしだいに国家や国民意識が育まれはじめた。アメリカ移民法で中国人（労働）移民が禁止された理由に民族差別を見出したために生じた反米運動、ロシアの満洲占領に反発した反ロシア運動（拒俄運動）などはその意識のあらわれだったと思われる。そうした中で、清や明といった王朝をこえた、諸王朝を時間的にも貫くような、「中国」という国家意識が育まれ、中国の国家建設が模索されるようになった。清はその中国を代表する王朝たることを自認してはいたが、それはしだいに知識人や社会からの支持を失っていくことになった。次の梁啓超の一文は、当時の「中国」という語の使われ方を示している。二〇世紀初頭になって、「中国」という語が国家のシンボルとして用いられるようになったのであり、果たして清とその「中国」が重なるのか否かが問題になった。

【史料2】　梁啓超「中国史叙論」(1)。

吾人がもっとも慚愧にたえないのは、わが国には国名がないということである…漢人、唐人などは王朝の名にすぎないし、外国人のいう支那という呼称などは、われわれが自ら名づけた名ではない…王朝名でわが歴史を呼ぶのは国民を重んずるという趣旨に反する。支那などの名でわが歴史を呼ぶのは、名は主人（中国の人＝筆者注）に従うという公理に反する…中国・中華などの呼び方には確かに自尊自大の気味があり、他国の批判を招くかもしれないが、三つの呼び方（王朝名、外国からの呼び名、中国・中華）それぞれに欠点があるなかでは、やはり吾人の口頭の習慣に従って『中国史』と呼ぶことを選びたい。

日露戦争と中国

ロシアは義和団戦争終結後も満洲から撤兵せず、朝鮮に対しても圧力をかけた。それが中国での反ロシア運動（拒俄運動）だけでなく、相互の協調を旨とするようになった列強からの反発も惹起した。朝鮮への進出をねらう日本だけでなく、ロシアの南進を警戒するイギリスや、門戸開放を唱えるアメリカもロシアに反発した。一九〇二年、南アフリカ戦争で余力のないイギリスは日本と同盟を締結し（日英同盟）、ロシアの南下に対抗し、アメリカもそれを支援した。日本は、列強の支援の下にロシアに対して強硬政策を採り、一九〇四年に日露戦争を起こした。この戦争は清の国土である満洲などを戦場としていた。清は中立を宣言したが、それと同時に満洲からロシアが撤兵することを望み、清は相対的に日本に好意的であった。日本は、旅順・大連の攻略で大きな犠牲を払いながらも、日本海海戦などで勝利をおさめ、ロシアに対して比較的優位となった。中国ではロシアが満洲から撤兵しても、日本がロシアに代わるだけだとの見方も強まり、しだいに、日本への反発も強まっていった。一九〇五年、アメリカの仲介でポーツマス条約が締結された。ここで日本は賠償金が獲得できず、多くの犠牲と引き替えに得たのは南満洲の諸利権、すなわち旅順・大連租借地と南満洲鉄道およびその付属地などであった。この満洲利権は、日清間の合意を経て確定されたが、日本にとっては日露戦争の犠牲の代償との認識だった。以後二十一カ条要求、満洲事変などを通じて、日本はこれらを固守しようとして、中国や世界と衝突することになった。

日露戦争における日本の勝利は、専制に対する立憲の勝利として中国で受け止められ、清による立憲君主制度の採用を後押しした。だが、一九〇五年に孫文が各種の革命団体を結集して、東京で中国革命同盟会を結成するときの式典では、日露戦争での日本の勝利を称揚することを孫文はしていなかった。孫文が日露戦争に言及して日本の勝利の意義を強調したのは、一九二四年の神戸での大アジア主義演説でのことである。

3．辛亥革命と中華民国の国家建設

清の改革と政治の対立軸

光緒新政を進めていた清は、立憲君主制の採用を決断し、日本やドイツなどに使節を派遣して、制度学習に努めた。全国の知識人の多くもまた立憲君主制の採用を支持し、国会の早期開設を求めたのだった。革命派は確かに内外で活動していたが、当初は清を打倒する革命よりも、清を存続させて立憲君主制に移行することが現実的と考えられていた。

一九〇八年、清は欽定憲法大綱を発布し、十年後の国会開設を約束した。しかし、準備期間が長すぎるとして知識人からの反発が強く、清は開設までの期間を五年に短縮したが、それでも国会開設請願運動が続いた。一九一一年、清は国会開設に先だって「責任内閣」（国会開設前だが、責任内閣といわれる）を組織したが、大臣の過半数が満人で占められ、清による立憲君主制採用を求めてきた知識人を大きく失望させた。その結果、立憲君主制を支持していた知識人らも、しだいに清朝打倒の必要性を認識するようになった。

また、多くの賠償金支払いもあって増税傾向が続いた上、清による中央集権化政策によって、中央－地方関係、国家－社会関係に変化が見られた。中央が地方や社会のさまざまな資源を中央に集中させようとし、地方や社会では、それに対する反発が強まった。とくに、清が進めた鉄道国有化については、各地方の人々が出資して建設、経営した鉄道を中央が買い上げて国有化しながら、中央の財政が苦しいこともあり、それを外国に経営させるなどしたため、きわめて強い地方からの反発を生み出した（鉄道国有化反対運動）。こうした清の中央への反対運動は、議会開設に向けて地方に設けられていた諮議局に集まっていた各省、地域の実力者が担っていた。

このような中央－地方間の、あるいは国家－社会間の争いは、従来、基本的に地方や在地社会の統治に委ねていた清が、中央集権化にともなってその地方や在地社会に統治を及ぼそうとしたことにより生じたといえる。「近代」国家としては、清の改革は決して矛盾したことではない。多くの近代国家もまた鉄道国有化を体験している。だが、中国では、それまでの国家と社会、中央と地方の関係と近代国家のあり方は異なっており、中央は地方や社会の内側にまで入らず統治していた。そのため、清末の中央集権化はきわめて大きな動揺を地方に与えた。まして、財政が苦しかったので地方や在地社会に課した負担も大きかった。その結果、中央集権か地方分権かという大きな対立軸が中国政治に生じた。

いま一つの大きな対立軸は、立憲君主制か、君主制そのものを廃止する共和制かということにあった。王朝や皇帝制度そのものを否定する革命派は、皇帝制度を残すどころかそれを強化する可能性のある立憲君主制度にも反発して、共和政体の採用を訴えた。地方の実力者たちの多くは、集権化には反対しつつも、立憲君主制度を支持していた。だが、清の国会開設の遅れや、組織された「責任」内閣において満人が過半数を占めると、清による立憲君主制に疑義を持つようになったのである。二〇世紀の中国政治を見る上で、この二つの対立軸は大きな意味を持つと考えられる。

辛亥革命

鉄道国有化反対運動は、言論による批判だけでなく、清の地方官衙が襲撃されるほどの事態に発展していた。とくに四川省ではその運動がはげしく、湖北省の軍隊が四川に鎮圧支援に向かった。主力がいなくなった湖北省の武昌では、留守部隊や地域の実力者などが一九一一年一〇月一〇日に蜂起した。革命派は武器の調達という役割をも担った。革命派の中には華南から北京への北上論、列強からの関心を集められる長江流域での革命、そして清の首都北京攻撃など、いくつかの議論があったが、黄興や宋教仁らによる長江流域での革命論が結実したことになる。

湖北省は省の「独立」を宣言した。これは、国家としての独立ではなく、省としての中央に対する自立であった。湖北省に続き、長江以南を中心に中央からの独立を宣言する省が相次ぎ、彼らは南京に代表を派遣して、新しい政府を組織することを検討しはじめた。しかし、軍事力に勝る清は武昌を奪回するなどして、北の清と南の各省の連合が対峙する事態となった。一九一一年一二月末、アメリカから孫文が帰国し、一九一二年一月一日、各省の連合は孫を臨時大総統として中華民国の建国を宣言した。この国は、共和制を採用し、また地方の権限を比較的大きく認める国家を想定していた。北京の清政府と南京の中華民国政府とが対峙する局面となった中国では、イギリスの斡旋で南北の和議が進められた。この時点では、清は列強から承認されていたが、列強としては通商活動などの面で、安定した中国を求めていたのである。

和議の結果、宣統帝溥儀は退位し、中華民国が中国を統治することになった。中華民国は、清の版図を基本的に継承し、漢・満・蒙・蔵・回からなる五族共和を旨とした。そして、臨時大総統の椅子は孫文から、清の実力者であった袁世凱に引き継がれることになった。武昌蜂起から中華民国建国、そして宣統帝溥儀の退位に至る過程を、一般に辛亥革命という。

当初、中華民国は南京を首都としており、袁世凱も南京に来て総統になることになっていたが、袁は北京から動かず、中華民国政府は北京に移ることになった(中華民国北京政府)。北京に政府が移る前に、南京では憲法制定まで国家の基本となる臨時約法が定められた。

袁世凱と中華民国

中華民国の首班となった袁世凱は、清政府以来の官僚群と北洋軍などの西洋式軍隊を継承した。また、政策としても清末以来の近代国家建設を継続することになった。イギリスをはじめとする列強も、中国を統治するパワーと能力のある、〝ストロングマン〟としての袁世凱に期待していた。そうした意味では袁世凱政権は強力な政権となる可能性もあった。しかしながら、中華民国は、清の目指していた立憲君主制ではなく、共和制を採用していた。そのため、議会の権限がきわめて強く、総統の権限は抑制されていた。国民党の新たなリーダーとして台頭していた宋教仁らは議会で多数の議席を占め、袁の権力を抑制することを企図していたと考えられる。

実際、国会議員選挙でも国民党は第一党となったのだが、宋教仁は上海で暗殺され、袁世凱は議員を買収して議会を骨抜きにした。このような事態に至り、それまで袁世凱政権に協力し、鉄道大臣などを務めていた孫文らは政権から離反した（第二革命）。袁世凱は、革命の成果である共和制を全面的に否定することはしなかったものの、議会権限を実質的に弱体化させるという対策を講じたのだった。

一九一三年秋、袁世凱は議会で正式に大総統に選出された。すでに議会の開設に際してアメリカなどの共和制の国家は中華民国政府を承認していたが、日本やイギリスなどは袁世凱の大総統選出を以て、中華民国政府を承認した。列強は、袁世凱政権に借款を与えて支えた（善後大借款）。この政権は、北京政府のそれ以後の政権に比べれば強力であったが、一九一四年には第一次世界大戦勃発という世界史的な事態に対応しなければならなくなったのである。

注

（1）梁啓超「中国史叙論」（『清議報』第90冊・91冊、一九〇一年九月三日・一三日、『飲冰室合集』第一冊文集、六一～六二頁）。

研究課題

1．日清戦争によって日中関係はどのように変化し、中国の近代史にどのような影響をもたらしたか考えてみよう。
2．中国近現代史において、義和団事件を大きな画期だとする見解がある。それはどのような観点に基づくものだと考えられるか。「中国」の国家建設という論点に留意して考察しよう。
3．辛亥革命はなぜ生じたのか。中央－地方関係に留意して、理由を整理してみよう。

参考文献

岡本隆司『世界のなかの日清韓関係史　交隣と属国、自主と独立』（講談社、二〇〇八年）
岡本隆司『袁世凱　近代中国の出発』（岩波書店、二〇一五年）
川島真『近代国家への模索　1894－1925』（シリーズ中国近現代史②、岩波書店、二〇一〇年）
吉澤誠一郎『愛国主義の創成　ナショナリズムから近代中国をみる』（岩波書店、二〇〇三年）

12 中華民国の国家建設と国際政治

川島　真

《本章のねらい》　本章では、第一次世界大戦から日中戦争勃発の時期を扱う。中国国内では、国民革命によって中華民国北京政府から南京国民政府へと政権が交代するが、近代的な国家の建設事業は継続され、とくに統一政権となった国民政府は積極的に国民養成を進めていった。その国家建設のプロセスを理解し、それが抗日戦争にいかに結びつくのかを把握するのが、本章のねらいである。

《キーワード》　第一次世界大戦、パリ講和会議、ワシントン体制、国民革命、国民政府、満洲事変、日中戦争

1．第一次世界大戦と中国

第一次世界大戦と日本の参戦

袁世凱が正式に大総統に就任した翌年の一九一四年、のちに第一次世界大戦と呼ばれる戦争が欧州で始まった（第二次世界大戦が生じるまでは、Great War などと呼ばれていた）。この戦争は、欧州を主要な戦場としながらも、欧州諸国の植民地をはじめ世界中に拡がった。東アジアでも、ドイツは山東半島の膠州湾租借地に海軍基地を有しており、また西太平洋のサイパンやパラオなどの島嶼を領有していた。第一次世界大戦勃発当時、北京議定書に基づいて、中国にはドイツ軍だけでなく、イギリス軍や日本軍も駐屯していた。もし、中国が参戦すれば、中国国内で列強の軍隊も混じえた戦争が生じる可能性も

あった。そのこともあって、中国は大戦に対して中立を宣言した。これは、中国自身が戦争に中立だというだけでなく、中国の国土が中立地であることを意味していたはずだった。

日本は日英同盟を理由に、参戦を決定した。そして、イギリス軍とともにドイツの膠州湾基地の攻略を計画し、中立国である中国との間で戦闘区域を定めて、山東半島に派兵した。日本は、その定められた区域をこえて侵攻し、ドイツ租借地だけでなく、山東半島のほぼ全域を占領し、統治した（〜一九二二年）。一九一五年一月、列強が欧州にかかりきりになっていることに乗じた日本は、日露戦争で得た満洲利権を確実なものとし、また山東利権も自らのものにすることを企図して、袁世凱政権に二十一カ条要求をつきつけた。そこには、山東利権、満洲利権という主要部分のほか、日本人顧問の採用や日中合同警察の創設など、中国への甚だしい主権侵害を含む第五号の諸条項があった。この要求は、中国で大きな反発を生み出したが、それだけでなく日本が第五号を列強に隠したこともあり、列強からも強い疑義が呈された。この第五号は、中国側がメディアにリークして暴露された。

最終的に、一九一五年五月七日、日本は最後通牒を中国につきつけ、五月九日、中国はそれを受諾した。五月末にはこの要求を受けた諸協定が締結されたのだった。だが、この二十一カ条要求の残した代償はあまりに大きかった。日本は列強の中でも特別な侵略国として中国で見なされるようになり、また列強からの信頼も失った。袁世凱政権も、この要求を受け入れたことで、中国国内からの批判を受けることになった。近代の日中関係史を見る場合、この二十一カ条要求は大きな転換点であった。

袁世凱の帝政とその失敗

袁世凱は、中央集権的で、かつ立憲君主制度に基づく国家を想定していたものと思われる。大総統権限を制度的に抑制する議会を、袁はコントロールしたが、しだいに自らが皇帝となること、すなわち共和制を否定することを模索しはじめた。一九一五年一二月、参政院が袁を皇帝に推戴し、袁もそれを受け入れて皇帝となり、国号を中華帝国として、年号を民国から洪憲に改めた。

しかし、共和制という、革命の成果を否定する帝政の採用は、国内からも強い反発を生み出した（第三革命）。雲南省や江西省で反乱が始まると、各省は相次いで中央からの独立を宣言した。中央に反発する勢力は護国軍を組織し、北洋軍に対しても勝利を収めた。こうした事態に直面した袁は、皇帝就任儀式実施を延期し続け、一九一六年三月には帝政を取り消した。そして六月初旬、袁は他界した。

袁の死により、黎元洪が大総統に、段祺瑞が国務総理となった。袁により否定されていた臨時約法、議会が復活し、年号も民国が用いられた。強力な軍事力と統率力を有していた袁の死後、その後継者をめぐる対立が生じ、後に「軍閥混戦」の時代などといわれる時代が到来した。中央でも、第一次世界大戦への参戦の可否をめぐって、参戦派の段祺瑞総理と、反参戦派の黎元洪大総統、議会が対立する事態になった。黎大総統は段を追放するが、最終的に段が北京に戻り実権を掌握、大総統には馮国璋が就任した。また、段は議会を解散した。この解散した国会議員の一部は、孫文とともに広東で議会を復活させた。孫文は広州で北京とは別の〝中央政府〟を組織した（広東政府）。この政府がやがて北伐に成功して国民革命を実現するのであった。

■コラム：「軍閥」という呼称

中国史の叙述にはいくつかの問題点がある。たとえば、善玉・悪玉論。歴史上の人物を善玉と悪玉に分けて両者の対立と葛藤として描く。一見、面白い物語だが評価が単純化し過ぎる。また、統一・分裂論もある。中国が統一することを肯定し、分裂していることを問題視する。

「軍閥」という用語は、この善玉・悪玉論と統一・分裂論の双方と深くかかわる。近代中国の軍事力を背景とする指導者は当然自らを「軍閥」と呼んだりしない。彼らが軍事力を背景に指導者となった一つの原因は、中国社会での軍事化が進み、軍事力が指導者となる要件になったからだ。孫文とて軍事力を重視し、蔣介石は国民革命軍を組織した。したがって、軍事力を用いるだけで問題視されるのはおかしい。しかし、同じく軍事力を持つ孫文や蔣介石は軍閥とはいわれないことからもわかるように、地方の軍事指導者たちは明らかに悪玉としての役割を与えられてしまっている。

また、地方の軍事指導者の中には自らの統治空間での工業化や教育に熱心な人が少なくなかったし、中華民国への愛国心が強い人も多かった。しかし、中国を統一した国民党や共産党からすれば、「軍閥」と呼ばれた地方の軍事指導者たちは、統一を志向しない分裂主義者のように見える。だが、実は辛亥革命の過程で、各省が自立していったように、中華民国では本来、各省の自立性が高かったのだ。中央政府への反発から生まれた省の自立の論理こそが辛亥革命を支えていた面がある。しかし、国民党や共産党は中央政府の直轄統治を重んじた。そうした意味で、統一・分裂論からしても、「軍閥」と呼ばれた地方の軍事指導者たちは批判的に描かれることになった。

歴史を説明する言葉にもさまざまな背景や考慮があり、言葉一つをとっても、完全に客観的な表現を用いるのはきわめて難しいのである。

中国の参戦

一九一七年、ドイツのUボートによる無差別攻撃によって、それまでモンロー主義に基づいて大戦に対して中立の立場をとっていたアメリカが参戦を決め、中国に対しても参戦を求めた。すでに、中国では大戦景気で民族資本が成長し、軽工業の発展が見られていた。中国国内にはすでにドイツ兵、オーストリア兵はおらず、中国が参戦しても中国国内で戦争が生じるリスクは下がっていた。

中国は、三月にドイツ、オーストリアと断交し、八月に宣戦布告をおこなった。中国が参戦を決定したのにはいくつかの理由があった。第一に、すでに戦局は定まっており、協商国に加われば戦勝国になることができ、戦後の講和会議に戦勝国として参加できるだけでなく、すでに計画されていた国際連盟の原加盟国となることが期待されていた。第二に、ドイツ、オーストリアに勝利できれば、両国の在華権益、たとえば租界などを回収できることが期待された。第三に、参戦によって、協商国からの支援を得られる北京の中央政府が、混乱の続く国内で国内を再統一する機会を得ることができると考えられた。

参戦後、中国はとくに欧州などの戦場に派兵したわけではない。だが、フランスに留学して、工場労働に従事すれば、大学の学費が減免される制度を利用して、多くの若者がフランスに留学した（勤工倹学）。また、段祺瑞は軍をロシアの勢力下にあった外モンゴルに派遣して統治を回復し、またシベリア出兵にも参加した。

日本は二十一カ条要求によって日中関係が悪化したことに鑑みて、段祺瑞政権への支援を単独でおこなって、関係の修復をはかろうとした。当時、中国への借款などは列強間で協調政策をとっていた。そのため、日本は、公式な借款ではなく、西原亀三という人物個人の行為として段政権に対して一九一八年に多額の借款を供与した（西原借款）。また、武器などの支援もおこない、段はその軍事力を背景に権力を強化した。

パリ講和会議と中国

一九一八年、第一次世界大戦は終結し、中国は戦勝国となった。アヘン戦争以来、列強との戦争での最初の勝利だったといえる。とくに、義和団戦争で最も多くの賠償金を支払うことになったドイツに勝利したことは、中国にとっては意義があった。これにより、ドイツへの賠償金の支払いも不要になった。

一九一九年、パリで講和会議と国際連盟開設に向けての会議が開かれた。中国も戦勝国として参加した。中国は、二十一カ条要求で失った諸利権、とりわけ敗戦国ドイツの山東利権を取り戻し、かつ将来的に不平等条約を克服する道筋をつけようとしていた。また、アメリカ大統領のウイルソンの支援も期待されていた。アメリカは、大戦中の石井・ランシング協定で日本の在満権益を認めていたが、パリ講和会議では中国寄りの立場をとることが中国で期待されていた。ウイルソンの十四カ条には民族自決論が含まれていたが、それは必ずしも全世界の民族を対象にしたものではなかった。だが、そのウイルソンの意図とかかわりなく、民族自決論はアジアにも広まり、多くの賛同と共感を得ていた。一九一九年三月一日の朝鮮の三一独立運動や、後述の中国の五四運動もその一つであった。

しかし、パリ講和会議では、日本とイギリス、フランスの間で利権の調整がはかられ、日本がドイツの山東省利権を継承することが決まった。これは中国国内で大きな反発を生んだ。パリの中国代表団は、山東利権が日本に継承されることを知り、ドイツに対する講和条約調印拒否を決断していた。だが、条約に調印しないと、その条約の第一条で定められた、国際連盟の原加盟国として加入する権利を失うことが問題となった。この問題が未解決な状態で、中国で生じたのが五四運動だった。これは北京大学の学生等を中心にした運動であった。一九一九年五月四日、学生たちは、天安門広場に集合し、米国公使館などに陳情をおこなった後、二十一カ条要求交渉に携わった曹汝霖宅を襲撃して放火し、居あわせた駐日公使章宗祥に暴行を加えた。このような暴力による行為が「正義」と後に位置づけられるようになった。

また、この五四運動には、文化的な背景もあった。それは白話運動、新文化運動などであった。これらは、一種の啓蒙運動であり、雑誌『新青年』などを通じて、西洋的な思想、科学や民主などといった思想を重視するものであった。こうした知識人の運動が背景となって五四運動が生じたともいえる。

だが、政治過程から見た場合、五四運動は必ずしも政策決定過程に大きな影響を与えていない。五月四日のあと、むしろ、北京の段祺瑞は講和条約に調印するように命じた。しかし、パリの中国代表団はその訓令を拒否し、最終的にオーストリアとのサンジェルマン条約に調印すれば国際連盟に原加盟国として加盟できることがわかり、中国はヴェルサイユ条約調印を拒否した。山東のドイツ利権は日本に継承された。中国は、一九二一年にドイツと単独講和し、租界や義和団賠償金をはじめ多くの利権を回収することに成功した。また、ドイツは中国と平等な関係になった。しかし、山東利権は日本が継承したままであったし、二十一カ条要求にともなって喪失した諸利権は依然回復できていなかった。

2．ワシントン体制と国民革命

九カ国条約

第一次世界大戦終結前後から中国の政局は混乱した。段祺瑞はしだいに実権を失い、段率いる安徽派の勢力が弱体化し、直皖《ちょっかん》戦争（安直戦争）で安徽派が敗北するなどして、曹錕らの直隷派や東北の張作霖の勢力が強まった。北京の中央政府も、とくに財政が悪化し、その統治能力は低下していた。そうした中で一九二一年秋から翌年にかけて開催されたのがワシントン会議であった。

この会議はヴェルサイユ条約で積み残された、中国における列強間の関係、太平洋問題、さらには海軍軍縮問題を議論する場であった。このうち、中国は中国における列強間の関係を議論する場に招かれた。中国における列強間関係は、一八五八年の天津条約、一九〇一年の北京議定書などで定められ、辛亥革命以後も、列強間の協調や中国保全という基調があった。だが、日本の二十一カ条要求でその基調に問題が生じ、あらためて秩序を整える必要があった。そのため、この会議では、秩序を大戦以前に戻し、再び列強間協調を取り戻すことが目指されたが、同時に中国をもその枠組みに組み込もうとしたのだった。中国は、山東問題や二十一カ条要求をめぐる問題の解決とともに、不平等条約改正のための道筋をつけ、とりわけ財政を強化するために関税自主権回復を実現しようとした。

一九二二年、中国と日米英仏など中国に利権をもつ八カ国が条約を締結し（九カ国条約）、第一次世界大戦以前の中国における列強間の協調を取り戻すとともに、中国の不平等条約改正のために一定程度の道筋をつけた。関税自主権回復のための会議も開かれることになった。また、この会議を利用して、諸条約の交渉とは別に、山東問題の解決もはかられ、日本が山東の諸利権を一定の代償と引き替えに中国に返還することになった。

ワシントン体制と中国

ワシントン会議では、九カ国条約だけでなく、太平洋をめぐる四カ国条約、海軍軍縮をめぐる五カ国条約が締結された。第一次世界大戦のときには対中国政策の面で強硬であった日本は、原敬内閣が協調外交に転換し、幣原喜重郎外相がその路線を継承し、対英米協調外交をおこなった（幣原外交）。このような、日英米の協調体制はワシントン体制といわれる。この体制は一九三一年の満洲事変で崩れ、日英米は対立局面に入っていくと説明される。

だが、中国から見れば、この体制は北京議定書以後の列強間協調が回復されたことを意味するに過ぎず、必ずしも中国の自立や不平等条約改正を強く推進するものではなかった。中国では、この体制下で日本の対中経済進出が強化されたと理解されており、列強の侵略性が弱まったとは考えられていない。実際、中国の関税自主権回復のための会議は、義和団賠償金の返還方法をめぐって中国と問題を抱えているフランスが反対したためなかなか開かれず、北京政府は財政危機に陥った。列強は北京政府を支持、存続させようとしたわけではなかったのである。また、この体制はソ連やドイツを包摂してはおらず、また国民革命を起こしていく広東政府もそこには入っていなかった。そうした意味では、ワシントン体制論は日英米間の協調を説明してはいても、中国をめぐる国際関係、あるいは東アジアの国際関係を十分に説明しているわけではない。

広東政府と国民革命

一九一七年に広州で孫文らにより組織された「中央」政府（広東政府）は、しだいに基盤を固めた。一九一九年、孫文らは中国国民党を組織した。一九二四年、国民党は第一回党大会を広州で開催した。この会議には、一九二一年に結成された共産党の人々も、国民党党員となって参加した（のちに第一次国共合作といわれた）。孫文は、広州の政府が中国を代表する政府だと主張するとともに、三民主義を提唱して、不平等条約の改正が必要だとした。また、孫文は、北京政府を打倒するために、広東に黄埔軍官学校をつくり、蔣介石を校長として士官を養成した。ここには共産党の幹部も加わっていた。

孫文は連ソ容共・扶助工農というスローガンにあらわれるように、ソ連や共産主義にも一定の共感を示した。三民主義のうち、平均地権をその内容に包む「民生」が共産主義と重なる部分があった。孫文はコミンテルンからの支援を受けながら、軍事力を増強し、全国統一を模索した。だが、一九二五年、孫文は北京にて客死した。北京に赴く前に立ち寄った神戸で一九二四年におこなった大アジア主義講演は後世にもよく知られている。孫文は日本に西洋列強的な覇道ではなく、アジアの大国として王道を歩むように求めたのだった。

【史料】 大アジア主義講演（1）

覇道を用いる文化と王道による文化を比べると、つまるところどちらが正義と人道にかなうであろうか、そしてどちらが民族と国家にとって利があるだろうか。あなたがたも自分で証明してみるといいが、わたしはひとつの事例を挙げて説明しよう。五百年前から二千年以上前の時期、その間の一千年以上、中国は世界で最も強い国家であった。その地位は、現在のイギリスやアメリカと同様のものだった。そのイギリスやアメリカは、あくまでも（複数の強国のあつまりである—訳者注）列強の一つだが、中国のかつての強さはぬきんでており、いわば一強であった。中国だけが強かった時期、各弱小民族と各弱小国家はどのような状態であっただろうか。また、各弱小民族と各弱小国家は、中国に対してどのような態度をとっていただろうか。当時の弱小民族と国家は、みな中国を上邦として崇めていた（本文では「拝」が使われている—筆者注）。そして中国に朝貢し、自らを藩属と位置づけるように求めた。ここでは、中国に対して朝貢することができることを栄誉とし、中国に朝貢に来ることができないことを恥辱とした。当時、中国に朝貢しに来た国には、アジアの国々だけでなく、欧州西洋各国も含まれていた。彼らは遠方から来ることを厭わなかったのである。中国がかつてこれほど多くの国や民族、またそれほど遠くの国や民族からの朝貢を受ける際には、どのような方法を用いたのだろうか。果たして、陸海軍の軍事力という覇道を用いただろうか、そして彼らに対して朝貢を強制したのだろうか。それは違う。中国は完全に王道によって彼らを「感化」させたのであり、彼らは中国の徳に感じ入り、納得して請願したのであり、また自ら朝貢してきたのである。彼らはひとたび中国の王道の感化を受けると、中国に一度だけ朝貢に来るだけではなく、子々孫々にわたって中国に朝貢しようとしたのであった。このような事実については、最近においてもまだ証拠が見られるものである。

孫文の死後、一九二五年五月三〇日に上海で、日本の在華紡の工場で働く労働者による暴動が発生し、工場側が発砲、数千人規模のデモに運動は発展した。さらにそれに対してイギリス租界警察が発砲して犠牲者が出るなど、大きな事件となった（五・三〇事件）。この事件を追い風とした国民党は、孫文の遺嘱であった北伐を実現すべく、蔣介石に国民革命軍を組織させた。この北伐の過程で蔣はその権力基盤を強化した。また、一九二七年四月一二日、蔣はそれまで共同歩調をとっていた共産党を弾圧したが（四・一二クーデタ）、これは国民党内部の左派に大きな打撃となった。他方、北伐軍はあらゆる手段を用いて国権を回収する「革命外交」を唱えて、北上しながら外国の在華利権を回収しようとした。これに対して五・三〇事件で中国民衆からの反発に直面していたイギリスは、一部の租界などを中国に返還して柔軟に対応しようとした。しかし、日本は北伐軍に南京の総領事館が襲撃されたこともあって、居留民保護、満州利権をはじめとする、条約に基づく権益護持のために山東に三度にわたって出兵し、北伐を妨害しようとした。中国ナショナリズムの勃興によって、満洲権益などの条約特権が脅かされる、という危機感が日本側にはあったのだが、同様の危機感はほかの列強にもあったはずであり、出兵などの強硬策を採ったのは日本だった。日本のこのような反応は中国側の反日意識をいっそう強めるものだった。

南京国民政府の成立

一九二七年、国民党は南京に国民政府を組織し、蔣介石を主席とした。また、北伐軍は一九二八年には北京から張作霖を追い、同年末に張作霖の子の張学良もこの政府を支持したので（易幟）、この政府が全国を統一し、統治することになった。孫文の提唱した軍政・訓政・憲政という三段階論、すなわち最初は軍政で、やがて指導者や統治集団が国を導く訓政となり、そして最後に憲法に基づく共和政体に移行するという意味での憲政に至るという三段階論で見れば、この政府は訓政を実行する政府であった。また、党が国を指導する党国体制が採用されたが、国民党は官僚層と軍隊、そして浙江財閥などの経済界の支持を得ていた。

この政府は北京政府以上に近代国家建設に意欲を見せ、教育、衛生、実業振興などを進めたが、とくに国民の養成や党組織を通じた民衆の動員や宣伝に力を注いだ。また、地域エリート層を国民党員にするなどして、統治を県レベルまで及ぼそうとしたり、新生活運動などを展開して社会の末端から近代社会を築こうとしたりした。対外政策の面でも、この政権が強力な統一政権であったこともあり、国権回収に成果が見られ、北京政府の外交交渉を基礎に、一九二九〜三〇年に関税自主権の回復に成功した。これは国民政府の財源を強化することにつながった。だが、前政権の締結した不平等条約を全面撤廃する「革命外交」は基本的に成功せず、清や民国北京政府の締結した条約を継承していた。

なお、一九二七年の国共分裂後、共産党は数回の蜂起をおこなったが失敗し、農村にソヴィエト政権をつくる方針へと転換した。毛沢東は紅軍を率いて江西の井崗山から拠点を広げ、一九三一年には瑞金に中華ソヴィエト共和国臨時政府を設けた。これに対して国民党は、共産党の根拠地を包囲し攻撃したが、それを殲滅することはできなかった。

3．満洲事変から日中戦争へ

満洲事変と安内攘外

中国に強力な統一政権が出現したことだけでなく、スターリンの指導下でソ連が強大化してきたこと、さらに金融恐慌や世界大恐慌などの結果、国内の経済社会が混乱したこともあって、日本ではしだいに対外強硬政策論が台頭していた。

一九三一年九月、関東軍は満洲の柳条湖で鉄道を爆破し、それを中国側の責任だとして軍事行動をとり、鉄道沿いに満洲全体を占領した（満洲事変）。南京国民政府は日本に対して軍事的に対抗することは避けながら、まずは国内の共産党や地方軍事勢力を掃討し、国民党の直轄統治空間を拡大させようとした。後に国民政府が根拠地とする四川省は、国民政府の直接統治がなされるようになった地域だった。国民政府は、国内の問題を片づけてから、日本に対抗しようとしたのであった（安内攘外）。他方、国際的な舞台では、国民政府は外交戦を展開して、日本への批判を強めた。とくに中国の主権尊重を唱った九カ国条約に日本が違反しているとし、また国際連盟に対しては、日本の侵略行為が連盟規約違反に当たるとして、提訴した。九カ国条約の構成国は日本を正面から強く批判しなかったが、国際連盟ではリットン調査団の派遣が決まった。日本は、一九三二年一月に上海事変を起こし、また三月には宣統帝溥儀を招いて満洲国を建国して、国際社会の関心をそらしつつ、満洲での状況を既成事実化しようとした。だが、リットン調査団は、日本の在満洲特殊権益を容認しつつも、満洲の主権は中国に属するとした。これは、満洲国の存在を否定するものであり、これを不服とした日本は、一九三三年国際連盟脱退を通告した。

満洲事変は中国社会に強い衝撃を与え、いかに国を維持して日本に対抗するかが議論され、日貨ボイコット運動などの抗日運動が全国的に展開された。また、軍事的には直ちに対抗しなかった蔣介石に対する批判もあった。

塘沽停戦協定と日本の華北侵出

満洲国を成立させた日本は、熱河にも侵攻した上、隣接する華北に関心を示した。一九三三年五月、塘沽停戦協定が締結され、これによって満洲事変は終結するが、その協定でも満洲国と華北の隣接地域を非武装地帯とすることが約されていた。この停戦協定から日中戦争開始までの間、日本は華北進出を強め、派兵数を増加させていったが、他方で日中間の和平も模索された。満洲事変から第二次世界大戦の終結までを十五年戦争ということがあるが、その観点ではこの一九三三年から三七年の間も戦争が生じていた、としている。だが、戦争が続いていたかについては慎重な判断が必要だろう。また、中国でもこの時期には日本の侵略が継続していたと理解されている。確かに、華北への侵出などを見れば、侵略行為があったともいえる。

中国国内で共産党掃討戦を強めていた蔣介石は、共産党の根拠地瑞金にも攻撃を加えていた。一九三四年、国民政府軍の攻撃を受けた瑞金の共産党軍は、陝西、甘粛方面を目指して移動を開始した（長征）。この長征の過程で毛沢東はその権力を強化することに成功した。中国共産党は、一九三五年八月、八・一宣言を出して、直ちに内戦を停止し、民族統一戦線を形成するように訴えた。

国民政府は一九三五年、イギリスなどの支援で法定通貨（法幣）を定めるなどして経済の安定をはかり、他方で統一政策を進め、地方の軍事勢力に対する圧力を強めた。満洲事変にともなって陝西に移動していた張学良も蔣介石からの圧迫を受けていた一人であった。張は、共産党攻撃も蔣から求められていたが、一九三六年末、共産党と連携しつつ、西安にやってきた蔣を捕らえて内戦の停止と抗日を説得した（西安事件）。蔣介石は基本的にこれを受け入れ、釈放された。だが、これによって蔣がただちに抗日を強化したわけではなかった。

日中戦争の勃発

一九三七年七月七日、北京郊外の盧溝橋で日中の両軍が小競り合いを起こした（盧溝橋事件）。これは数日で解決され、日中双方ともにこれが日中戦争の始まりとの認識はなかった。しかし、それ以後も北京周辺で小事件が頻発し、緊張が高まり、日本も派兵準備を始めた。八月一三日には第二次上海事変が生じて、中国軍が上海の日本人居住地域などを攻撃し、本格的な戦争状態に入った。九月、中国では国共合作が成立した。なお、日中双方は宣戦布告をしなかった。これはアメリカ中立法を意識してのこともいわれるが、戦時国際法が適用されることを避けたと見ることもできる。中国が日本に宣戦布告をしたのは、一九四一年一二月の真珠湾攻撃の翌日であり、日本は敗戦まで中国に宣戦布告をしなかった。

上海に上陸した日本の海軍陸戦隊や陸軍は、中国側の精鋭部隊との戦闘で苦戦したが、最終的には一二月一三日に首都南京に入城した。この前後に、日本軍が捕虜や非戦闘員を殺害した南京虐殺事件が発生して、多くの死傷者が出た。死者数については諸説あるが、日本の学界では数万から十数万、中国の学界では三十数万とされることが多い。南京から逃れた国民政府は重慶を拠点に抗日戦争をおこない、日本軍は華北一帯から、上海・南京、そして武漢など主要鉄道沿線や大都市を制圧した。また一九三八年になると華南の沿岸部も占領して、重慶の国民政府への支援路を断とうとした。

日本は、満洲に満洲国を建国したのと同じように、華北や華中の占領地を直接統治しようとはせず、現地に協力政権を建てて、間接的に統治しようとした。日中戦争開始後の中国では、この協力政権の統治地域、国民政府の統治地域、共産党の統治地域、それ以外の地域が入り組んだ状況になったのであった。なお、日本に対する協力者は戦後、「漢奸（民族の裏切り者）」という扱いを受けるようになった。

国民政府は重慶に後退しながらも、その統治地域では総動員体制を採り、アメリカ、イギリス、フランス、そしてソ連からの支援を受けながら戦争を遂行した。日本による重慶空爆などで大きな被害を出しながらも、ラジオ放送などを通じた対外宣伝をおこない、陸軍を中心に日本に抵抗した。共産党は、華北を中心にゲリラ戦を展開していた。

日中戦争は一九三七年に始まったが、二年後の一九三九年には欧州で第二次世界大戦が勃発した。周知のとおり、一九四一年一二月の日本による真珠湾攻撃により、日中戦争は第二次世界大戦の一部になり、英米中（ソ）の連合国対日独伊の枢軸国という対立軸が明確になった。実際、少なくとも欧州で第二次世界大戦が始まった一九三九年から一九四〇年ごろには、この対立軸はそこまで明確ではなかった。日中戦争開始当初、上海戦を戦った中国の精鋭部隊がドイツ人将校に訓練を受けていたことからもわかるように、当時の国際関係は複雑であったし、日本もドイツなどと防共という点で結びつくことはあっても、日中戦争と欧州の戦争を結びつけることには慎重だった。そして、その二つの戦争を結びつけていった一つの背景は、フランスがドイツに占領された後に発生した、日本による仏印進駐であった。

注

（1）外務省調査部編『孫文全集』（上、原書房、一九六七年、一一三四～一一三五頁）、中国語の原文は「大亜洲主義」（『国父全集』中央文物供応社、一九五七年、五〇七～五一九頁）。

研究課題

1. 中華民国の北京政府と南京国民政府の共通点と相違点はどこにあるか。対照表をつくって比較してみよう。
2. 一九三一年から一九四五年までの日中関係史の年表を作成してみよう。その上で、十五年戦争論について調べ、その議論についてのあなたの観点を提示してみよう。
3. 第二次世界大戦勃発から日本の対英米開戦に至る時期の、日中戦争と第二次世界大戦との関係について考えてみよう。

参考文献

川島真『近代国家への模索　1894－1925』（シリーズ中国近現代史②、岩波書店、二〇一〇年）
石川禎浩『革命とナショナリズム―1925－1945』（シリーズ中国近現代史③、岩波書店、二〇一〇年）
家近亮子『蔣介石の外交戦略と日中戦争』（岩波書店、二〇一二年）
加藤陽子『満州事変から日中戦争へ』（シリーズ日本近現代史⑤、岩波書店、二〇〇七年）

13 戦後中国への道程

川島　真

《本章のねらい》　第二次世界大戦中、連合国の四大国の一員となった中国であったが、戦争の終結が近づくにつれてその国際的地位が低下し、戦争に勝利したにもかかわらず、内憂外患に直面することになったという経緯をまず理解したい。次に、戦時中の戦後構想における中国の位置づけと実際の戦後中国との相違、また戦後すぐに生じた国共内戦等の混乱の状況とその背景を把握し、共産党が勝利する過程、理由を理解したい。

《キーワード》　四大国の一員、治外法権撤廃、カイロ宣言、ポツダム宣言、国共内戦、憲政移行、中華人民共和国

1．第二次世界大戦と中国

第二次世界大戦と中国

一九三七年に日中戦争が勃発し、蔣介石率いる中華民国国民政府は首都南京を放棄し、重慶に移動して抗日戦争を継続した。日本は占領地域に対日協力政権を建てて、最終的に汪精衛を首班とする中華民国政府を南京で一九四〇年に組織して、それを中国政府として承認した。したがって、日本と中国は戦争していないというのが日本の立場であった。汪政権は満洲国も承認し、日満華三国が東アジアで連携し、大東亜共栄圏の基礎となる、と日本は見なしていた。

それに対して重慶の国民政府は、ハノイからの紅河沿いのルートなどから、米英仏、あるいはソ連などからの支援を受けて抗日戦争を継続していた。四川省は国民党にとっては直接統治が及ぶ模範省であったこともあり、総動員体制が採られた。また、蔣介石は日本が英米、あるいはソ連と対立関係になることを望んだ。だが、日本は独伊と接近しつつも、欧州での戦争に加わることには慎重な姿勢を見せた。一九三九年五月から九月にかけて、日本とソ連は、満洲国とモンゴル（中華民国は当時、自国領と主張）の国境に近いノモンハンで軍事衝突した。だが、ソ連は八月に独ソ不可侵条約を締結して、九月には第二次世界大戦が勃発した。日本はノモンハンでソ連に事実上敗れたが、その後はとくに対立関係には至らず、一九四一年四月には日ソ中立条約を締結した。

しかし、ドイツがフランス本国を占領して、フランスに対独協力政権を建てると、仏領インドシナが重慶政府への支援ルートに当たっていることから、日本は一九四〇年九月、北部仏印に進駐した。仏領インドシナ総督はドイツが占領する前のフランス政府により任命されていた。仏印進駐は日本と連合国との関係をいっそう悪化させ、日独伊三国軍事同盟の形成にもつながった。また、一九四一年七月には南部仏印への進駐もおこなって、日本と連合国との対立は決定的になった。重慶政府への支援ルートを断つための行為が、日本と連合国との関係を悪化させる要因の一つとなったのである。

一九四一年一二月、日本がハワイの真珠湾を攻撃し、かつマレー半島も攻撃して、日本と英米が開戦した。これは長年それを望んでいた重慶政府にとっては朗報であり、重慶政府は真珠湾攻撃の翌日に日本に宣戦布告した。南京の汪政府を承認していた日本は重慶政府に宣戦布告しなかった。一九四二年一月、重慶の国民政府が代表する中国は、連合国に英米ソと並ぶ四大国の一員として迎えられ、他の二五カ国と連合国宣言を発し、蔣介石は連合国中国戦区最高司令官に任じられたのだった。中国は、日本との戦争に苦しみながらも、ビルマ・ルートなどを通じて連合国の支援を受けて抗日戦争を継続し、アへン戦争での敗北から百周年に当たる一九四二年には英米と不平等条約改正交渉に入った。この交渉では、香港に植民地を持ち、チベットを重視するイギリスが消極的だったが、一九四三年初頭に交渉は妥結し、英米は中国での治外法権を放棄した。また、日本もこれに先んじて汪政権を交渉相手に治外法権を放棄したのであった。また、日本は一九四二年はじめのシンガポール陥落までは戦局を順調に進めたものの、六月のミッドウェー海戦での敗北などを契機に、戦局が悪化していった。だが、中国大陸では日本が軍事的には優勢であったが、日本の占領区（汪政権などの対日協力政権統治地域＋満洲国統治地域＋最前線の日本軍の軍事統治地域）、重慶の国民政府統治地域、共産党のいわゆる解放区、そのほかの地域があり、それぞれが一定のまとまりを持ちながらも、モザイク状に、あるいは重なりあいながら存在し、混沌とした状況となっていた。

カイロ宣言と戦後構想

一九四三年になると、連合国は戦後構想を練りはじめた。また、中華民国も勝利を確信し、戦後の対日賠償請求に向けての準備を開始していた。中国は戦時中の日本による刑事、民事にわたる犯罪、賠償調査をおこない、刑事案件については極東軍事裁判（東京裁判）や中国でおこなうＢＣ級裁判に向け、また民事案件については、担当部局が賠償請求額を積算してはじき出し、日本の無条件降伏後にそれを請求する準備を進めた。実際、日本の敗戦後、現物賠償など一定程度までは中国が賠償を獲得することになる。

中国は当時、英米やソ連に比べれば、必ずしも連合国の中で強力な軍事力を有していたわけではない。だが、とくにアメリカ大統領のルーズベルトは中国が連合国の主要国であることを重視していた。それは、一つには日本が自らの戦争の意義をアジア諸民族の解放に求めていたことへのアンチテーゼになるからであり、また一つはオーストラリア軍と連携しながら、南太平洋から北上しようとしていたアメリカの対日戦争遂行上、中国大陸から日本への攻撃が有効であると考えられたからであった。

一九四三年一一月末、エジプトのカイロで英米中の首脳会談が開催され、戦後の東アジアの構想が話し合われた。イギリスのチャーチル首相は、蔣介石が一九四二年に続いて、このカイロ会談参加の前にもインドに立ち寄り、インド独立を支持したことなどを快く思っていなかったが、アメリカのルーズベルト大統領の呼びかけもあって、カイロ宣言を発表した（一二月一日）。その内容は以下のようなものであった。

【史料】カイロ宣言

The Three Great Allies are fighting this war to restrain and punish the aggression of Japan. They covet no gain for themselves and have no thought of territorial expansion. It is their purpose that Japan shall be stripped of all the islands in the Pacific which she has seized or occupied since the beginning of the first World War in 1914, and that all the territories Japan has stolen from the Chinese, such as Manchuria, Formosa, and The Pescadores, shall be restored to the Republic of China. Japan will also be expelled from all other territories which she has taken by violence and greed. The aforesaid three great powers, mindful of the enslavement of the people of Korea, are determined that in due course Korea shall become free and independent.

三大同盟国ハ海路陸路及空路ニ依リ其ノ野蛮ナル敵国ニ対シ仮借ナキ弾圧ヲ加フルノ決意ヲ表明セリ右弾圧ハ既ニ増大シツツアリ

三大同盟国ハ日本国ノ侵略ヲ制止シ且之ヲ罰スル為今次ノ戦争ヲ為シツツアルモノナリ右同盟国ハ自国ノ為ニ何等ノ利得ヲモ欲求スルモノニ非ス又領土拡張ノ何等ノ念ヲモ有スルモノニ非ス

右同盟国ノ目的ハ日本国ヨリ千九百十四年ノ第一次世界戦争ノ開始以後ニ於テ日本国カ奪取シ又ハ占領シタ

ル太平洋ニ於ケル一切ノ島嶼ヲ剥奪スルコト並ニ満洲、台湾及澎湖島ノ如キ日本国カ清国人ヨリ盗取シタル一切ノ地域ヲ中華民国ニ返還スルコトニ在リ
日本国ハ又暴力及貪慾ニ依リ日本国ノ略取シタル他ノ一切ノ地域ヨリ駆逐セラルヘシ
前記三大国ハ朝鮮ノ人民ノ奴隷状態ニ留意シ軈テ朝鮮ヲ自由且独立ノモノタラシムルノ決意ヲ有ス
(当時の日本側の訳は必ずしも逐語訳にはなっていない―筆者注)

ここでは、日本が日清戦争以後に得た台湾などの領土を中華民国に返還することが含まれていた。この文書は決して条約や協定ではなかったものの、後にポツダム宣言やサンフランシスコ講和条約で直接的、間接的に引用されることで重要な文書と位置づけられた。とりわけ、サンフランシスコ講和条約に調印していない中華人民共和国、また台湾に遷った中華民国はともに、カイロ宣言を戦後の日本との関係を位置づける基本文書としている。尖閣諸島についても、カイロ宣言で日本が放棄し、中華民国に返還されると明記された台湾の附属島嶼だというのが、現在の中国の立場である。

戦争と植民地・対日協力政権

日中戦争開始から、それが第二次世界大戦の一部となって終戦に至るまで八年を要した。一九三一年に満洲事変が起きて、翌年に満洲国が建国されていたことに鑑みれば一四年前後の侵略であったともいえる。日本は、満洲国がそうであるように、中国の占領地では現地の対日協力政権を通じた間接統治をおこなった。これは植民地主義を否定する当時の世界的潮流に配慮したものであると同時に、統治コストを下げるための措置であっただろう。実際には日本が政治、外交、そして行政を統制し、さらに経済物資の生産から流通まで日本が自らの意向に即して統制を加えた。また日本はとくに華北などでアヘンを栽培して財源とした。そして、占領地では、日本語教育が実施され、「日本精神」などが鼓舞されて、

神社の建設とそれへの参拝、日本留学の推奨、知識人や政府関係者の日本訪問と交流などがおこなわれた。日本は、西洋科学の優位性を認めながらも、その科学の問題点は「日本精神」があってこそ克服できるという論理を用いた。日本語や日本精神は、「日本人」に備わったものと見られたので、アジアの人々は日本や日本人の優位性を乗りこえられない構造になっていた。満洲国では、五族協和の論理が採用されていたが、日本人の指導的な地位は約束されていた。なお、日本の占領地では労働徴用なども多くおこなわれ、戦後、日本の工場や鉱山への強制労働が大きな問題となった。

他方、台湾や朝鮮半島など、日本の植民地では、日中戦争の勃発にともなって、戦争開始前に始められていた皇民化運動が強化された。日本語学習頻度があがり、また神社の参拝がおこなわれただけでなく、物資や流通も統制下に入っていった。また、少なからぬ人が軍属などとして日本軍に加わった。また戦局の悪化にともなって、労働者の動員もおこなわれた。神奈川県の高座海軍工廠で働いた台湾少年工もまた、日本本土での労働力不足のために台湾で動員された人々であった。慰安婦問題も、こうした一連の動員ともかかわる問題であるが、慰安婦の形態は多様であり、歴史学的な実証が今後積み重ねられる必要がある。なお、朝鮮半島では一九四四年に、台湾では一九四五年に徴兵制がしかれるようになった。だが、軍人や軍属として日本軍に加わった植民地の人々への恩給、あるいは被爆者などへの補償は、戦後決して十分におこなわれなかった。そこには、軍人としての在籍期間が短いという問題もあったが、そもそも戦後の恩給法などには国籍条項があり、日本国籍を取らなければ、恩給や補償は当初なされなかったのである。

2. 日本の敗戦と戦勝国中国

ヤルタ会談と中国

連合国の四大国に数えられた中国は、一九四四年八月のダンバートン・オークス会議で戦後の国際連合の組織についての議論に加わり、翌年四月のサンフランシスコ会議の招集国となった。国際連合は、第二次世界大戦中の連合国を戦後の平時も残すことを意味しており、連合国の四大国の一員であった中国は、国際連合の制度設計や組織形成に参加、貢献し、国連安保理常任理事国となった。この安保理常任理事国の椅子こそは、中国から見れば、連合国の四大国の一員であったことの証左であった。

他方、戦争が終わりに近づくにつれて、現実の国際政治の面では中国は急速にその地位を低下させていった。イギリスもアメリカも戦争を終わらせるためにソ連の力を必要とし、また西太平洋でフィリピンやグアム、サイパンを連合国が占領すると対日戦争の面で中国の重要性は低下した。さらに、重慶に派遣されたアメリカの軍人スティルウェルと蔣介石との不仲もまたアメリカの不信を増長した一因だった。中国は、宋美齢をアメリカに派遣するなどして事態の打開に努めたが、限界があった。また、一九四四年に中国大陸での制空権を握っていたアメリカ軍の空軍基地を攻撃することを一つの目的として日本陸軍が実施した大陸打通作戦（一号作戦）で、中国軍の動きが米軍側を満足させなかったことも、ルーズベルト大統領の中国評価を下げたといわれる。

そのような連合国内部での中国の地位の低下を象徴的に示したのが、一九四五年二月に開かれたヤルタ会談であった。この会談は、国際連合の組織、戦後の欧州、そして東アジアについて協議し、合わせて日本と中立条約を締結しているソ連の対日参戦を、秘密協定を通じて決めたものだった（ヤルタ協定）。この会談は英米ソの首脳がおこなっており、中国の蔣介石は招待されていなかった。ソ連の参戦は、ドイツ降伏の三カ月後とされた。また、その会談ではソ連参戦の条件として千島・樺太をソ連領とするだけでなく、モンゴルの現状維持や満洲諸権益のソ連による再獲得などが約されていた。

結局、ソ連はアメリカが広島（八月六日）に原爆を投下した二日後の八月八日に中立条約を破棄して参戦し、九日以降満洲、千島・樺太方面に侵攻した。八月九日、アメリカにより長崎にも原爆が投下されると、日本の敗北が決定的になった。連合国の米英中三カ国は七月末に日本に対してポツダム宣言を発して無条件降伏を促していたが、ソ連の参戦によってその宣言にソ連も加わった。その宣言を日本は受諾し、八月一四日に無条件降伏し、翌八月一五日に天皇が玉音放送で国民にそれを告げた。また、ヤルタ協定を実現すべく、ソ連は八月一四日に中ソ友好同盟条約を中華民国と締結した。これにより、モンゴルの独立問題は住民投票で決定されることになり、また満洲の諸利権もソ連に期限つきで譲られることになった。この条約は中華民国にとって屈辱的だともされるが、一方でソ連は国民党の国民政府を正統政府として認め、中国共産党への支援を抑制しただけでなく、満洲の主権のみならず、内蒙古や新疆の主権も中国に属するとしたという点で国民政府にとっては外交上の成果だったとする見方もある。なお、蔣介石は条約締結後、住民投票によるモンゴル独立の是非の決定に関する条文について、その撤回を求めたがソ連に容れられず、モンゴルは独立することになった。だが、蔣介石は以後それを認めようとはしなかった。

戦勝国中国

日本の無条件降伏によって、中国は戦勝国となった。抗日戦争の勝利は、戦後中国の国家建設の基礎となるものであった。だが、重慶で勝利を迎えた国民政府からすれば、陝西省の延安に共産党があり、また満洲にはソ連が侵攻し、モンゴルや新疆がソ連の勢力下にあるなど、決して単純に勝利を甘受できるわけではなかった。重慶にあった国民政府は、ふたたび南京を首都として新たな統治を始めようとした。しかし、各地域の軍事勢力を統率することは難しく、経済政策の面でもしだいにインフレが加速し、さらに国民党の腐敗が内外で問題になり、アメリカもしだいに国民政府への支援を縮小させていったのである。

また、中国は連合国の四大国の一員ではあったが、戦勝とともに必ずしも国土を回復することができなかった。満洲が一年を期限にソ連に接収され、そこに中国共産党の勢力が拡がったことがそのあらわれである。また、華北には米軍が展開し、米軍による女学生への暴行事件などがしばしば問題となった。台湾は連合国を代表して中国が接収し、台湾行政長官公署を置いて統治したが、その統治は順調とはいえなかった。このほか、中国はフランスに代わり北ベトナムを接収した（南はイギリスが接収）。なお、イギリス領香港は中国に返還されなかった。中立国だったポルトガルの領土の澳門も同様である。

そして、戦争終結当時、中国には百万の日本兵が居り、それは中国で最大の軍事勢力だともいえた。中国は日本兵を武装解除させ、ほかの日本人民間人とともにそれを安全に帰国させようとした。蔣介石のこの寛大政策は「以徳報怨」（徳を以て怨みに報いる）政策などといわれた。他方、日本の軍人や技術者の一部は中国で留用されることになった。

■コラム：二二八事件

一九四七年二月に台北におけるタバコの闇市取り締まりの際に、官憲がたばこ売りの女性に暴行を働いたことがきっかけで、二月二八日に大規模な暴動が生じた事件のこと。中華民国側はそれを武力弾圧し、さらに戒厳令を敷いて、青年層を中心に反政府的と判断される人々を連行、殺害した。被害者は二〜三万人と推定されている。

中華民国による台湾接収後、中華民国の軍隊が台湾に上陸し、台湾行政長官公署が日本の台湾総督府や地方の役所を接収し、ラジオ放送局や鉄道などの通信、交通インフラなどをその管理下に置いた。台湾行政長官公署の権限は台湾総督府と同等、あるいはそれ以上と考えられている。台湾行政長官公署の統治は、台湾住民から当初歓迎されたが、しだいに批判されるようになり、「犬が去って豚が来た」などという言い方が当時あったと伝えられている。他方、中華民国側の目線では、自らは戦勝国であり、台湾は敗戦国日本に五〇年統治された地域で、その住民は日本による「奴隷化教育」を受けてきたとの認識があった。参政権の面でも、本省人（台湾出身者）の参政権は抑制され、言語の面でも一九四六年に新聞での日本語欄が廃止され、本省人は国語（中国語）を用いることが要求された。

中華民国は中国国内でも経済政策に失敗し、インフレーションを引き起こしたが、台湾でも同様で住民の不満を惹起していた。また、当局が商業活動と貿易を強く管理したことも台湾社会に大きな影響を与えた。タバコ、酒、樟脳、マッチ、度量衡が専売品となり、塩、砂糖、石灰、マッチが半専売となった。その結果、賄賂が横行して物資が流出し、為替比率の問題もあって物価が騰貴して、米価が上海の二倍になるという事態を招いた。

専売局が専売品の管理を強める中、価格の高騰のために闇市が出現し、専売局はその取り締まりに躍起になった。そして、一九四七年二月二七日、台北の闇市を取り締まっていた専売局職員、警察官と闇タバコを販売していた女性との間にトラブルが生じた。専売局職員が威嚇射撃のつもりで撃った銃弾が民衆に命中する事態となり、これを契機に、翌二八日に台湾人住民が決起し、ラジオ放送局（現在の二二八紀念館）を占拠し、台湾行政長官公署（現在の立法院）に迫ったのだった。しかし、中華民国政府は武力弾圧を決定し、兵士が基隆に上陸して、武力掃討を始めた。また、行政長官だった陳儀は台湾全土に戒厳令をしいて、政府に批判的であった、あるいは批判的であると見なされる台湾人を連行して処刑したのだった。

この事件は、日本統治期から台湾に住んでいた人々（本省人）に対して、中華民国、国民党、あるいは日本の統治終焉以降に台湾に上陸した中国の人々（外省人）への強い不信感を刻みつけた。二二八事件がつくり上げた本省人＝犠牲者、外省人＝加害者という構図は、世代を経る中で変化しつつも、現在に至るまで台湾社会の大きなしこりとなっている。

また、対日戦争では最大の被害国である中国は日本に対して賠償を求め、現物賠償（軍艦や工場施設、日本の在華資産など）を得た。また、軍隊こそ派遣できなかったが、駐日代表団を派遣して対日占領にも加わった。とくに、極東軍事裁判（東京裁判）では、中国人判事がA級戦犯の責任を厳しく追及したことで知られる。なお、中国戦線でのBC級戦犯については、中国で裁かれた。また中国では、戦争犯罪者とは別に中国人の「漢奸（民族の裏切り者）」に対する裁判もおこなわれた。ここでは対日協力者が糾弾された。このほか、アメリカに設けられた極東委員会にも中国は代表を送り込んでいた。そこでは、日本国憲法の芦田修正案にソ連などとともに反対して、憲法第六六条（文民統制）を加えることを求めるなど、中国が戦後日本のあり方について一定の影響を及ぼした。このほか、中国はアメリカに対して沖縄の共同管理を求めたが、これはマッカーサーに拒絶されていた。

国共内戦以前の中国の内政

戦争終結直後、国民政府は内憂外患の中で、まず国内統一をはかるべく、中国共産党との対話を呼びかけていた。一九四五年八月末、アメリカのパトリック・ハーレー大使と、毛沢東、周恩来らが重慶を訪れ、国民党側の王世杰、張治中らと会談をおこない、八月三〇日には蔣介石と毛沢東の直接会談が持たれた（重慶会談）。両者の話し合いの結果、一〇月一〇日に双十協定が締結された。ここで共産党側は国民政府の主導性とともに、蔣介石が指導者であることなどを承認したが、同時に訓政を終わらせ、憲法に基づく憲政に移行すること、また紛争を話し合いで解決することなどを求めて、双方が合意したのだった。

しかし、この協定が締結されても国共間の紛争は絶えなかった。それでも一九四六年一月に国共両党と諸政党で政治協商会議が開かれ、民主憲政を実施することなどが採択された。しかし、ソ連が一年間の接収を経て満洲から撤収するに当たり、その地域の返還を求める国民政府と、その地域を地盤としたい中国共産党との対立は深まった。国共両党はアメリカのマーシャルの調停もあって東北停戦協定を締結したが、それでも対立は収束しなかった。欧州で冷戦が形成されつつあった当時、アメリカも国民政府に対する軍事支援をおこなおうとするが、中国共産党はこれに強く反発した。民主的で統一した中国を望むアメリカは、国内での国民党への不信感も考慮して、軍事支援に消極的になった。これに対して毛沢東はソ連からの軍事、経済面での支援を受けることに成功していた。

この間、蔣介石は、一九四六年六月二六日に満洲などへの全面侵攻を開始し、国共内戦が勃発する。国共内戦も、満洲をめぐって発生したのであった。

3. 国共内戦と二つの中国

憲政への移行とその挫折

中華民国国民政府は一九三六年に憲法草案を公布していた。これは五権憲法といわれるもので、三権のほかに、考試（人事）、監察の二権を加えたものだった。この憲法は日中戦争によって制定には至らなかったが、戦後の憲法の基礎となった。一九四六年一月の政治協商会議での決定を受けて憲法が策定され、同年一二月二五日に中華民国憲法が制定、一九四七年一月一日に公布されて、その年末の一二月二五日に施行された。これによって、中華民国は訓政段階から憲政段階へと移行したことになった。この間、共産党などはこの憲法案について反対を表明していた。この憲法の施行にともない、中華民国政府は爾後国民政府と自称しなくなるが、この憲法を認めない共産党は、これ以後も国民党の政府を国民政府と呼び続けたのだった。この間、中華民国は一九四七年に国民代表大会を、また一九四八年に立法委員（国会議員に相当）選挙を実施、蔣介石が総統、李宗仁が副総統に選出されていた。

だが、この国民党の新しい政治体制は実質的には「憲政」を実施することにはならなかった。

一九四八年五月一〇日、事実上憲法を停止する、動員戡乱時期臨時条款が公布された。この後、中華民国政府は国共内戦に敗れて台湾に逃れるが、台湾では二二八事件のときに敷かれた戒厳令は解除されていたものの、一九四九年五月にふたたび戒厳令が敷かれたため、この動員戡乱時期臨時条款と戒厳令が憲政施行を妨げる二重の重しとなった。これらが撤廃されるのは一九八〇年代後半から一九九〇年代初頭のことである。また、一九四八年に選出された国民代表や立法委員は、以後も改選されることなく、一九九〇年代初頭まで台湾でその議席を占めたのであった（万年議員）。

共産党の勝利

国共内戦の勃発後、一九四六年末にはそれまで調停に当たっていたアメリカが中国の内戦からの撤退を表明した。戦局は、一九四七年夏までの間は基本的に軍事力にまさる国民党側が有利であった。だが、一九四七年秋から共産党軍が巻き返しをはかり、一九四八年には華北や華中で共産党が優勢となり、共産党軍は遼瀋戦役、淮海戦役、平津戦役で勝利を収め、長江以北を手中に収めたのであった。この頃になると、共産党自身が全国政権になることを意識しはじめたと考えられる。

一九四九年一月、国共内戦の戦局や経済問題の責任をとって蔣介石が下野すると、代わって副総統の李宗仁が中華民国総統となった。李は共産党との和解を目指し、同年四月には北京で国共の和平会談が開かれたが、条件をめぐって決裂し、共産党軍は長江を渡って、中華民国の首都南京、経済中心都市上海を掌握した。こののち、共産党は南下を続け、一九四九年一〇月一日には北京で中華人民共和国の建国を宣言した。中華民国政府はこのとき広州にあったが、その後重慶や成都に、一二月一日に台北に遷った。

このようにして国共内戦はほぼ共産党の勝利となった。共産党はその後、一九五〇年四月に西昌を、一九五一年にチベットを〝解放〟したのだった。だが、中国東南の沿岸部には中華民国側の拠点が残されていたし、西南の山間部も同様であった。一九五〇年代を通じて各地で戦闘がおこなわれ、しだいに台湾、澎湖、金門、馬祖が中華民国の統治領域となっていったのである。そうした意味では、国共内戦は一九四九年で終結したのではない。

共産党の勝因／国民党の敗因

当初劣勢だった中国共産党が国民党、あるいは中華民国に勝利した原因はどこに求められるだろうか。第一に、国共内戦が戦争である以上、軍事力の面、戦略の面で共産党が勝っていたと考えられる。とくにアメリカが国民党への軍事支援に消極的になったのに対して、ソ連の中国共産党への支援は全面的であったことには留意が必要である。だが、軍事的な優位性だけで中国国民の広汎な支持を共産党が取りつけられたわけではない。

第二にいえることは、国民党の経済政策の失策である。中華民国政府の経済政策によって、激しいインフレーションが発生して、国民生活に混乱が生じたことが国民の国民党への失望につながった。戦後の混乱を中華民国政府は収拾できなかった、ということであろう。また共産党は農村部で土地の均分化を目指す政策を実施し、大地主の土地を貧農に分け与えた。このことはとくに華北で共産党支持を取りつけるのに大きな意味があったものと思われる。

第三に、これは共産党の宣伝が効果的であったこともあるが、〝民主〟と〝自由〟という、当時の知識人らに重視された指標に関し、蔣介石は独裁者であり、国民党ではその民主と自由を実現できないという印象が比較的広範に拡がっていたということがある。中国青年党などの一部を除いて、多くの党派が国民党から離れていった。逆に共産党は、〝民主〟や〝自由〟を体現する政党だという印象を他の党派に植えつけることに成功したといえるだろう。だからこそ、共産党は当初一党独裁を採らず、中華人民共和国の政府も、共産党と民主諸党派との連合政府として始まったのである。

このほか、頻繁に指摘される、国民党の腐敗と共産党の清廉さなどといったことも印象としてはあったのかもしれない。また、中華民国が憲法を公布、施行していながら、それを停止したことも、知識人には悪影響であったと思われる。中華民国は台湾でも憲法を停止して独裁政治を継続し、共産党も一九五〇年代半ばには一党独裁体制へと移行したのだった。

研究課題

1. カイロ宣言の内容と、ポツダム宣言、サンフランシスコ講和条約の内容とを比べてみよう。とくに領土の部分について、その相違点はどこにあるか挙げてみよう。
2. 第二次世界大戦における連合国の四大国の一員となってから、一九四九年一二月に台湾に逃れるまでの、中華民国とアメリカとの関係をまとめ、その変化について考えてみよう。
3. 日本に協力した中国の人々や、日本に統治されていた台湾の人々が、日本の敗戦後にどのような問題に直面したのか、考察してみよう。

参考文献

石井明『中ソ関係史の研究―1945－1950』（東京大学出版会、一九九〇年）
川島真・毛里和子『グローバル中国への道程―外交150年』（岩波書店、二〇〇九年）
久保亨『社会主義への挑戦 1945－1971』（シリーズ中国近現代史④、岩波書店、二〇一一年）
若林正丈『台湾の政治―中華民国台湾化の戦後史』（東京大学出版会、二〇〇八年）

14 近代朝鮮の文化と政治

三ツ井　崇

《本章のねらい》　朝鮮近代史を文化という主題からとらえ返す。従来、文化史はともすれば諸々のコンテンツごとに細かな事実を羅列し、結果的に歴史の文脈から切り離され、時代的意義について考察されることがなかった。本章では、文化の問題を同時代の政治的背景との関連で位置づけてみたい。

《キーワード》　文化、ナショナリズム、国民国家、植民地支配、文化政策、文化運動

1．朝鮮近代史における文化と政治という問題

朝鮮近代史の叙述において、文化の問題を同時代の政治や社会の動向と結びつけて考えようとする問題意識は比較的最近になってあらわれたものである。もちろんそれ以前にも文化史というジャンルがなかったわけではないが、時代の文脈の中でその意義をとらえようとする動きが加速したのは一九九〇年代以降のことである。ここで想起したいのは、韓国において一九九八年より始まった日本の大衆文化開放の動きである。それが政策・外交面の問題として展開されたことからもわかるように、文化は政治の問題としばしば結合している。近代においてもまったく同様であった。

従来、近代朝鮮の文化については朝鮮の文化ナショナリズム高揚の側面に焦点が当てられる。とくに植民地期の場合は、朝鮮総督府による日本語・日本文化の強制と朝鮮文化の抑圧というイメージで語ら

れることも多い。それらは決して誤りとはいえないものの、実際には時期によって、あるいは個々の文化領域によって文化と政治の関係は複雑な様相を呈したのであった。本章では、近代化とナショナリズム、朝鮮文化領域と植民地権力、都市大衆文化などの観点からその具体相を確認したい。

2. 近代化と言語ナショナリズム

近代化とハングル

朝鮮文化と近代化を考える上でしばしば挙げられるのが、近代国民国家形成にともなうハングルの公的使用という事実である。ハングル（「訓民正音」）は一四四三年に創製され、一四四六年に公布された。中国との宗属関係にある朝鮮王朝では、公式の書きことば・文字は漢文・漢字であって、高度の教養といえば漢文を主体としたものであった。しかし、庶民はその漢文・漢字の世界に参与することは難しく、また、識字率もそれほど高くなかったことから、書きことば・文字使用の階層化が起きていた。近代国民国家の形成に際して、このような階層化を解消し、均質な「国民」を形成することが要求された。その際、書きことばとして民衆のことばである朝鮮語が、またそれを書きあらわす文字としてハングル（当時「諺文《オンムン》」と呼ばれた）が採用されたのであった。朝鮮語と漢文、ハングルと漢字をめぐる価値観が大きく転換したのは、一八九四年から始まった甲午改革においてであった。このとき出された勅令第一号「公文式」（一八九四年一一月二一日公布）の第十四条では「法律勅令は総て国文を以て本と為し、漢文を附訳し、或いは国漢文を混用す」と定められた。

「諺文」が「国文」となり、朝鮮語が公文書の正式な書きことばとして位置づけられ、漢文は外国語として補助的な地位へと転落した。改革の主導勢力の一人である兪吉濬《ユキルチュン》は、「吾人は先民以来漢土の文字を借用して、本国の言語と混合し、国語が漢文の影響を受け、言語の独立をほとんど失っ」たと、漢文・漢字のため「国語」の独立が喪失したとする（兪吉濬『朝鮮文典』筆写・草稿本、一八九七～一九〇四年?、「朝鮮文典序」）。この見解からは、漢文－漢字、朝鮮語－ハングルという言語と文字の一体性の認識もまた読み取れるのである。このような漢文・漢字と朝鮮語・ハングルの関係性の認識ないしは言語・文字観が「公文式」の背景にあると考えてよい。そこには、中国との宗属関係を廃止し、独立国家を形成しようとする国家の意志があった。

甲午改革では科挙が廃止され、近代的学校教育制度が立ち上がった。初等教育でハングル教育がおこなわれ、ハングルを使用した教科書が多数編まれた。これと前後して聖書の翻訳にハングルが使用されるなど、「国文」の使用範囲は拡大し、ハングルで書かれた新聞、雑誌、文学作品も刊行され、近代思想普及の媒体として機能した。

このような動きは、第二次日韓協約締結（一九〇五）以降の保護国期にも継承された。この時期活発化した愛国啓蒙運動の一環として、ハングル教育・研究が進み、大韓帝国（一八九七～一九一〇）政府の「国文」改革もこの頃から本格化した。政府は一九〇七年に学部（教育行政担当の官庁）内に「国文研究所」を設置し、研究者を招請して議論をおこなった。

日本の政治的干渉が強まる中、愛国啓蒙運動の中から日本からの独立を念頭に置いたナショナリズムが形成されていった。この過程においてハングル＝「国文」ナショナリズムの性格もまた、中国との宗属関係の廃棄を主たる目的とした甲午改革期とは大きく変化し、独立した民族・国家の形成という意識が明確になったのである。兪吉濬が著した『大韓文典』（一九〇九）の「自序」では、「我が民族が檀君の霊秀な後裔であり、固有の言語があり、特有の文字があって、其の思想と意志を声音で発表し、記録をもって伝示するのであって、言文一致の精神が四千余りの星霜を貫き、歴史の真面を保ち、習慣の実情を証すのである」（同書、「自序」一頁）と述べられている。

ちなみに、ここで出てくる「我が民族が檀君の霊秀な後裔であ」るという認識は、この時期に形成され、以後も多くの朝鮮知識人の間で共有される檀君ナショナリズムともいわれるものである。そもそも檀君を始祖とする歴史観は高麗時代より見られたが、近代とりわけ愛国啓蒙運動期における檀君像は、天皇制国家日本の国粋主義を参照しつつ、日本の国権侵奪に直面してそれに対抗する国粋主義として形成され、持ち出されたものであった(1)。同時期には檀君を朝鮮民族の始祖とする歴史観に基づく歴史書が、申采浩《シンチェホ》や朴殷植《パクウンシク》などによって著された。先の兪吉濬の言語・文字観もそのような歴史意識・民族意識を反映したものなのである。

しかし、愛国啓蒙運動に対する規制も強まっていった。愛国啓蒙団体の活動は「保安法」（一九〇七）によって規制を受け、朝鮮語出版物も「新聞紙法」（一九〇七）、「出版法」（一九〇九）などの規制を受けるなど、ナショナリズムの言論は規制されていったのである。

「国漢文」と近代的知識

ハングルは特定の階層に限定されず、すべての「国民」に均しく知を共有させるための啓蒙の手段として用いられた。一八九六年創刊の『独立新聞』では「国文」の価値は上下貴賤を問わず見てわかりやすく、学びやすい点にあり（第一号、一八九六年四月七日付）、世情も学問もみな「国文」によってあらわすことで「人民を啓明させる」ことが可能であるとする（第一一二号、一八九九年五月二〇日付）。ハングルの使用が身分制打破や科挙制度の廃止といった甲午改革の主旨と理念的に合致するのはこの点であった。その後も『皇城新聞』（一八九八年創刊）や『大韓毎日申報』（一九〇四年創刊）などがハングルを採用し、啓蒙活動を繰り広げたほか、愛国啓蒙団体の機関誌や新小説などの文学作品を通して、近代思想の啓蒙がおこなわれた。

ただ、実際のところ、当時はハングル専用化が全面的におこなわれたわけではなく、依然として漢字が用いられていた。朝鮮語の語順に合わせた「国漢文」と呼ばれる漢字ハングル交じりの文体・表記が広く使われていたのである。国漢文はすでに一八八六年創刊の『漢城周報』にも採用されていた。この時点ではまだ中国との宗属関係が存在していたが、朝露密約（一八八五〜八六）や対米公使派遣問題（一八八七〜九一）などで朝清関係に緊張が走っている時期であり、公的刊行物へのハングル採用は、その意味でもドラスティックな政治文化の変容を示す出来事であった。

国漢文は漢字語の語彙に朝鮮語の助詞や語尾の部分を結合させる表記である（図14-1）が、この表記がおこなわれていたのには二つの理由がある。一つは、漢字語のハングル表記の規範が定まっていなかったという点、もう一つは、当時の近代思想を伝えるのに利便性が高かったという点である。とくに後者の側面は文化変容を引き起こす要因としても重要であろう。よく知られているように、日本では明治期に西洋概念の多くが日本製漢語で翻訳された。そしてその語彙が朝鮮にも輸入され、そのまま国漢文の中の語彙として入り込んだのである。中国をはじめとした東アジア地域において、このような日本製漢語による知の連鎖は、翻訳や留学生の存在などを通して促進されることになり、朝鮮語の中に定着していくことになった。一九世紀末以来、朝鮮政府・大韓帝国政府は近代化政策の一環として日本に留学生を送った。また、私費留学生も増加した（一九一〇年時点の日本留学生の総数は五〇四人）。留学生たちは法制・経済その他の高等教育レベルの知識を獲得していった。そして、その留学生たちは朝鮮に戻ってからその知識をもって朝鮮人に対する近代化の啓蒙や政治運動に携わっていくことになる。

しかし、そのことは同時に日本語の影響をより強く受けていくことをも意味した。また、従来の漢文由来の語彙との差異のために、その意味の理解に混乱を引き起こすこともあった。さらに、国漢文は依然として漢字の存在に依存せざるを得ず、ハングル専用化の理念をすぐには現実化するに至らなかった。そして以後も、ハングル専用化を指向する言語改革のための努力が続けられていくことになる。そ

는沈宜性氏로推選ᄒᆞ다

言　壇

演說第一回總會時

尹　孝　定

大韓協會의本領

○本題난甚히重大ᄒᆞ야會長이나副會長이演義說明함이可하나評議會의推選을被하야不似한尹孝定이如此重大한問題로此會第一演壇에先登하난光榮을有ᄒᆞ니責이重ᄒᆞ고辯이拙ᄒᆞ야滿場諸位의傾聽을難副ᄒᆞ나幸하恕聽ᄒᆞ심을望ᄒᆞ오

大抵設會하난趣旨가一種에止치안이ᄒᆞ야或은敎育을主ᄒᆞ며或은殖産을主ᄒᆞ며或農商業을主ᄒᆞ며或慈善的을主ᄒᆞ야各其一事內에서研究發展을計圖ᄒᆞ되惟政治會난現時의國政으로써萬般事爲를講究ᄒᆞ야政府의採用을要求ᄒᆞ며社會의改良을實行ᄒᆞ난者니故로國民多數의同情을得한者ㅣ안이면國論이라謂ᄒᆞ기不足ᄒᆞ고國論은로定한者ㅣ안이면政府에採用과社會에實行ᄒᆞ기不足함으로政治會本旨난必也國民多數의大團體를形成ᄒᆞ야人民思想을統一ᄒᆞ기에在호ᄃᆡ無論某國ᄒᆞ고政治의意을含有한者난大概中等以上人格에在ᄒᆞ고中等以上人格은大槪宗敎의思想을含有한者니故로本協會가各宗敎에對한關係如何를先論하깃소

夫國內의各個人은其住居하난地域이相殊하고其從事하난職業이各異할지라도均是國土에生育하야此國語를同用하며此國史에同載하난者난國家社會에同一ᄒᆞᆫ目的을有하난故로相倚相扶하야同一한方向에進行치안이함이不可한지라故로宗敎의異同으로써親疎를

言　壇　　　　四十五

図 14-1　「国漢文」の事例

政治団体である大韓協会の創設メンバーの一人尹孝定による「大韓協会の本領」という演説文。

〔『大韓協会会報』第1号、1907年より〕

の課題は植民地期に引き継がれたが、容易には解決されなかった。ハングル専用化の理念そのものに反発する儒学者たちも依然として多く、ハングル専用化の道筋は決して平坦ではなかったのである。

3. 日本の植民地統治と朝鮮文化

総督府の文化管理と朝鮮人の文化運動

日本による植民地統治下では、「国語（＝日本語）」の普及が最優先の課題とされ、そのために教育制度・機関の整備がおこなわれた。朝鮮総督府は初等教育の拡充に当たり、「国民（＝日本人）タルノ性格ヲ涵養」（「朝鮮教育令」）するため、日本語を必修科目としたのである。学校内の教授用語は原則として日本語であり、ときには朝鮮語を話した児童・生徒を罰することで、日本語の使用を徹底させようとした。また、学校の外でも、公文書が日本語で記されるのはもちろんのこと、出版物や放送、看板・広告などあらゆる媒体に日本語が使用され、日常生活においても日本語の知識の必要性がつくり出された。同時に、日本文化や日本製商品が朝鮮内にしだいに広がっていった。

一方、総督府の朝鮮文化に対する態度（以下、「文化管理」という）はどのようなものであっただろうか。それは時期によって変化し、朝鮮人の朝鮮文化構築の動き（以下、「文化運動」という）もそのような総督府側の態度を常に意識したものとなった。併合後も、民族運動の規制には大韓帝国期の法令である「保安法」・「新聞紙法」・「出版法」が適用された。一九一〇年代は朝鮮内における民族運動の展開は難しかったが、文化運動は愛国啓蒙運動の延長線上で小規模ながら展開された。たとえば、一九一〇年一二月には崔南善《チェナムソン》によって古典刊行事業をおこなう朝鮮光文会が設立された。また、崔南善らによって朝鮮語雑誌もわずかながらではあるが刊行された。国文研究所の審議にもかかわった周時経《チュシギョン》とその弟子たちが私立学校において朝鮮語教育にかかわっており、海外に出た独立運動家たちの中にも言語研究を進める者がいた。したがって、厳しい制約の中でも文化活動がまったくおこなわれなかったわけではない。

ところが、それらの動きは個別的・散発的なもので、様相が大きく変化したのはやはり三・一運動後であった。総督府は言論・出版・集会・結社の規制を緩和し、許可制で認める方向に政策を転換したのである。これによりさまざまな民族運動・社会運動団体が結成され、多方面にわたる運動が大規模に展開されるようになった。文化運動もそのような流れに位置づけられ、歴史、民俗、言語研究、文学、芸術、言論などの多方面において展開された。中でもこれらの運動を支えたのはメディアの発達であった。『朝鮮日報』、『東亜日報』（ともに一九二〇年創刊）などの朝鮮語新聞のほか、朝鮮語雑誌・出版物の刊行が相次いだ。一九二〇～三〇年代は活字メディアの広がりにより、運動が広範に展開したのである。

しかし、総督府は民族運動・社会運動の規制を緩めただけではなかった。運動の広がりに対応して、普通警察制度を施行し、警察官を大幅に増員した。これにより、民族運動の取り締まり体制はむしろ強化された面がある。集会の場では警官が臨席し、出版物に対しては事前検閲をおこなう制度が確立したのであった。とくに一九二〇年代以降、社会主義思想が広まっていく中、総督府はこれらの運動に対してより神経質になった。一九三四年に総督府警務局図書課が発行した『朝鮮出版警察概要（昭和八年）』を見ると、「朝鮮人発行の出版物の増加は施政の恵沢普く及びたる反映にして、民族文化の向上を立証する有力なる現象と謂ふことを得べく、又此等出版物を通して朝鮮民族の思想の傾向を察知することを得べし」（同書、五五～五六頁）と記されている。一見、朝鮮人の単行本刊行の増加が日本の統治のおかげであるかのように記されているが、重要なのは後半部にあるとおり、「朝鮮民族の思想の傾向を察知すること」であった。実際には、単行本や新聞・雑誌などの定期刊行物は、検閲によって停刊・廃刊などの行政処分を受けることがあった。つまり、「思想の傾向を察知」した結果、上から規制をおこなうというものであって、言論の自由が完全に保障されていたわけではない。警務局編『刊行物行政処分索引簿』（一九三七）を見ると、一九二八年一〇月から一九三七年五月までの間に行政処分を受けた単行本（日本語、朝鮮語、中国語を含む）のうち、その理由の多くが「風俗」「治安」であったことがわかる（図14-2）。前者はおもに性を扱った書籍であるのに対し、後者は社会主義、民族主義、アナーキズム、国体論など政治思想にかかわるものが大部分を占めている。総督府が恐れたのは、朝鮮人が政治思想に触発されて植民地支配の構図を脅かす主体となることであった。よって、民族運動をはじめとするさまざまな運動の担い手は総督府との間で常に緊張関係を余儀なくされていたのであり、おもに民族主義を土台とする文化運動もその例外ではなかったのである。

國際婦人運動の現勢	産業勞働調査所	六、三、一〇	東京 希望閣	六、三、三一	治安
コミンテルン組織問題教程	島羽禮七		同 共生閣	六、四、二三	同
五月一日（譯名）エスペラント語			同 鐵塔書院	六、五、二〇	同
國際勞働者	宇田川一郎		東京	六、五、四	同
國家學説		六、六、二	同 プロレタリア書房	六、六、一八	同
好色戯れ草			蒐集同志會	六、八、七	風俗
國民の樂に喰へる道	足立陽太郎		大阪	六、八、二六	治安
國際赤色救援會の任務と組織	中村耕平	四、一一、四	東京 マルクス書房	六、九、五	同
國際的闘爭經驗から學べ		六、一、二五	日本勞働組合協議會	六、九、五	同
國際共産黨執行委員會第十一回總會テーゼ決議集		六、七、二五	東京 希望閣	六、一〇、二	同
コミンテルンに於ける右翼的危險性とキームの諸任務	藤川稔	六、三、二〇	同 新人社	六、一〇、二四	同
國際情勢と我等の任務		三、一〇、八	東京	六、一二、四	同
國際共產青年同盟小史		六、九、三〇	産業勞働調査所	六、一二、二二	同
國際無產階級運動	佐野學	四、一二、一五	東京 白揚社	六、一二、一八	同
國際政事辭典	小出民聲		同 同	六、一二、二三	治安
國際消費組合デーの爲に		七、一、一〇	同 希望閣	七、一、一三	公安
獄中のローザ、ルクセンブルグ	湊川哉秋		和歌山	七、一、一三	同
コミンテルン十年と社會主義の建設	田英	四、一〇、七	東京 マルクス書房	七、三、三〇	同
國際勞働史教程	山内房吉	五、六、二〇	東京 紅玉書店	七、四、二一	治安
國家に就いて			同 希望閣	七、四、二三	公安
小作爭議自由論	工藤久米治	七、四、一〇	北海道	七、四、二〇	治安
國難に直面して	桑田三郎	七、一、一四	神奈川	七、五、二〇	同
好色風俗史講座（第三巻）	竹内道之助	七、五、二五	風俗資料刊行會	七、五、二〇	風俗
國際消費組合運動	城西竹賀	七、五、一五	東京 叢文閣	七、六、一	治安

六八 六九

図 14-2 『刊行物行政処分索引簿』（1937 年）

行政処分となった日本語書籍の一部。タイトルからだけでも、どのようなものが行政処分になったかわかる。

〔韓国・国立図書館蔵〕

皇民化政策期になると、朝鮮人の文化活動も変容を余儀なくされた。総督府は初等教育においてそれまで必修科目だった朝鮮語を随意科目（選択科目）の地位へと追いやり、朝鮮語刊行物への検閲の基準も厳しくした。また文化領域ごとに官製の文化人団体をつくり、朝鮮人の文化活動を掌握しようとした。こうして「皇国臣民」化が要請され、朝鮮人としての民族意識の高揚が許されなくなると、朝鮮知識人の中には戦争や皇民化政策に同調する主張をおこなう者もあらわれた。それらの知識人にはかつての民族主義者や社会主義者の中から転向した者も少なくなかった。

極端な例を一つ挙げてみよう。玄永燮《ヒョンヨンソプ》という知識人は、一九三八年に著した『朝鮮人の進むべき道』（緑旗連盟刊）で「朝鮮人が日本人であり、日本人として生きる道以外に進むべき道はあり得ない」（「序のことば」七頁）とし、「更に一歩進んで、完全に日本国民となつて、完全に天皇陛下に忠義を尽し奉らねばならぬ。完全なる皇国臣民とならなければならぬ」（本文一四四頁）とまでいいきる。そして、そのために「朝鮮語を廃止せよ」（同、本文一五七頁）と絶叫するのであった。朝鮮語の「廃止」を明確にうたうことは一九三八年時点においては、当時の南次郎朝鮮総督も否定するほどの過激なものであり、「内鮮一体」を主張する他の朝鮮知識人からも距離を置かれる発言であった。実は、玄永燮は京城帝国大学（一九二四年創立、後述）出身でかつてアナーキストとして活動した経歴を持っていた。皇民化政策はこのような知識人まで生んでしまったのである。

植民地統治と朝鮮ナショナリズムとの対峙

ここで、三・一運動以後、皇民化政策以前の民族運動の高まりに注目し、その中で総督府は朝鮮人のナショナリズムとどう向き合わざるを得なかったのかという視点を通して、総督府の文化管理の性格について掘り下げてみたい。

先にも触れたとおり、歴史叙述は朝鮮民族の歴史性を語る上で非常に重要な要素であった。併合後には、朴殷植の『韓国痛史』（一九一五）などのように、韓国併合に対して批判する歴史叙述も見られた。そのような流れを受け、一九一五年から総督府中枢院で朝鮮半島史編纂事業が開始された。翌年刊行された『朝鮮半島史編成ノ要旨及順序』では、『韓国痛史』のような書物を「人心ヲ蠱惑スルノ害毒真ニ言フニ勝《た》ヘサルモノアリ」と非難し、「公明的確ナル史書」として朝鮮半島史の編纂が必要だと述べている（同書、三～四頁）。しかし、この朝鮮半島史編纂の目的は、日本と朝鮮が古来同族であること、韓国併合によって天皇の恩恵を受け朝鮮が幸福になったことを主張することであり（同書、四～五頁）、檀君ナショナリズムの否定と韓国併合の正当化が主旨であった。この事業はのちにいったん中止となり、一九二二年に新たな計画としてスタートし朝鮮史編纂委員会が設置された。そして、一九二五年に同委員会は朝鮮史編修会として組織が独立した。これらの事業のおもな内容は、朝鮮史の編纂と史料収集にあったが、東京・京都の両帝国大学（のちに京城帝国大学も）教授である歴史学者が参加することで近代アカデミズムの手法と権威を導入しようとするものであった。

一九三八年に刊行された『朝鮮史編修会事業概要』には、朝鮮史編纂委員会と朝鮮史編修会の各委員会の議事録が掲載されている。中でも興味深いのが歴史叙述における檀君の取り扱いをめぐるやりとりである。編纂委員会の第一回委員会（一九二三年一月）で鄭万朝《チョンマンジョ》（李王職典祀）や李能和《イヌンファ》（総督府学務局編修官）により檀君を取り扱う時期についての議論がなされており、李は「建国の神話に就きましては民族の精神を発揮するものでありますから、ぜひ収載することに致したい」としつつ、「史家は箕子にのみ重きを置き、檀君を軽んずる傾きがある」と批判した（同書、一九～二〇頁）。しかし、編年体を基盤とした叙述の中にはこれらの神話的要素は取り込まれなかった。これに対し、一九二八年に嘱託に任命された崔南善は編修会第七回委員会（一九三三年八月）で檀君・箕子の記述が第一篇の頭注か割注にしか見えないことを批判し、「檀君・箕子は其の史実のみに注目しないで、その思想的・信仰的に発展したものを纏めて別篇として編纂」することを勧めた（同書、六六〜六七頁）。さらに、檀君・箕子を取り入れなかったのは「朝鮮人として甚だ憾《うら》み多い」とまで述べた（同書、六八頁）。結局、編修会会長である今井田清徳政務総監は、「檀君・箕子問題に就いては、各位の主張を考慮して妥当な方法を講じ」ると述べざるを得なかったのである（同書、七〇頁）。編年体を採るというアカデミズムの論理を優先しようとしても、民族的価値としての檀君の存在を歴史的にどう扱うかという問題は、朝鮮人のナショナリズムを刺激し得る問題であるだけに総督府も日本人委員も慎重に扱わざるを得なかったと見られる。

さて、アカデミズムの状況について少し補足しておこう。植民地朝鮮においては併合後、高等教育機関が設置されず、高等教育を受けることを望む朝鮮人学生たちは、併合以前と同様、日本の高等教育機関に留学するケースが多かった（第15章参照）。しかし、三・一運動後、朝鮮知識人の一部は、朝鮮内での高等教育機関の不在を受けて、一九二二年から民立大学期成運動を展開した。だが、総督府はこれを無視し、一九二四年に日本の帝国大学制度を移植させる形で京城帝国大学を設立し、高等な知の導入を日本が主導することとなったのである。朝鮮史編纂事業のように日本のアカデミズムが導入される背景には、このような経緯が存在したこともあわせておさえておく必要がある。

もう一つの例として、ハングルの標準化問題について取り上げてみよう。先に見たように朝鮮語の書きことばの標準を定めようとする動きは併合以前からすでに存在していたが、総督府は「国語（＝日本語）」普及という大命題の下であっても、初等教育機関である普通学校での朝鮮語教育を（少なくとも日中戦争以前までは）なくすことができなかった。そのため、併合当初からその教科書編纂の指針をつくる目的で朝鮮語表記法の整理に乗り出したのである（「諺文綴字法」）。しかし、内容面の不備が重なり支持を得られず、また、三・一運動後の言語改革運動の盛り上がりを受けて、改訂、再改訂作業を余儀なくされた。一九二八年に二回目の改訂作業に入った総督府はそれまで支持を得られなかった経緯を踏まえ、民族主義言語運動団体の一つであった朝鮮語研究会（一九二一年創立）のメンバーを委員に迎え、大幅な改訂作業をおこなったのである。審議には日本人の言語学者や通訳官なども参加したが、結局はこれら朝鮮語研究会系の委員の見解が多く通った形となった(2)。こちらは朝鮮史編纂事業の場合とは異なり、朝鮮人のハングルナショナリズムを積極的に動員して、総督府が朝鮮語教育に対しても主導権を握る方向で政策の貫徹をはかった事例であった。

しかし、このような朝鮮語の標準化は総督府にとっても両刃の剣であった。なぜなら書きことばを定め教えることは逆に朝鮮語の「国語」化を推進し、日本語による「同化」を阻む要因にもなり得たからである。件《くだん》の朝鮮語研究会はこの後朝鮮語学会と改称し、一九三〇年代も言語改革運動を強く率いていったが、総督府はかつて政策遂行のために動員した勢力を、民族独立精神を鼓吹したとして一九四二年に弾圧した（朝鮮語学会事件）のである。

4．大衆文化の規制と動員

大衆文化の性格

次に大衆文化の領域についても少し言及しておこう。おもに一九二〇年代後半以降、都市部を中心に大衆文化が定着していった。京城《けいじょう》（ソウル）を例にとれば、植民地化以前より日本人と朝鮮人の居住区域が区分されており、一九二〇年代後半時点では、朝鮮人居住区域の北村と日本人居住区域の南村とに生活圏が分かれていた。一九三〇年前後から百貨店や映画館などの都市文化を象徴する施設がおもに南村を中心に普及したが、近代文化を体現するそれらの施設を訪れる朝鮮人もあらわれた。出版・印刷メディア、ラジオ、レコードと大衆音楽、映画、消費活動の場としての百貨店などといった大衆文化のコンテンツが拡大傾向を見せたのである。

このような都市のモダンな文化は多くが宗主国日本を媒介にして導入された西洋起源のコンテンツであった。近代性が植民地性を背景にして成立していたということを基本的視角として押さえておきたい。

大衆文化のコンテンツは、モノや情報を広範に伝達するもので、それだけに総督府はその内容に対して神経を遣わざるを得なかった。すでに出版物に対する検閲については述べたところである。また、皇民化政策期以降になると、総督府はそのような大衆文化を動員して、皇民化政策や戦争を賛美する媒体として活用していくことになる。

植民地朝鮮における映画

さまざまな大衆文化領域をすべて扱うのは難しいので、映画を事例に大衆文化の位相について考えてみよう。朝鮮における映画（活動写真）は、一八九〇年代末における西洋の短編記録映画の導入に始まるとされる。その後ストーリー性のある映画があらわれるが一九二〇年代前半までは多数の外国映画が興行された。一九一〇年代末になって、連鎖劇（撮影された野外のシーンを演劇に組み込むスタイル）が登場し、一九二〇年代初めからフィルム撮影のみの劇映画がつくられるようになる。これらの映画は無声映画で、活動弁士がスクリーンの側でストーリーを語るスタイルのものであった。そして、一九二六年に制作・上映された羅雲奎《ナウンギュ》監督・主演の映画『アリラン』が大ヒットした。この映画は日本の統治に反発する民族主義的映画とも評されている。

このような映画の拡大にともない、規制の色も強まっていった。まず、一九二二年に京畿道《キョンギド》警察部が「興行及興行場に関する取締規則」を独自に出した。そして、『アリラン』がヒットした一九二六年には総督府が「活動写真フィルム検閲規則」という映画の事前検閲の制度を定め、朝鮮全土での映画の興行を監視する体制を整えた。一九二〇年代末から三〇年代前半にかけては、朝鮮プロレタリア芸術同盟（KAPF《カップ》）による左派系の映画運動も展開され、総督府はこれらの動きに対しても警戒せざるを得なかった。

一九三五年からは発声映画（トーキー）の技術が導入され、新たな劇映画もつくられた。発声映画はセリフだけでなく、効果音やBGMによって臨場感を出す、当時の流行歌を主題歌としてタイアップさせるなどの新たなスタイルを生み出した。録音、撮影、現像などの技術は日本との合作という形態でもたらされた。しかし、一九三六年に総督府は「活動写真取締規則」を定め、規制をより強化していった。

もっとも、総督府は映画を規制ばかりしていたのではない。映画を「言語、文章、絵画其の他の技巧を以てしては到底表現することの出来ない事象を、而も時間と空間を超越して極めて容易に明瞭に如実に表現して大衆に自由に観覧せしむる機能を持つて居る」とし、衛生観念や生活改善その他社会教化の手段として利用しようとした（朝鮮総督府学務局社会教育課『朝鮮社会教化一覧』朝鮮総督府学務局社会教育課、一九三八年、九二頁）。日中戦争の開戦により皇民化政策の時期に突入すると、当時の「内鮮一体」のスローガンや戦争を賛美する映画が朝鮮人の手によってもつくられるようになった。かつてKAPFの映画批評家であった徐光霽《ソクァンジェ》が監督した『軍用列車』（一九三八）や、やはり左派系の文学者・漫画家であった安夕影《アンソギョン》監督の『志願兵』（一九四一）など多くの映画がつくられた。これらの映画もまた日本の映画製作・配給会社との合作で、満洲国や日本本国で上映されることもあった。一九四三年の『望楼の決死隊』（今井正監督）は朝鮮映画製作株式会社と日本の東映との合作で、総督府の後援・指導の下につくられた映画であった。朝鮮と日本の看板スターが出演する合作宣伝映画で、日本でも興行されヒットした。

一九四〇年、総督府は「朝鮮映画令」を定め、一九四一年から四二年にかけて配給・制作の両面で官製会社をつくった。このようにして映画制作・上映の自由は消滅していったのである。

「内地」における朝鮮ブーム

先に戦時期の映画が朝鮮の外にも進出したことに触れたが、一九三〇年代から日本で朝鮮文化のコンテンツが受容されるようになり、一九三〇年代末から四〇年代初めにかけて朝鮮ブームともいえる現象があらわれた。

文学を例にとってみよう。一九三二年四月、張赫宙《チャンヒョクチュ》が日本文壇にデビューする。彼の「餓鬼道」が雑誌『改造』の文学賞に当選したのである。一九二〇年代から日本のプロレタリア文学運動と連携して朝鮮人による日本語創作活動が少しずつあらわれ始めてはいたものの、朝鮮人の日本語創作活動が本格化する契機となったのはこの出来事であった。また、同じ頃から朝鮮文学の日本語への翻訳も企画されるようになった。一九三〇年代の日本ではモダン文化を支える媒体として『モダン日本』などの大衆雑誌が複数

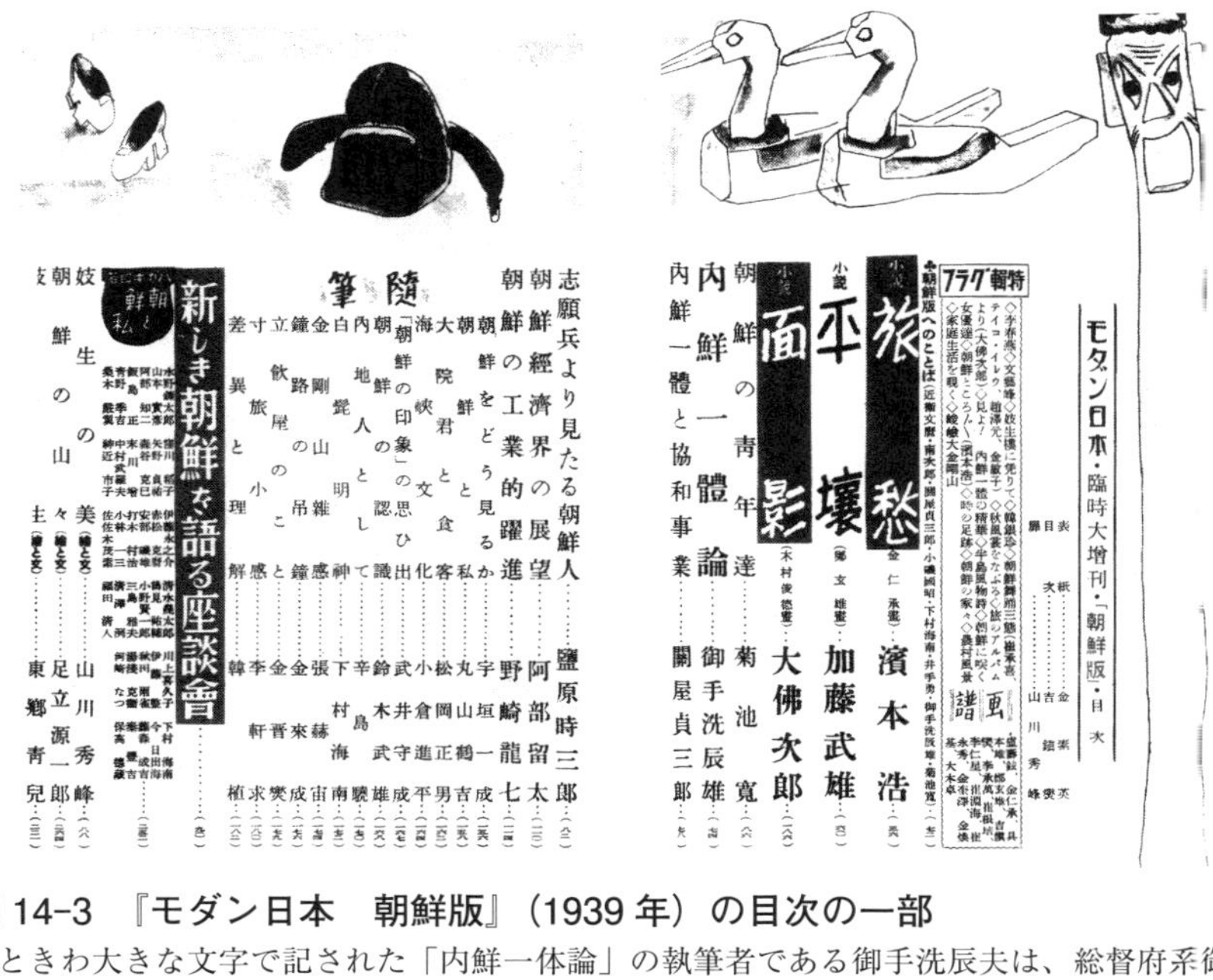
モダン日本・臨時大増刊・「朝鮮版」・目次

特輯グラフ

小説 旅愁（金仁承畫）……濱本浩

小説 平壤（鄭玄雄畫）……加藤武雄

小説 面影（木村俊徳畫）……大佛次郎

朝鮮の青年達……菊池寛

内鮮一體論……御手洗辰雄

内鮮一體と協和事業……關屋貞三郎

志願兵より見たる朝鮮人……鹽原時三郎

朝鮮經濟界の展望……阿部留太

朝鮮の工業的躍進……野崎龍七

隨筆

朝鮮をどう見るか……宇垣一成

朝鮮と私……丸山鶴吉

大院君と食客……松岡正男

海峡文化……小倉進平

「朝鮮の印象」の思ひ出……武井守成

朝鮮の認識……鈴木武雄

内地人として……辛島驍

白頭山神……下村海南

金剛山雜感……張赫宙

鐘路の鐘……金來成

立飲屋のこと……金晋燮

寸旅の小感……李軒求

差異と理解……韓植

新しき朝鮮を語る座談會

妓生の美（繪と文）……山川秀峰

朝鮮の山々（繪と文）……足立源一郎

朝鮮の土（繪と文）……東郷青兒

図 14-3 『モダン日本 朝鮮版』（1939 年）の目次の一部

ひときわ大きな文字で記された「内鮮一体論」の執筆者である御手洗辰夫は、総督府系御用新聞『京城日報』の副社長である。〔復刻本（オークラ情報サービス、2007 年）より〕

刊行されており、これらの媒体の存在も朝鮮人の日本（語）での創作活動の背景として重要である。とりわけ戦時期の一九三〇年代末から四〇年代初めには朝鮮ブームが起こり、朝鮮人作家の日本語作品が発表されたほか、同時期の朝鮮の社会や文化に関する情報が紹介されるようになった。中でも朝鮮人馬《マ》海松《ヘソン》が社長を務めていた『モダン日本』は一九三九年と一九四〇年の二回にわたって『モダン日本　朝鮮版』を発刊している。ここでは、朝鮮文化・社会の広報と同時に、「内鮮一体」の必要性をめぐる当局の広報が同時におこなわれたのであった（図14-3）。

　このようなブームは文学に限らなかった。たとえば大衆歌謡の領域でも、一九三〇年代の朝鮮での流行歌のブームに対し、日本でその翻案歌謡がつくられ、朝鮮人歌手が日本語でレコードを吹き込んだり、日本人歌手がカバーしたりする現象も起こった。当時、朝鮮のレコード会社はそのほとんどが日本資本であったため、このようなことが容易におこなわれたのであった。また、日本人作家の手によるものではあるが、民謡「アリラン」のような朝鮮を主題にした歌謡曲もたくさんつくられた[3]。朝鮮人歌手や舞踊家の内地興行もしばしばおこなわれ、日本人だけではなく、当時日本に在住していた朝鮮人もまたそれを鑑賞したのであった。しかし、戦時期になると、流行歌というよりは戦時歌謡が主となり、朝鮮でも朝鮮語による戦争賛美の歌や、日本語の戦時歌謡が発売されるようになった。

　朝鮮知識人の思想転向や、朝鮮人作家の日本語創作、朝鮮人歌手の戦時歌謡の歌唱などの行為は、植民地統治が終わって以降、「親日」行為とみなされ非難の対象となる。その当事者たちが文化アイデンティティを構築していく上で、大きな苦難を生じさせることとなった。

注

（1）佐々充昭「檀君ナショナリズムの形成―韓末愛国啓蒙運動期を中心に―」、『朝鮮学報』第一七四輯、二〇〇〇年。
（2）三ツ井崇『朝鮮植民地支配と言語』明石書店、二〇一〇年。
（3）林慶花「民族の歌としての〈アリラン〉の創出―「民謡」概念の導入から「郷土民謡」の発見まで―」、油谷幸利先生還暦記念論文集刊行委員会編『朝鮮半島のことばと社会―油谷幸利先生還暦記念論文集―』明石書店、二〇〇九年。

研究課題

1. 一八九〇年代から一九〇〇年代にかけての朝鮮のナショナリズムの性格はどのように変化しただろうか。また、どのような背景でその変化は起こっただろうか。考えてみよう。
2. 朝鮮総督府は朝鮮人の文化活動にどのように介入していったのか。時期的変遷も踏まえて、本章で扱った領域以外の文化領域について調べてみよう。
3. 皇民化政策期の前後で朝鮮知識人の言動はどのように変化しただろうか。具体的な人物を挙げて調べてみよう。

参考文献

キム・ミヒョン責任編集『韓国映画史―開化期から開花期まで―』〈根本理恵訳〉（キネマ旬報社、二〇一〇年）
月脚達彦『朝鮮開化思想とナショナリズム―近代朝鮮の形成―』（東京大学出版会、二〇〇九年）
寺内威太郎・李成市・永田雄三・矢島國雄『植民地主義と歴史学―そのまなざしが残したもの―』（刀水書房、二〇〇四

年）
任展慧『日本における朝鮮人の文学の歴史』（法政大学出版局、一九九四年）
朴燦鎬『韓国歌謡史―1895-1945―』（晶文社、一九八七年）
三ツ井崇『朝鮮植民地支配と言語』（明石書店、二〇一〇年）
宮田節子『朝鮮民衆と「皇民化」政策』（未來社、一九八五年）

15 植民地期朝鮮における「近代」

三ツ井　崇

《本章のねらい》 近年、植民地期朝鮮における「近代」とは何であったかという問いが、日本の植民地統治や民族運動などの性格を測る主題として取り上げられることが多い。本章では植民地期朝鮮における「近代」をめぐる議論で提示された論点を軸に、植民地期朝鮮社会を動態的に把握するための手がかりを得たい。

《キーワード》 植民地近代性、植民地近代化、植民地主義、ナショナリズム、近代主義、対日協力

1.「近代」という問題

内在的発展論

朝鮮史研究においては、これまで朝鮮の近代という時代の歴史的性格が常に議論の対象となってきた。とくに植民地支配との関連で近代の性格をどうとらえるかが問題となっており、その議論は形を変えながら現在まで続いている。まず、この点を簡単に整理することで、植民地時代史の論点について確認してみよう。

解放後の大韓民国（韓国）、朝鮮民主主義人民共和国（北朝鮮）において、戦前日本の否定的朝鮮史像を克服し、民族的主体性を回復することを目的とした朝鮮近代史、とりわけ植民地期に関する歴史叙述がおこなわれ、それが体系化の様相を呈しはじめるのが一九六〇年代前半のことであった。そして、こ

れらの研究成果が日本に紹介され、日本の朝鮮史研究にも影響を与えた。この頃から日本の朝鮮史研究で注目を浴びたのが「内在的発展論」であった。その代表的論者である梶村秀樹によれば、内在的発展論とは「一国史を、停滞的・他律的なものとしてみるのではなく、国内的な契機の方法的展開に即して発展してきたものとしてとらえようとする方法論であ」り、「一国史的発展の基本的な原動力は、下からの契機、つまり基層民衆＝直接生産者の生産・再生産における創造的営為、その枠組としての生産力と生産関係の対応関係と矛盾、そしてそれに条件づけられた意識の成長と階級闘争の展開等である」とされた(1)。さらに、この議論は社会経済史分野に限定されるものでなく、政治史・思想史の観点から民族解放闘争史とも結びつくことも指摘された。その内容は、朝鮮開国以前の反封建闘争においては、「闘争の果実を経済面で獲得する可能性をもった」「幼弱な多数のブルジョアジー」が人民闘争の一翼を担っていたものの、開国後、外からの政治・軍事・経済的侵略を受けることによって、その順調な展開が大きく妨げられたとするものであった。そして、朝鮮ブルジョアジーも民族解放闘争の一翼を担い、植民地下においてはその闘争の成果が外圧によって順調に得られないという「内在的発展」の「ゆがみ」、言いかえれば朝鮮資本主義の「従属発展」過程の存在に、植民地支配の性格を読み取ろうとするのが内在的発展論であった(2)。

しかし、一九八〇年代になって内在的発展論を克服しようとする動きが出てきた。内在的発展論が前提とするのは外圧によらない「あるべき」発展像であったが、近代化（資本主義化）そのものを相対化することができなかった。それだけでなく、同時代に台湾・韓国が高度経済成長をとげる一方、北朝鮮経済が困難な状況に陥るという、史的唯物論に基づく発展法則とは異なる状況が現実に生じてしまい、内在的発展論そのものの存立基盤が揺らぎはじめたのである。

植民地近代化論争

この内在的発展論を批判するものとして一九九〇年代に登場したのが「植民地近代化論」であった。これは一九六〇～七〇年代韓国の高度経済成長、八〇年代の民主化を背景として登場したもので、韓国における解放（一九四五年）後の経済成長の要件を、植民地期における開発のための近代的改革に求める議論を指す。その代表的論者である安秉直《アンビョンジク》は朝鮮における発展の契機を純粋に国内的なものに求める内在的発展論を否定し、朝鮮における資本主義の起源を外来の資本主義導入に求め、植民地期、とりわけ一九三〇年代における工業化の進展、朝鮮人資本の成長、マン・パワーの形成などを重視し、それが解放後の経済成長の土台となったと主張した(3)。

一方、このような所説に対して、植民地近代化論が日本の植民地支配を肯定するものであるとする批判もおこなわれた。その代表的論者である慎鏞廈《シンヨンハ》は、日本の植民地政策には近代化の契機は一切認められないとし、内在的発展論を踏まえ、朝鮮後期以来の資本主義の萌芽は植民地化によって挫折を余儀なくされたとした(4)。このような議論は「収奪論」とも呼ばれ、植民地近代化論との間で展開された論争は植民地近代化論争とも呼ばれた。

植民地近代化論を主張する経済史学者の李栄薫《イヨンフン》は、植民地近代化論の主眼は植民地支配の肯定にあるのではないとし、むしろ日本は「投資して朝鮮半島の資源と工業施設を日本人の所有としていく」のであって、それは「同化政策に伴う実質的な収奪の恐ろしい結果」であると述べた。その上で、私的自由の原則に基づく民法を導入した朝鮮では、その原則に基づいて身分制の解体、近代的経済成長、私有財産制度の確立が植民地期に成し遂げられ、解放後韓国へと引き継がれたという連続性を強調した(5)。植民地近代化論の力点は、近代的な法・制度と市場経済体制と人的資本を継承した韓国と、それらを廃棄した北朝鮮との対比によって、大韓民国の正当性を主張するところにあったのである。

しかし、植民地近代化論の展開はおもに経済史の領域が中心であり、他の領域において適用可能かどうかについてはまだ検証されていない。また、これらの論争は近代化の契機・主体をめぐる問題を提起するものの、「近代」そのものを肯定的にとらえるという点ではいずれも共通している。

植民地近代性論とその反論

一九九〇年代後半になると、このような「近代」肯定論的性格を止揚すべきであるとする研究動向があらわれた。それが「植民地近代性論」と呼ばれる一連の研究動向である。もっとも、一口に「植民地近代性」といっても、その指向するところはさまざまで、教育史、文化史、文学史、思想史などの諸領域において、植民地期における都市文化の形成、女性史、日常生活史といった多岐にわたる視角から、近代性そのものを批判的にとらえようとする視座である。中でも注目されるのは、西欧近代をコードとした「近代」を受容し内面化した「近代主体」の存在であり、その行動を媒介に、植民地下における支配権力と被支配者とのかかわり方をその局面ごとに理解しながら、植民地支配の性格をとらえようとする点にその特徴がある。これらの議論は、「支配－抵抗」の二項対立の図式に固定化されない多様な主体のあり方を、支配権力との関係性も視野に入れつつとらえ返そうという問題提起であった。

これと関連して、「植民地公共性」という考え方がある。植民地下朝鮮人の政治参加、対日協力問題について研究してきた並木真人によれば、「異民族支配のもたらす葛藤の深刻さ、あるいは国民意識や帝国臣民意識の稀薄に起因する合意調達の困難」が「植民地における「政治」の特異性として」挙げられるとし、「植民地政府と被統治者の一部の間で、それぞれの意思実現をめぐり」、合意の調達がおこなわれる場を「公共領域」とみなすことになる(6)。そのような「公共領域」は支配権力の側が朝鮮人を動員するための機構である一方で、「近代主体」としての朝鮮人にとっては自らの政治的意思を伝えるための場であった。「支配－抵抗」の二分法に入りきらない存在に注目するということの意味がここに出現するのである。

しかし、植民地近代性論および植民地公共性論に対する批判もある。その代表的論者である趙景達《チョキョンダル》はこれらの議論が「植民地公共性」から排除された民衆の存在を軽視していると批判した[7]。そして、「民衆史的地平からみた場合、どれだけ多くの民衆が植民地権力に同意を与え、「植民地公共性」に包摂されていたか疑問であ」り、都市・知識人社会ばかりに注目する植民地近代性論のように、「植民地権力や近代権力がいかに民衆を包摂するかという、「上から」の視点」ではなく、「そうした権力に翻弄されつつも、それに抗い続けた民衆の生の営みやその心性が復元されてこそ、植民地や近代の本質も明らかにされるはずである」[8]と述べた。

これらの論争は植民地性や近代性の本質を権力への包摂の側面に見るのか、排除の側面に見るのかという点で対立している。ただ、実際には植民地支配の過程では包摂と排除の両面が存在していた。以下では、この両面に注目して、植民地期朝鮮における「近代」の性格について考えてみたい。

2. 朝鮮社会と「近代」

「近代」の拡散と偏在

植民地期の朝鮮では、「近代的」価値観や秩序が朝鮮社会に導入された。「近代」の指標となるものはさまざまだが、第14章で触れたような大衆文化をはじめ、西洋起源の新知識や時間観念・衛生観念などの秩序・行動規範の身体化などが挙げられ、これらが植民地統治のシステムを通じて広がっていった。とりわけ近代教育は総督府管轄下の教育制度の導入と大きく関係していた。総督府は初等教育機関である普通学校の拡充を教育政策の基本的な柱としていたが、その就学率は一九二〇年代以降上昇傾向を見せた（表15-1）。また、より高度な教育を受けるために内地に留学したり（表15-2）、京城帝国大学や私立の専門学校で高等教育を受ける者もあらわれた。こうして近代的価値観や秩序を内面化する人物が増加していくことになった。これらの人物の中から都市大衆文化を享受するモダンボーイ・モダンガールがあらわれ、また、伝統的家父長制に反対し、女性の解放を訴える「新女性」も登場した。

メディアの面では、一九二〇年代に新たな音声メディアとしてラジオの登場が挙げられる。一九二四年から総督府逓信局で試験放送が開始されたが、一九二六年に総督府の支援を受け京城放送局が設立された。一九二七年には日本語による定期放送が始まり、一九三三年には朝鮮語放送も開始された。ラジオにより情報や娯楽が広範囲に伝達され、登録台数も徐々に増加していった（表15-3）。

しかし、このような近代的なるものが、朝鮮社会にまんべんなく広がったわけではない。都市-非都市、日本人-朝鮮人との間で格差も生じていたのである。たとえば京城《けいじょう》（ソウル）で

表 15-1　朝鮮人の初等学校の就学率の推移

	朝鮮人総人口（人）	推定学齢人口（人）	就学者数（人）			就学率（%）
			普通学校	簡易学校	私立各種学校	
1911	13,832,376	2,010,475	32,229		57,532	4.5
1915	15,957,630	2,318,663	60,660		51,724	4.8
1920	16,916,078	2,457,989	107,238		51,008	6.4
1925	18,543,326	2,694,176	383,651		57,120	16.4
1930	19,685,587	2,859,966	490,001		54,643	19.0
1935	21,248,864	3,202,565	718,842	35,696	70,128	25.8
1940	22,954,563	3,584,119	1,383,090	99,108	69,981	43.3
1943	25,525,409	4,072,812	1,769,900	117,211	65,745	47.9

〔古川宣子「植民地近代社会における初等教育構造—朝鮮における非義務制と学校「普及」問題—」（駒込武・橋本伸也編『帝国と学校』昭和堂、2007 年）、『朝鮮総督府統計年報』各年版より作成〕

は日本人居住区域の南村と朝鮮人居住区域の北村という具合に都市の居住空間が分かれていたが、大衆文化の基礎となったのはおもに南村であった。これは都市化が日本人居住区域を中心に進展したことを意味する。橋谷弘によれば一九二五年時点での水道・電気・ガスの普及率は朝鮮人のほうが非常に低かったという(9)。また、松本武祝によれば医療機関の普及は、都市部の官公立病院、日本人経営の私立病院が多い一方、朝鮮人経営の私立病院は零細で一九二〇年代の落ち込み幅が大きかったということである(10)。表15-4を見ると電話の加入率のほうも日本人の加入率のほうが圧倒的に高かったことがわかる。

大衆文化の受容にもまた格差が生じていた。それを享受するためには消費社会に耐えられる相応の経済力を持たなければならなかったからである。先述のラジオの場合、民族別には日本人の普及率が高かったが、職業別では商工業者、公務員、銀行員・会社員などの高所得者層が多く、農・水産業などの業種では少なかったという(11)。

印刷メディアの拡大に裏打ちされた教養や娯楽の拡散にも限界があった。学齢期の児童の就学率は、一九三〇年時点で官公私立普通学校、私立各種学校、書堂を合わせても二四・三%に過ぎず(12)、総督府が一九三〇年におこなった国勢調査では、同年の朝鮮人総人口に対して、「仮名及諺文ヲ読ミ且書キ得

表 15-2　朝鮮人日本留学生の推移

年度	人数（人）
1912	535
1917	641
1920	1,230
1926	3,278
1930	3,769
1935	7,292
1940	20,824
1943	29,427

1930年までと1935年以降とでは出典の資料が異なり、数値にだいぶずれがある。

1935年以降の資料は、留学生ではなく、日本在住の学生数も含まれていると思われる。

〔(1930年まで) 朝鮮教育会奨学部『在内地朝鮮学生状況調』各年版。

(1935年以降) 内務省警保局『社会運動の状況』各年版。〕

ル者」は約六・七九%、「諺文ノミヲ読ミ且書キ得ル者」は約一五・四四%であった。非識字者の約七八・七%は郡部に集中しており、農山漁村部において非識字者が多かったことがわかる(朝鮮総督府『昭和五年朝鮮国勢調査報告(全鮮編)』第1巻、結果表、朝鮮総督府、一九三五年、七二～七五頁)。つまり、このような識字状況では印刷メディアのみによる知識・情報伝達には限界があったと見なければならない。一九二〇～三〇年

表 15-3　ラジオの登録台数の推移と普及率

	日本人		朝鮮人	
	台数（台）	普及率（%）	台数（台）	普及率（%）
1926	1481	1.27	336	0.01
1930	9410	7.45	1448	0.04
1935	37958	26.21	14537	0.36
1940	109694	66.12	116935	2.76
1942	126047	70.28	149653	3.26

〔『朝鮮総督府統計年報』各年版より作成〕

表 15-4　電話の加入者数の推移と普及率

	日本人		朝鮮人	
	加入者数（人）	普及率（%）	加入者数（人）	普及率（%）
1910	6114	11.99	444	0.02
1915	8918	10.34	594	0.02
1925	21797	19.25	3890	0.11
1930	26138	20.69	5860	0.16
1935	30431	21.01	8746	0.22
1940	41848	25.22	17087	0.40
1942	43502	25.34	17620	0.40

〔『朝鮮総督府統計年報』各年版より作成〕

代であっても個人的な黙読に基づく近代的読書へ移行する以前の状況として、音読で表現される前近代的な口述文化と、一つの読み物を家族や地域・職業共同体などで共有する「共同体的読書」が広範に残存していた(13)。このような状況は識字率の低さと関係していた。

「共同体的読書」は、読み手と聞き手が同じ場で、同じ内容と情緒を共有するところにその特徴がある。事実、有識者が地域住民の前で新聞などを朗読し、説明するという新聞縦覧所が一九〇〇年代以降地方都市を中心に設立されていたし、より大規模の聴衆に向けて講談師が小説の内容を演じる伝統的な口演のスタイルも依然としておこなわれていた。よって、限定的ではあったにせよ、文字を知らないからといって情報がまったく伝達されないわけでもなければ、娯楽をまったく享受できなかったわけでもない。ラジオのような媒体もすべての家にラジオが普及していなくても、共同体レベルでの聴取が存在し得たのであって、ラジオ放送を享受した層は台数以上には存在したと考えられる。

「近代」の競合と対立

近代的な価値観の体得にも限界は存在した。近代的知識の中には「文明－野蛮」という二項対立で帝国主義を後押しするような社会進化論的思考も含まれていたからである。よって、近代の体得が「文明化」を追求する一方でこのような論理を内面化することにもつながったことに注意しなければならない。日本を媒介にして高等な知識を導入しようとした朝鮮人においてもそれは例外ではなかった。

朝鮮の民族主義者たちは朝鮮人の「文明化」（＝近代化）を運動の目的に据え、冠婚葬祭の簡素化、奢侈の禁止、色衣の奨励、衛生観念の定着、識字などの手段で朝鮮人の生活改善をはかろうとする運動を展開した。これらの運動は併合前の愛国啓蒙運動の流れを汲んだ民族自強の発想に基づいており、当時の言論界でもこれらの訴えがしばしばおこなわれた。

ところが、このような考え方は「文明」的でない朝鮮人像を前提にすることによって成り立ち、旧来の慣習を否定するものとして機能した。重要なのは、朝鮮人を非文明的な存在として見る視点は総督府側にも共有されていたことである。一九二七年に総督府が刊行した『㊙朝鮮人の思想と性格』という調査資料は、朝鮮人に対する内外の視線を各種刊行物から抜粋したものだが、「放縦、奢侈、浪費、射倖は鮮人大部分の性癖である。随て勤倹努力の風を欠く」などと記している（同書、四五頁）。総督府は一九三〇年代初めの農村振興運動の際、勤労、節約、貯蓄、色衣奨励、識字の必要性などを掲げ生活改善を訴えたが、それもこのような認識を土台にしていた。皮肉にも、民族主義を掲げる運動家たちと統治の円滑化を目指す総督府側の論理が「文明化」の志向という点で符合してしまうことになった。言いかえれば、朝鮮人の「文明化」の主導権をめぐって両者の緊張関係が起こったことになる。たとえば、一九二〇年代から三〇年代前半にかけて、東学の後身である天道教系の農民団体や民族系新聞社主催の生活改善、識字運動などが展開されていくが、一九三〇年代に農村振興運動が展開し、一九三五年に二年制の簡易学校制が総督府によって敷かれると、前者の運動は弾圧対象となった。近代化の主導権がどこにあるかという問題が、民族主義者と「忠良なる臣民」との分かれ道でもあっただけに、この競合関係は両者にとって非常に深刻な問題なのであった。

「近代」の限界

もう一つ、近代的な知識が必ずしも人々の解放をもたらさなかったという点も重要である。

先に触れた新女性の登場は、近代教育を受ける女性が登場したことを意味した。初等教育の段階から就学者数の男女比は女性のほうがはるかに低く、教育状況にジェンダー差が反映されていたのである(14)。つまり、高等教育を受けた新女性たちは相当なエリートであったことになろう。新女性の中には海外留学経験者も多く、留学を社会進出によってよりよい生活を求めるための手段と考える者も存在した。朝鮮内だけでは女性の社会進出の道はきわめて狭かったためである。留学先には日本も含まれ、日本に留学した女性たちは日本の家政学の知識を吸収した(15)。これらの留学生は朝鮮に戻ってから、女性運動にかかわる者も多く、言論啓蒙活動を通して、早婚批判、恋愛・結婚・離婚の自由などを説き、伝統的家父長制から女性を解放することを広く訴えかけた。中でも画家で小説家でもある羅蕙錫《ナヘソク》はフェミニストの先駆者として、家庭における女性の役割を固定化する「良妻賢母」の思想を批判するなどで有名な人物であった。ところが羅蕙錫のような考え方は新女性の中でもかなり急進的であった。というのは多くの女子留学生が日本で学んだ家政学は、むしろ家庭における「良妻賢母」の役割を支える知識であったからである。日本において「良妻賢母」は国民国家建設における女性の役割として位置づけられたが、朝鮮においては「賢母良妻」として民族のための「新家庭」をつくり上げることが女性の役割であると認識されたのである。結局、女性の役割は民族の名の下で家庭に固定化されることとなり、その意味で近代的家父長制とも呼べる新たな限界にぶつかることになった。

3．抵抗と協力

抵抗か協力か

次に政治の領域について見てみよう。政治史において、「近代」への包摂いかんという問題は、統治メカニズムへの包摂いかんという問題と結びつく。冒頭でも挙げた並木真人は、次のように論ずる。

植民地政府が、実際には不当で非法な統治を行いながらも、「合理化」や「合法化」、「効率化」を偽装した合意調達を絶えず強いられていたという点、他方、被統治者は、統治者のこのような「合理性」や「正当性」、「効率性」を克服すべき論理に基づく政治過程の構築を始終迫られていたという点に、抵抗と屈従を対極としながら、その間に広範で融通無碍な「公共領域」を胚胎した、統治者と被統治者、両者の関係形成における基本的「ルール」としての「近代」、より厳密に言えば、「植民地近代性」(colonial modernity) が発見できるのである。(並木真人「植民地期朝鮮における「公共性」の検討」、三谷博編『東アジアの公論形成』東京大学出版会、二〇〇四年、二一四~二一五頁)

では、「統治者と被統治者、両者の関係形成」のあり方は具体的にどのようなものであったのだろうか。

第14章で触れた、朝鮮総督府の「諺文綴字法」作成の動きが一九二〇年代後半に朝鮮人の民族運動としての言語改革運動と呼応していたという事実を思い起こしてほしい。これを朝鮮人の運動の性格という観点からもう一度とらえなおしてみよう。前章でも述べたとおり、民族語の書きことばの標準化という行為は、日本語による同化の論理とは相容れないものであり、その意味において朝鮮語研究会の運動は支配に対する抵抗といえる。しかし、その目的を貫徹させようとする過程で、総督府の教育政策の場に加わるというのはむしろ協力ともとらえられる。果たして朝鮮語研究会の活動の性格は抵抗なのか協力なのか。

ここで総督府側の論理と朝鮮語研究会側の論理の二つの点に注目したい。総督府は朝鮮語教育や民族語形成の領域まで掌握しようとしたのだが、肝心の作業内容の水準が不十分で民間の朝鮮人の協力を得なければならない状況にまで追い込まれていたのであった。つまり、総督府側としても政策の貫徹のために朝鮮人の協力が必要だったのである。一方、朝鮮語研究会としては運動の成果を挙げるためにも自説の学説を公的に認定させ、教育の場を通して広める必要があった。事実、当時彼らの学説に強固に反対する勢力も存在しており、運動の主導権を握るためにも自説の正当性を付与する力が必要だったのである。こうして、支配の貫徹と民族主義の具体化という対極の目標を掲げながらも、お互いが自身の思惑に沿って利害を満たすために合意調達が成立したケースであったということになる。

しかし、その目標が対極にある中、この合意調達の場はあくまで形式的・表面的なもので、いつ壊れるかわからないものであった。事実、朝鮮語研究会の後身である朝鮮語学会が一九四二年に総督府によって弾圧されてしまったことは第14章で述べたとおりである。

民族運動と統治権力の接触・交渉

統治者と被統治者という相対立する存在がこのような接触を見せることの意味は何であろうか。

三・一運動当時に朝鮮軍司令官であった宇都宮太郎はその日記から頻繁に朝鮮人と接触していたことが明らかになっている。中でも興味深いのは、天道教の幹部であった権東鎮《クォントンジン》という人物との接触である。この人物は一九一九年三月一日に民族代表三三名の名前で発表された独立宣言書の署名者の一人である。宇都宮の日記によれば一九一九年一月から二月にかけても数回会っていることが確認されるが、三・一運動にかかわる動きが水面下で動いている時期でもあるだけに気になる事実である。宇都宮は一月五日の日記で権東鎮について、「将来与《とも》に談ずべく使用すべきの一人なり。東亜の為め大謀議せんことを約す」（宇都宮太郎関係資料研究会編『日本陸軍とアジア政策―陸軍大将宇都宮太郎日記3―』岩波書店、二〇〇七年、一九八頁）と注記するほど権に対して信頼を置いていたようだ。権東鎮は三・一運動の直前の二月二七日に宇都宮のもとを訪れ、「朝鮮人々心の乖離益々《ますます》甚しき実情を語」って、「此度の〔高宗の〕国葬の際には何等かの出来事無しとも限らず、用心せよとの事」を申し残して去ったと記されている（同書、二二〇頁）。結果的に、宇都宮は数日後に始まる三・一運動そのものは予測できなかったが、ここで重要なのは、民族運動・独立運動の取り締まりにかかわる側は、このように朝鮮人指導者層との接触を常に試みていたという事実である。

この点に関して、一九二〇年代以降の民族運動とのかかわりで他の事例を見てみよう。総督府の警務官僚や政務総監を歴任した田中武雄は民族運動家との間で「懇談」を「盛んにやった」と戦後に回想している（宮田節子（監修・解説）「未公開資料　朝鮮総督府関係者　録音記録（4）　民族運動と治安対策」、『東洋文化研究』第5号、二〇〇三年、三四〇～三四一頁）。しかし、その「懇談」とは朝鮮の独立を許さない総督府の立場と、朝鮮の青年運動家の独立精神との対立であった。田中の次のような発言は、独立を認めるか認めないかという究極の選択肢における合意調達の難しさをうかがわせる。

〔……〕朝鮮の万歳騒擾直後の斎藤総督の方針は、言論の自由を許すということで、諺文〔ハングル〕の新聞を三新聞許したわけです。〔……〕この東亜日報、朝鮮新聞〔朝鮮日報の誤り〕、時代日報、この三つの新聞を許した。この新聞は毎日毎日それはもう、本当に差し押さえばっかりさせられるようなことを書くんですよ。これは書く。そこで差し押さえをする度にいまの張徳秀《チャンドクス》とか、あるいは宋鎮禹《ソンチヌ》がやってきて、それで議論するんですが、その議論は結局朝鮮統治の根本である民族問題に帰するわけである。

（同書、三四二頁。引用文中の〔　〕は引用者による。以下同じ）

ここでいう「差し押さえ」とは第14章でも触れた事前検閲の結果採られた行政処分の一種である。この田中の発言からわかるのは、民族運動との関係において総督府は常に緊張関係を強いられていたことである。

ただし、合意調達あるいは交渉のプロセスにおいて、統治する側とされる側という対極にいる主体は決して対等な関係ではない。つまり、警務局と民族運動家との「懇談」も決して対等な関係で成立していたわけではなかった。抵抗にせよ協力にせよ、この非対称的な関係性にいかに規定されながら、それぞれの主体がどのような現状認識に基づいていたのかがそれらの性格を判断する重要なポイントとなるのである。

「内鮮一体」と差別

抵抗か協力かという問題は皇民化政策期にはどのようにあらわれただろうか。宮田節子は民衆の間では日本の敗戦を予測する流言蜚語が流れる、愛国班長の指示に従わないなどといった非協力のケースが見られたことを明らかにしている(16)。しかし、上からの日本人化＝皇民化の圧力が強まるなか、かつての民族運動家・独立運動家の中から「親日」化する者もあらわれたことは第14章でも触れたとおりである。

ここで第14章でも触れた、徹底的な「内鮮一体」を説き、朝鮮語廃止論を唱えた玄永燮《ヒョンヨンソプ》の発言をめぐってもう少し考えてみたい。

> 現在我々は同じ朝鮮に生れても、内鮮人間に待遇の差があるのを認める。私はこれは生活の相違の為であると思つてゐる。朝鮮人が全く日本人になる時、朝鮮人が完全に日本民族となつて、内鮮の区別がなくなる時この差別はなくなるであらう。（玄永燮『朝鮮人の進むべき道』京城：緑旗連盟、一九三七年、一八〇頁）

日本人と朝鮮人の間の「待遇の差」＝差別が厳然としてある中で、それを解消する方向を「完全に日本民族とな」ることに求めている。別の箇所では、「国政に参与する機会」、「義務教育」、「兵役の義務」、「居住の自由」が待遇改善の内容として想定されてもいる（同書、一四七頁）。いわば、それらの権利を得るためには、朝鮮人が朝鮮民族であることを捨て、その民族の象徴であるところの朝鮮語を廃止せよというのがその真意なのである。統治者側にとっても、朝鮮人の権利という問題は「内鮮一体」を推し進める上で避けて通れない問題であった。とくに将来的に朝鮮人を徴兵という形で戦争に動員しようとする際、それと引き換えに与えるべき権利の問題が浮上せざるを得なかった。当時、朝鮮軍は民族主義者・共産主義者の言動に目を光らせており、「支那《ママ》事変後鮮《ママ》人ノ愛国運動ハ内地人ニ比シ何等ノ遜色ナシ為政者ハ此点ヲ考慮シ事変終熄後ハ速ニ鮮人《ママ》ニ参政権ヲ附与スヘキナリ」（辛泰嶽／民族主義者）（朝鮮軍参謀部『昭和十三年後半期 朝鮮思想運動概況』同、一九三九年）、「鮮人《ママ》ノ志願兵制度ハ朝鮮ニ兵役法施行ノ前提ト見ルヘク斯クシテ鮮人《ママ》ニ兵役義務ヲ負担セシムル以上ハ此機ニ乗シ一挙ニ参政権ヲ獲得セサルヘカラス」（金三民／共産主義者）（同書）といった発言を拾っていた。このような発言を意識して、朝鮮軍参謀部も「一部ニハ依然内鮮一体ノ施策ニ不満ヲ洩シ内鮮人差別ノ撤廃ヲ要望シ或ハ志願兵制度ヲ以テ兵役制度施行ノ前提ナリト速断シ一機ニ参政権ノ獲得ヲ云為シ」（同書）と述べていることから、それらの発言によほど注意していたことがうかがわれる。同時に、宋鎮禹のように「当局ハ時局ヲ利用シ盛ニ内鮮一体ノ顕揚ヲ唱ヘアルモ内鮮人間ノ差別的待遇ハ依然厳トシテ存続シアリ斯クテハ真ニ内鮮一体ハ精神的ニ破壊セラレ鮮人《ママ》ノ民族的意識ハ益々昂揚スルニ至ルヘシ」（同書）と発言する者も見られ、「内鮮一体」に懐疑的な知識人も多く存在したと思われる。

このように「内鮮一体」の唱道は、日本人と朝鮮人との待遇格差を逆に浮かび上がらせてしまった面がある。かの玄永燮でさえ、「民族と民族との関係は自由なる友人同志の付き合ひの如き気儘なものではな」いと、民族間の壁や葛藤の存在についてはかなりシビアな見解を持っていたほどであった（天野道夫（玄永燮）「内鮮聯合か内鮮一体か」、『内鮮一体』新年号、一九四一年、三九頁）。

そもそも、「内鮮一体」に呼応したからといって、日本人がそれに応えてくれるとは限らなかった。一九三八年の朝鮮総督府時局対策調査会の席上で、総督府中枢院参議であった李升雨《イスンウ》は、「内鮮一体、内鮮一体ト朝鮮人ダケガ申シテモ内地ノ方々ガ「オ前ハ日本臣民デナイ」ト申シマシタナラバ、「イヤ私ハ日本人デス」ト申シテモ通ラナイ。サウナルト、自分ハ日本人ニナリタイト思ツテ一生懸命ニヤツテヰテモ、日本ノ方々ガ、オ前ハ日本人デナイトイヘバ、エー自分ハ勝手ニスルノダトイフコトニナツテ来ルノデアリマス」（朝鮮総督府『朝鮮総督府時局対策調査会会議録』京城：朝鮮総督府、一九三八年、七七頁）と述べていた。

先の田中武雄は、戦後「朝鮮総督府に接近するような、いわゆる親日を売り物にするような者は、ろくな者はないとまでは極言できないけれども、頼りにできない。必ずしも頼りにできない」（宮田節子〈解説・監修〉「未公開資料　朝鮮総督府関係者　録音記録（1）十五年戦争下の朝鮮統治」、『東洋文化研究』第2号、二〇〇〇年、一六七頁）と回想しているが、総督府官僚でさえこのような認識なのであった。統治者側にあるこのような根本的な不信感の下、朝鮮知識人の「内鮮一体」への期待も空しいものであったといえよう。このような包摂と排除をめぐる葛藤は植民地期において「近代」というものが持つ葛藤でもあった。

注（＊は韓国語文献をあらわす。）

（1）梶村秀樹「朝鮮近代史研究における内在的発展の視角」、滕維藻ほか編『東アジア世界史探究』汲古書院、一九八六年。
（2）梶村秀樹『朝鮮における資本主義の形成と展開』龍溪書舎、一九七七年、六～七頁。
（3）＊安秉直「韓国近現代史研究の新しいパラダイム」、『創作と批評』98号、一九九七年。
（4）＊慎鏞廈「〈植民地近代化〉論再定立の試みに対する批判」、『創作と批評』98号、一九九七年。
（5）李栄薫（永島広紀訳）『大韓民国の物語』文藝春秋社、二〇〇九年、八八～一〇三頁。
（6）並木真人「朝鮮における「植民地近代性」・「植民地公共性」・対日協力―植民地政治史・社会史研究のための予備的考察―」、『国際交流研究』第5号、二〇〇三年、一六～二四頁。
（7）趙景達「暴力と公論―植民地朝鮮における民衆の暴力―」、須田努・趙景達・中嶋久人編『暴力の地平を超えて―歴史学からの挑戦―』青木書店、二〇〇四年、二九一頁。
（8）趙景達「一五年戦争下の朝鮮民衆―植民地近代論批判試論―」、『学術論文集』第25集、二〇〇五年、一〇頁。
（9）橋谷弘『帝国日本と植民地都市』吉川弘文館、二〇〇四年、七五～七七頁。

(10) 松本武祝『朝鮮農村の〈植民地近代〉経験』社会評論社、二〇〇五年、五三～五四頁。
(11) 金栄煕（孫安石訳）「植民地時期朝鮮におけるラジオ放送の出現と聴取者」、貴志俊彦・川島真・孫安石編『戦争・ラジオ・記憶』勉誠出版、二〇〇六年、一六九～一七〇頁。
(12) 表15-1の各学校の就学者数に同年度の書堂生徒数一五万八九二人を足した合計を推定学齢人口で割って算出した。
(13) ＊千政煥『近代の本読み―読者の誕生と韓国近代文学―』プルンヨクサ、二〇〇三年、一一一頁。
(14) 金富子『植民地期朝鮮の教育とジェンダー』世織書房、二〇〇五年、七三～七五頁。
(15) 朴宣美『朝鮮女性の知の回遊―植民地文化支配と日本留学―』山川出版社、二〇〇五年、一一一～一三二頁。
(16) 宮田節子『朝鮮民衆と「皇民化」政策』未來社、一九八五年、一一～四九頁。

研究課題

1. 日本の朝鮮史研究において、「近代」のとらえ方はどのような変化をとげてきたであろうか。整理してみよう。
2. 朝鮮における「近代」の導入は朝鮮社会にどのような影響を与えただろうか。関心のある領域に沿って考えてみよう。
3. 植民地期における統治者と被統治者との関係性の諸相について、具体的な事例に注目して、その背景も踏まえ整理してみよう。

参考文献

梶村秀樹『朝鮮における資本主義の形成と展開』（龍溪書舎、一九七七年）
金富子『植民地期朝鮮の教育とジェンダー』（世織書房、二〇〇五年）

千政煥『近代の本読み―読者の誕生と韓国近代文学―』（ソウル、プルンヨクサ、二〇〇三年〔韓国語〕）
橋谷弘『帝国日本と植民地都市』（吉川弘文館、二〇〇四年）
朴宣美『朝鮮女性の知の回遊―植民地文化支配と日本留学―』（山川出版社、二〇〇五年）
松本武祝『朝鮮農村の〈植民地近代〉経験』（社会評論社、二〇〇五年）
宮田節子『朝鮮民衆と「皇民化」政策』（未來社、一九八五年）

●ら　行

●わ　行

●ま　行

●や　行

●は 行

●な　行

●た 行

●さ　行

索引

●配列は五十音順、＊は人名を示す。

分担執筆者紹介

（執筆の章順）

夫馬　進（ふま・すすむ）　◎執筆章→1・2〜6章

一九四八年　愛知県に生まれる
一九七一年　京都大学文学部卒業
一九七四年　京都大学大学院文学研究科博士課程中退　博士（文学）
京都大学大学院文学研究科教授を経て
現　在　京都大学名誉教授
専　攻　中国近世社会史、東アジア国際交流史
主な著書　『中国善会善堂史研究』（同朋舎出版）
『朝鮮燕行使と朝鮮通信使』（名古屋大学出版会）
『増訂 使琉球録解題及び研究』（編著　榕樹書林）
『中国東アジア外交交流史の研究』（編著　京都大学学術出版会）
『中国訴訟社会史の研究』（編著　京都大学学術出版会）
『燕行録全集日本所蔵編』（共編　韓国、東国大学校韓国文学研究所）　など

川島　真（かわしま・しん）　◎執筆章→1・10〜13章

一九六八年　東京都に生まれる
一九九二年　東京外国語大学外国語学部卒業
一九九七年　東京大学大学院人文社会系研究科博士課程単位取得満期退学、博士（文学）
現　在　東京大学大学院総合文化研究科教授
専　攻　中国外交史、アジア政治外交史
主な著書　『中国近代外交の形成』（名古屋大学出版会）
『近代国家への模索　1894〜1925』（岩波書店）
『チャイナリスク』（編著　岩波書店）
『近代中国をめぐる国際政治』（編著　講談社）
『日中関係史』（共著　有斐閣）
『グローバル中国への道程―外交150年』（共著　岩波書店）
『21世紀の「中華」』（中央公論新社）　など

三ツ井　崇（みつい・たかし）　◎執筆章→1・14・15章

一九七四年　福井県に生まれる
一九九六年　横浜国立大学教育学部卒業
二〇〇二年　一橋大学大学院社会学研究科博士課程修了、博士（社会学）
現　在　東京大学大学院総合文化研究科准教授
専　攻　朝鮮近現代史
主な著書　『朝鮮植民地支配と言語』（明石書店）
『植民地朝鮮の言語支配構造』（ソミョン出版、韓国）
『日本植民地研究の現状と課題』（共著　アテネ社）
『韓国朝鮮の歴史』（共著　財団法人放送大学教育振興会）　など

編著者紹介

吉田　光男（よしだ・みつお）　◎執筆章→1・7・8・9章

一九四六年　愛知県に生まれる
一九七六年　東京大学文学部東洋史学専修課程卒業
一九八二年　東京大学大学院人文科学研究科博士課程単位修得退学
一九八二年　東京外国語大学外国語学部助手。講師、助教授を経て
一九九三年　東京大学文学部・大学院人文社会系研究科助教授。教授を経て
二〇〇八年　放送大学教授。副学長、理事を経て
現　在　放送大学教授・附属図書館長
専　攻　韓国朝鮮近世史
主な著書　『近世ソウル都市社会史研究』（草風館）
『日韓中の交流—ひと・モノ・文化』（編著　山川出版社）
主な訳書　朴漢済『中国歴史地図』（平凡社）
韓永愚『韓国社会の歴史』（明石書店）
金東哲『朝鮮近世の御用商人—貢人の研究』（法政大学出版局）

放送大学大学院教材　8980039-1-1711（ラジオ）

東アジア近世近代史研究

発　行　　2017年3月20日　第1刷
編著者　　吉田光男
発行所　　一般財団法人　放送大学教育振興会
　　　　　〒105-0001　東京都港区虎ノ門1-14-1　郵政福祉琴平ビル
　　　　　電話　03（3502）2750

市販用は放送大学大学院教材と同じ内容です。定価はカバーに表示してあります。
落丁本・乱丁本はお取り替えいたします。

Printed in Japan　ISBN978-4-595-14091-4　C1322